中国古代思想窺見

舘野正美著

汲古書院

はじめに

　本書は，十数年前に私が執筆した著書に対して，全面的に手を加え，新たに書き直した改訂版です。従って，旧版においては，いささか不明瞭な記述になっているところや，不十分な説明の箇所などが，かなり改訂されているものと（期待を込めて）思っています。

　特に変わった点は，内容的に言えば孔子と孟子の思想についての記述です。これらの記述は，ほとんど全くと言ってよいほど変わっており，以前に比べてかなり詳細に，そして体系的で分かりやすい説明になっていると思います。

　また，体裁について言えば，先ず第一に，全ての引用文に，その原文を付けました。今まで書き下し文だけで（勿論，それでも意味は十分に分かるのですが）十分に伝わり難かった思想家本人の原初の意味合いが，更にもう少し伝わり易くなったと思っています。

　そして更に，詳細な注を数多く付け足しました。更に深く勉強したい場合や，特に興味を持った場合など，詳しい注釈を参考にして，十全な研究が出来るようにすることを目指したものです。

　とは言うものの，この十数年間で，私の（研究はいささか進歩しているつもりですが）学説がガラッと変わったということはありません。それ故に，それぞれの思想についての基本的な理解や考え方，そして又，この本の章立て等は，旧版を踏襲するものとなっていることも事実です。どうぞ，このような実際を踏まえて，この一書を活用して頂きたいと思います。

　そこで，本書においては，主に中国古代の哲学者・思想家たちを取り扱います。ここで「中国古代」というのは，ほぼ春秋・戦国時代からの秦の時代，すなわちB.C.770年頃からB.C.220年頃までの，文字通り，中国の古い時代の，初

めてまとまった哲学思想が形成された時代のことです。

いまここで，本書で取り扱う哲学思想を，取り扱う順に挙げてみましょう。

> 孔子・孟子・墨子・荀子・『易経』・老子・荘子・韓非子・『呂氏春秋』

ここで，『易経』と『呂氏春秋』は書物の名前で，哲学者あるいは思想家の名前ではありません。いずれの書物も，今となっては，その名前を特定しようのない，多くの人々の思索の集成です。しかも，いずれの書物も，中国古代の哲学思想において，極めて重要な内容の思惟を展開しているのです。「誰々の哲学思想」と言って，その人物を特定することはできないのですが，思想史の流れの中において，それぞれの書物が持つ重要な哲学思想の内容を，よくよく理解するよう努めてください。

また，それぞれの哲学者あるいは書物は，必ずしも厳密に年代順には並んでいません。それは，ひとつには，それらが，はやり"古代"のこととて，厳密に年代を限定できないものがある—特に書物は，長い年月をかけて，多くの人々の手を経て，まとめられたものである—からでもありますが，むしろ，単なる時代順の羅列ではなくて，それぞれの哲学思想の有機的な連関を重視して，それを軸に並べたからに外ありません。それぞれの哲学思想相互の内容的なつながり—発展過程—に注意しながら，をれぞれの哲学思想の特質をつかむよう頑張ってみてください。

付記：本書は，もと日本大学通信教育部『東洋思想史Ⅰ』として執筆したものであるが，版権を借用して，あらたに出版するものである。

目　　次

はじめに

第一編　中国古代の哲学思想Ⅰ　——春秋・戦国時代—— ………… 1

第一章　孔子の思想とその淵源 ………………………………………… 1
　1．孔子の人物・生涯 ……………………………………………………… 1
　2．『論語』 …………………………………………………………………… 2
　3．孔子の宗教観 …………………………………………………………… 4
　　3－1．殷周革命 ………………………………………………………… 4
　　3－2．『論語』に見える孔子思想の宗教性 ………………………… 7
　4．儒教——孔子思想の学統—— ………………………………………… 10
　5．『詩経』における運命論の問題 ……………………………………… 12
　6．孔子の運命観 …………………………………………………………… 17

第二章　孟子の性命論——その人性論と運命論—— ………………… 23
　1．孟子の人物・生涯 ……………………………………………………… 23
　2．孟子の思想 ……………………………………………………………… 23
　3．孟子の運命論 …………………………………………………………… 30

第三章　墨子における〈天〉と〈命〉——〈上帝〉の復活と宿命論—— ……… 36
　1．墨子の人物・年代 ……………………………………………………… 36
　2．墨子の非命説 …………………………………………………………… 37
　3．墨子における〈天〉及びその定命論的思惟について ……………… 41

第二編　中国古代の哲学思想　Ⅱ　——戦国時代末期—— ………… 45

第一章　荀子における〈礼〉と〈命〉——荀子の定命論的礼理論について—— … 45
　1．荀子の人物・生涯 ……………………………………………………… 45
　2．荀子の思想——理論的思惟—— ……………………………………… 46
　3．荀子の定命論 …………………………………………………………… 51
　4．荀子の〈礼〉について ………………………………………………… 52

5．定命論的礼理論と宿命論的現象 ……………………………… 56
　　6．定命論的礼理論の限界 ………………………………………… 61
第二章　『易経』の成立――"占い"の哲学的深化とその思想史的意義―― … 65
　　1．易占（易の占い）と『易経』について …………………… 65
　　2．殷の亀卜 ………………………………………………………… 66
　　3．周代の亀卜――"亀卜の正経"―― ………………………… 68
　　4．易占の哲学的本質 ……………………………………………… 70
　　5．『易経』――書物としての構成―― ………………………… 72
　　6．『易経』における基本的な理論構造 ………………………… 74
　　7．『易経』における定命論的運命論 …………………………… 77
　　8．易占――易の占い―― ………………………………………… 79
　　9．易占の実際 ……………………………………………………… 81
　　10．易占の哲学的本質 …………………………………………… 83
　　11．易占についての断片的な記述 ……………………………… 84
　　12．まとめ ………………………………………………………… 86

第三章　老子と荘子――市中の隠者と山中の隠者―― ………………… 88

第一節　老子――市中の隠者―― ……………………………………… 88
　　1．老子――〈道〉―― …………………………………………… 88
　　2．〈道〉――真理・力―― ……………………………………… 88
　　3．〈道〉, 再考 …………………………………………………… 89
　　4．相対観――〈道〉の哲学の認識論的基礎について―― …… 90
　　5．〈道〉への道程――修行―― ………………………………… 92
　　6．修行の実際――〈道〉の体現―― …………………………… 94
　　7．〈道〉の展開――市中の隠者―― …………………………… 99
　　8．〈道〉の行為――〈無為〉―― ……………………………… 100
　　9．まとめ――老子の〈道〉 ……………………………………… 106

第二節　荘子――山中の隠者―― ……………………………………… 108
　　1．荘子の人物・生涯 ……………………………………………… 108
　　2．〈万物斉同〉説の概要 ………………………………………… 109
　　3．相対観――万物斉同の説の認識論的次元での分析―― …… 110
　　4．相対観の超克――万物斉同の世界の体現について―― …… 115

5．万物斉同の世界の実際 ……………………………………… 117
　6．胡蝶の夢 ……………………………………………………… 120
　7．大鵬説話 ……………………………………………………… 121
　8．その人となり——山中の隠者—— ………………………… 124
第三節　老子と荘子の人物像——対比，市中の隠者と山中の隠者—— …… 125

第三編　中国古代の哲学思想　Ⅲ　——先秦〜秦代—— …………… 127

第一章　〈勢〉の理論——韓非子の政治理論の哲学的本質—— ………… 127
　1．韓非子の人物・生涯 ………………………………………… 127
　2．政治理論——その哲学的分析—— ………………………… 128
　3．韓非子の政治理論——その概要—— ……………………… 128
　4．韓非子の〈勢〉について，概観 …………………………… 132
　5．〈勢〉の限界——韓非子の哲学的思惟の限界—— ……… 135
　6．〈勢〉の哲学的本質 ………………………………………… 137
　7．韓非子の人間観——その政治理論の哲学的背景—— …… 138
　8．人主の孤独 …………………………………………………… 144
　9．韓非子——その政治理論の哲学的本質から見た人物像—— ……… 145
　10．韓非子における道家言——特にその〈無為〉を中心に—— ……… 148
　11．老子の〈無為〉と韓非子の〈無為〉 ……………………… 151
　12．むすび——〈勢〉の理論 …………………………………… 154
第二章　秦代哲学思想概観——『呂氏春秋』における運命論の諸相，
　　　　その基礎的理論の概観—— ……………………………… 156
　1．『呂氏春秋』——その成書と背景—— …………………… 156
　2．問題の所在 …………………………………………………… 156
　3．最も基本的な考え方——荀子流の定命論の理論—— …… 159
　4．荀子の定命論的思惟 ………………………………………… 164
　5．定命論的理論の展開 ………………………………………… 165
　6．更なる展開 …………………………………………………… 169
　7．『呂氏春秋』における基本的な理論の展開——荀子流の理論形式の影響—— … 180
　8．定命論的理論の諸相——さまざまな分野における—— … 183

9．宿命の壁――更なる課題―― ……………………………………… 193

第三章　秦代哲学思想概論，続――『呂氏春秋』に見る諸家思想―― …… 196

第一節　『呂氏春秋』における運命論の諸相――更なる展開―― ………… 196
 1．さまざまな記述 …………………………………………………… 196
 2．『呂氏春秋』中に見える宿命論的思惟 ………………………… 202
 3．宿命論への回答――判断中止―― ……………………………… 204
 4．『呂氏春秋』に見える運命論の特質 …………………………… 220
 5．墨子の〈天〉とその定命論的思惟 ……………………………… 221
 6．『呂氏春秋』に特徴的な運命論の諸相 ………………………… 224
 7．定命論的思惟としての時令説 …………………………………… 231

第二節　『呂氏春秋』にみる中国古代医学思想の原初形態 ……………… 238
 1．『呂氏春秋』，「尽数篇」における中国古代医学思想の概観 … 238
 2．具体的な養生方について ………………………………………… 242
 3．〈形気〉の流動 …………………………………………………… 246
 4．『呂氏春秋』，「尽数篇」の作者について ……………………… 249
 5．『呂氏春秋』，「尽数篇」の基本的な医学思想――まとめ―― … 251
 6．『呂氏春秋』全書に亘る中国古代医学思想の概観 …………… 252
 7．基本的な認識 ……………………………………………………… 254
 8．気の液体病理学説 ………………………………………………… 260
 9．運命論との関係 …………………………………………………… 268
 10．まとめ――更なる展開―― ……………………………………… 270

第三節　『呂氏春秋』，「本味篇」に見える伊尹説話についての，
　　　　神話学的・哲学的視点からの概観 ………………………………… 271
 1．はじめに …………………………………………………………… 271
 2．伊尹出生の神話 …………………………………………………… 272
 3．古代中国人の原始心性 …………………………………………… 274
 4．"ヤヌス構造"――心の混沌―― ………………………………… 276
 5．あらたなる展開 …………………………………………………… 277

付．参考文献 ……………………………………………………………………… 279

中国古代思想窺見

第一編　中国古代の哲学思想　Ⅰ
——春秋・戦国時代——

第一章　孔子の思想とその淵源

1．孔子の人物・生涯

　孔子（B.C.552〜B.C.479），名は丘，字※1は仲尼。従って，孔丘というのが正式な姓名である。又，孔子の〈子〉は，男子の尊称。それゆえ，〈孔子〉とは，「孔先生」というほどの意味である。

　中国古代の春秋時代（B.C.770〜B.C.450）の末期，魯の国の昌平郷，陬邑（現在の山東省，曲阜）の出身。父は叔梁紇といい，地方の役人をしていたが，孔子が三才のときに没した。

　早くに父を亡くした彼は，貧窮のうちに独学で詩書礼楽※2等の学問を治めて身を起こし，魯の国に仕え大司寇（現在の日本でいえば，法務大臣）にまで任命されて大いに活躍したが，魯の国政の乱れに憤りを覚え，ついに魯を去るに至ったのである。

　その後，十数年間に亘って，衛・陳・楚等の諸国を巡り，おのが理想とする政治の理念を説いて回ったが受け入れられず，結局，69才のとき魯に帰り，弟子の育成と古典文献の整理・編纂に専念した。

　彼の理想とするところは，かつて，周が殷を打ち破って天下を統一した頃（B.C.12世紀ごろ）の，整然たる治世のもたらす馥郁とした文化の復興であっ

※1 字とは日常生活の中での呼び名。〈丘〉という本名は，親と教師以外の者は呼んではならないことになっていた。
※2 『詩経』や『書経』等の古典文献，および一種の社会規範あるいは慣習としての儀礼や，それにともなう音楽。

第一編　中古代の哲学思想Ⅰ　——春秋・戦国時代——

た。そこで彼は，その周の文化を創建した魯の国の始祖，周公旦（しゅうこうたん）（B.C.10世紀ごろ）を尊敬し，

> 子曰，甚矣，吾衰也，久矣，吾不復夢見周公，（子曰（しいわ）く，甚（はなは）だしいかな，吾が衰えたるや。久し，吾れ復た夢に周公を見ず。（『論語（ろんご）』，「述而篇（じゅつじへん）」）

と言うほどに理想視したのである。

とはいえ，彼の理想はあまりに高く，又，その性格もあまりに潔癖にすぎたせいか，全く世に受け入れられず，結局，その弟子たちに望みを託すことを余儀なくされるに至ったのである。

では，その周の文化とは，具体的に，いかなる形態の思惟に基づくものであったのか，又，そのいわゆる〈天〉とか〈礼〉とは，一体いかなる概念であったのか，以下に引き続き，いささか概観してみたい。それこそが，孔子の思想の根幹に影響を与える，極めて重要な本質的要因であったと考えられるからである。そこで以下，この点について，この周の天下統一の事跡に鑑（かんが）みながら垣間見てゆきたい。

2．『論　　語』

この孔子（とその弟子たちと）の言行録が，今に伝わる『論語（ろんご）』である。この『論語』という書名の由来については，『漢書（かんじょ）』，「芸文志（げいもんし）」に，おおむね，

> 『論語』は，孔子とその弟子たちとの問答や会話等を記録したものである。オリジナルの記録は，当時，弟子たち各々が個人的に所蔵していたものである上，孔子没後すでに多大の時間もたっており，それぞれにかなりの異同があったので，彼らは一同に会して，これを論纂し，一冊の書物としてまとめ上げたのである。そこでこれに

第一章　孔子の思想とその淵源

　　　　　名付けて『論語』というのである。

と見える。おそらく、孔子の没後、長い年月と多くの弟子たちの手を経て、漢の時代（紀元前後やく400年ほど）になって、ようやく、現在に伝わるような書物の原形ができ上ったのであろう。

　又、その篇名およびその順序も、特に意味のあるものとは考えられない。篇名について言えば、たとえば、開巻第一篇の「学而篇（がくじへん）」が、

　　　　　（子曰）学而時習之，不亦説乎，…

ということばで始まっている（〈子曰〉は省略する）のによって、ごく便宜的に名付けられているのに過ぎないのをはじめとして、他篇もおおむね、この例にもれないものである。更に、各篇の配列やその内容等は、なおさらのこと、そこに特別な意義を見出すことは困難である。

　その上、更につけ加えるならば、長い年月を経、その上、多くの弟子たちの手になるという、この事実は、この書物の内容の全体的な整合性と緻密さを著（いちじる）しく損（そこ）なうものであると言わねばならない。

　すなわち、その師が偉大であればあるほど、その弟子たちは各々、その師の一面しか見て取れないものである。彼らには、師の本当の偉大さが分からない。よほど優れた——師に匹敵するほどの——弟子にして初めて、師の真の偉大さも客観的に理解され、正しく後世に伝えられうるようになるのである。ソクラテスのプラトン、キリストのパウロ、みなしかりである。

　孔子にも、たしかに優れた弟子たちがいたであろう。しかし、それにもまして、他の圧倒的に多数の凡庸な弟子たちの手を経た上、しかも、長い年月を経過してしまっては、いかんともしがたいものがあろう。彼ら、優れた弟子たちの鋭く的確な孔子像は、極めて残念なことに、現在の『論語』中に、深く埋もれてしまっているのである。

第一編　中古代の哲学思想Ⅰ　——春秋・戦国時代——

　以上，要するに，現在に伝わる『論語』を直接的な資料として，孔子の人物像や哲学思想を明らかにしようとすることは，全く容易ならざるものであることが理解されよう。それにもかかわらず，実際のところ，現在において我々が，孔子の人物像や哲学思想を垣間見ることのできる直接的な——そして，多大な問題点をかかえながら，それでもなお，今現在において，最も信頼できる——資料は，この『論語』を措いて他には見当らないのである。

　まさに"古典には，七つの封印がある"と言われる通りなのである。十分に注意して熟読玩味すべきであろう。

3．孔子の宗教観
3－1．殷周革命

　孔子の思想が，理論的・精神的，その両面に亘って彼のいわゆる〈天〉に，その拠り所を置いていることは，恐らく衆目の一致するところであると言ってよいであろう。

　すなわち，一方で，孔子が

> 王孫賈，問曰，与其媚於奧，寧媚於竈，何謂也，子，曰，不然。獲罪於天，無所禱也。（王孫賈，問いて曰く，其の奧に媚びんよりは，寧ろ竈に媚びよとは，何の謂いぞや，と。子，曰く，然らず。罪を天に獲れば，禱る所なきなり，と。『論語』「八佾篇」）

と言うのは，その並々ならぬ〈天〉への確信であり，又，他方，

> 顔淵死，子曰，噫，天喪予，天喪予。（顔淵死す。子，曰く，噫，天，予を喪ぼせり，天，予を喪ぼせり，と。『論語』「先進篇」）

と言うのは，又，逆の意味で，彼の意識における〈天〉の占める位置の重要さを表現する記述であると考えられる。

第一章　孔子の思想とその淵源

　この〈天〉とは,そもそも周王朝の部族神的存在であり,その建国の理念ともなった,一種"超越的存在"であり,当然のことながら,孔子の意識における理論的・精神的／学問的・宗教的拠り所でもあったものであるが,その淵源は極めて古い。そこで今,その〈天〉の淵源形態を,殷の〈上帝〉にまで遡って垣間見て,その本質を概観してみたい。

　B.C.1600年ごろ,夏(か)という伝説上の王朝を倒して,中国全土を平定したといわれる殷王朝は,B.C.1122年,周に天下を譲るまでの約500年間に亘(わた)って,高度な文化を繁栄させた。その文化の思想的な根幹をなすところの,本質的な基盤が,いわゆる〈上帝〉という,一種の人格神的実在であった。

　すなわち,謂うところの〈上帝〉とは,雨を降らせ風を呼び,その結果,収穫をもたらす(ときには,その反対に,災害をもたらす),一種の自然神でもあり,更に,戦争や都市の造営等の可否についても判断を下す,殷という国家全体の守護神――一種のトーテム――なのであった。なお,それは,古代の亀甲獣骨(きっこうじゅうこつ)文字(又,殷墟卜辞(いんきょぼくじ)とも)において,〈罕〉とか〈▼〉と表記される,宇宙・万物の根源的存在でもあった。

　この,謂わば"上帝の崇拝"については,古代民族に特徴的な巫覡(ふげき)※1――これを,殷では〈貞人(ていじん)〉と呼ぶ――による占卜(せんぼく)※2の実践が,必須の要件として指摘されようが,ここでは,これが後世の易占(えきせん)※3の嚆矢(こうし)となっているという点を指摘するにとどめたい。殷という国家は,この〈上帝〉と現実の君主との実践的な交感によって,調和ある治世を実現していたのである。ところが,この殷王朝も末期に至ると,国家が乱れ,暴王の紂王(ちゅうおう)が現われ傍若無人で残虐な行為を繰り返したため,周の文王・武王の親子が,やむをえず兵を起こしてこれを攻め,ついに,この周の国が殷に取って代って中国全土を支配するに至った

※1　女のみこ(巫)と,男のみこ(覡)。
※2　うらない。
※3　易の八卦又は六十四卦による占。

(B.C.1122年)。これが，いわゆる"殷周革命"なのである。

　歴史学的分析はさておき，この歴史的記録が——周の時代を経て，現在伝わるものである以上——必ずしも，事件の全貌を，ありのままに伝えるものであるか否か，現在のところ即断しかねるが[※1]，思想史の観点からすれば，少なくとも，つぎの点が指摘されうるであろう。すなわち，古代中国における思想的背景は，この殷周革命を機に，殷の〈上帝〉から周の〈天〉へと変化した，ということである。

　人格神的な色彩の強い，殷の〈上帝〉に比べ，周の〈天〉は，むしろ理念的な存在である。周の〈天〉も，本来は，周一国だけの守護神的存在であったと考えられる。そして，そのときには，まだ殷の〈上帝〉のごとき，人格神的色彩の強い存在だったことであろう。

　それが，この殷周革命を機に，周一国だけの守護神的な存在から——たしかに，存在としての内容は，周一国のものだが，周が中国全土を統一して支配している以上，全中国的な存在として——中国全土を統一して，これを整合的に支える，ある種の理念的存在となったのである[※2]。これこそが，孔子も，その心の支えとした（後述参看），周の〈天〉の実際なのであった。

　そして，この周は，この〈天〉という理念的背景——又は"支え"——のもとに，中国全土に治世をもたらし，馥郁（ふくいく）たる文化を——殷から受け継ぎつつ，更にこれを発展させて——築き上げたのであった。

　この周の武王の弟に，周公旦（しゅうこうたん）という人物がいる。武王の子の成王が幼かったため，これを輔（たす）けて周初の，謂わば建国の基礎を築き，その子の伯禽（はくきん）を魯に封じて，魯の国を創始した，偉大な先達である。この人こそ，先にもいささか言及した通り，孔子がこよなく尊敬してやまない，周初の建国の祖なのであった。

[※1] 日常的な次元での正義は，歴史の記録者の立場によって大きく変わる。各自，例を挙げてみられたい。

[※2] この点について，文献的資料としては『書経』や『詩経』，又，他の資料としては，大盂鼎（だいうてい）や大保殷（たいほき）等のいわゆる金文等がある。

第一章　孔子の思想とその淵源

　彼――周公旦――の活躍もあいまって，周は愈々(いよいよ)発展の一途をたどり，国家も安泰を極めたのではあったが，B.C.8世紀ごろになると，その圧倒的な支配力にも翳(かげ)りが見えはじめ，国家は凋落(ちょうらく)の様相を呈しはじめる。かくして，群雄割拠・下克上の時代――いわゆる春秋時代（B.C.770～B.C.450）と戦国時代（B.C.403～B.C.221）――の幕あけとなったのである。
　そのような春秋時代の末期に，謂わば時代の趨勢(すうせい)に逆行するがごとき言説を以ておのが理想を説き，ひとり孤高な生涯を送ったのが，今ここに取り上げた孔子その人なのであった。

3－2.『論語』に見える孔子思想の宗教性

　この孔子（とその弟子たちと）の言行録が，先に見た通り，今に伝わる『論語』である。今この『論語』に見える孔子思想の宗教性について垣間見てみたい。
　孔子の思想の宗教性，延いては，儒教の宗教性については，既に多くの先達が指摘するところである。いわく〈天〉の思想，又いわく祖先崇拝等々，その指摘はある一定の範囲に留まるが，その分量たるや，全く枚挙に暇ない。とは言え，筆者の管見する限り，その多くが，ときに形式的で無内容であり，あるいは，十分に本質を衝いて，孔子の宗教的本旨を明らかにする所にまで至っていない状態に止まっているように思われるのである。
　すなわち，〈天〉の思想と言えば，即，索引を使って〈天〉の用例を調べ上げてこれを列挙する，あるいは，例えば，〈三年の喪〉についての孔子の言説と『礼記』や『周礼』等の記載との比較検討等と，いわゆる"中国学"としては十分に意義ある研究成果ではあろうが，孔子の思想のどこが・如何様に宗教的であるのか，ほとんど明らかにはなっていないように見受けられるのである。
　とは言え，孔子の思想は十分に，そして歴然として"宗教的"である。彼の思想は，一種の"悟り"とも言える宗教的確信によって裏付けられている。こ

第一編　中古代の哲学思想Ⅰ　——春秋・戦国時代——

のことは，先に引いた『論語』，「八佾篇」の一文においても，いささか明確に伝えられるところではあろうが，今，このことについて，問題をその死生観に絞って，垣間見てみたい。

　孔子の死生観は，最も明確に，しかし最も誤解を受けやすい，次のような一文において伝えられている。

　　　　季路，問事鬼神，子曰，未能事人，焉能事鬼。曰，敢問死，子曰，未知生，焉知死，（季路，鬼神に事えんことを問う。子，曰く，未だ人に事うること能わず，焉んぞ能く鬼に事えんや，と。敢えて死を問う，と。子，曰く，未だ生を知らず，焉んぞ死を知らんや，と。『論語』，「先進篇」）

ここで，要するに，季路は人間にとって"死"とは何か，より端的に言えば，人は死んだらどうなるか，という人間存在の根幹に関わる問題について，おずおずと，遠慮がちに，しかし，敢然としてその師，孔子に問うている。それに対する孔子の答え〈未だ生を知らず，焉んぞ死を知らんや。〉は，決して，ただ単に，いま生きているこの"生"のみが重要であり，死んだ先のことは分からない，といった程度の，全き皮相な現実主義ではない。中国の思想は現実的である，と言われはするが，その奥底は深い。上記のごとき皮相な現実主義は，決してその本質ではない。この一節は，"死"に対する真摯な問答である。誤解は受けやすいが，しかし，孔子の死生観を極めて明瞭に物語る記述である※。

　そもそも，弟子のかくも切実な問いに対して，もしそのような言い逃れをして誤魔化そうとするような人物であったならば，彼に命を預けて，明日をも知れぬ遊説の旅に付いてゆく弟子などあろうはずがなかろう。彼はただ厳粛に，

※ しかり，中国の思想は"現実的"ではある。しかし，それは決して皮相な日常卑近を徘徊するものではない。この"真の"意味での"現実性"については，拙稿「老子・〈道〉・市中の隠者——道家思想の身心論的コンテキスト——」（『思想』，864号，1996年，東京，岩波書店，所収），又，拙著『老荘の思想を読む』（2007年，東京，大修館）を参看。

第一章　孔子の思想とその淵源

あるがままを答えているだけなのである。

　すなわち，ここで，孔子は人の"死"の本質を知っている。言い換えれば，人が死んだらどうなるか，という季路の質問に対する答えを，たしかに分かっている。そして，そのこと（＝孔子がその答えを知っているということ）を弟子の季路も明確に弁えている。だからこそ季路が，こうしておずおずと遠慮がちに，しかし〈敢えて〉はっきりと尋ねているのである。師匠に叱られるのを覚悟して，しかし，日頃から胸に秘めている，最も聞きたいことを，ある時，思い切って聞いているのである。

　それに対する孔子の答え〈未だ生を知らず，焉んぞ死を知らんや。〉とは，一体いかなる意味であろうか。先ず第一に，ここで問題になっている"死"とは，論理的な，もしくは一般論としてのそれではない。心停止とか瞳孔拡散といった要件を満たすか否か，といった問題ではない。そうではなくて，今ここに生きている，この"私"の生き死にの問題である。従って，それは何よりも先ず"自分で"分からなければ，何の意味もない。何も分かったことにならないのである。だから，孔子はこのように，一見突き放すようなことを言うのである。

　とはいえ，それは又，決して死んでみなければ分からない，といった短絡的で皮相な見解でもない。そうではなくて，我々人間存在の"生"は，その一部として"死"を内包しているのである。"死"は"生"の，単なる反対・否定ではなく，"生"の一部分なのである。我々は常に"死"を懐に抱きつつ生きているのである。だから，その"生"を十全に理解する者は，その"生"の一部としての"死"のことを明確に分かっているのである。

　このようにして理解しないことには，"死"は決して明らかになりえない。このようにして理解して初めて，今ここに生きている"私"の"死"が明らかになるのである。孔子はこのようにして彼の"死"を明確に捉えていた。そして季路に対しても，このようにして"自分で"分からなければならない，ということを説くのである。この意味で，まさにこの意味でこそ〈未だ生を知らず，

焉んぞ死を知らんや。〉と言うのである※。

　孔子の人間的な深さはここにある。孔子が聖人と言われる所以である。人間の現世的あり方を越えて、"死"を見つめ、そこに真の"生"を切り開くことは、すぐれて哲学的であるとともに、古来、多くの宗教者達が展開してきた宗教的実践でもある。この意味で、孔子も一人の典型的な宗教者であった、と思うのである。

4．儒教──孔子思想の学統──

　かくして、孔子の思想は、本来すぐれて宗教的であった。すなわち、まず孔子の思想が育まれた背景には、元来、周の部族神的存在であった〈天〉のはたらきがあった。言い換えれば、孔子は、この〈天〉をその精神的・理論的、両面に亘る拠り所として、その思想を展開していたのであった。

　既に見た通り、孔子の言動の諸処において、この〈天〉の姿が見え隠れする。孔子の思想において、この〈天〉は、ほぼ自明の存在として意識されていたのである。この点で、孔子は、そのような〈天〉を心に抱きつつ、人間の生き死にの実際を、みずから明確に弁えて生きた宗教人であった、と言えるであろう。

　ただ、その謂わば"宗教的確信"は、これを言葉の次元で論理的に表象することができない。それが、すべての個々人それぞれが"自分で"分からなければならないことだからである。すべての個々人、一人一人にとっての、その一つ一つの"生き死に"の問題だからである。従って、それを言葉によって一般論として聞いても何の意味もない。先に引いた『論語』、「先進篇」の孔子と季路との問答は、このことを典型的に物語る記述である。

※この点で、朱子が〈……始めを原ねて生ずる所以を知るに非ざれば、則ち必ず終わりに反って死する所以を知ること能わず。……○程子曰く、昼夜は死生の道なり。生の道を知れば、則ち死の道を知り、人に事うるの道を尽くせば、則ち鬼に事うるの道を尽くす。死生・人鬼は一にして二、二にして一なる者なり。……〉（『論語集注』、巻七）、と指摘するのは、いかにも鋭い。参看。

第一章　孔子の思想とその淵源

　ところで，上記の問答において，果たして季路は，孔子の〈未だ生を知らず，焉んぞ死を知らんや。〉という言葉の真意を理解しえたであろうか。恐らく，否であろう。これを言葉によって教わることが出来ないということが分かっていないからこそ，こうして言葉によって質問しているからである。周りを取り囲む，他の弟子達にしても，事情は全く同じである。もし分かっていたならば，そもそもこのような問答を記録するよりも先に，それを明確にする問答を記録したであろうからである。その真意を的確に理解しえたであろう弟子といえば，恐らくかの顔回だけであろうか。後は，遙か孟子まで待つこととなろう。いずれにしても，偉大な"師"の教説は，往々にして，その言葉尻だけが皮相にも捉えられて，後代に伝えられるのである。

　しかもその上，孔子自身の几帳面な人柄が，ある意味で，このような傾向を助長していたように思われる。すなわち，孔子は，上記のごとき，深い宗教性を深奥に湛えつつ，時に又，

　　　　子，入太廟，毎事問，或曰，孰謂鄹人之子，知礼乎，入太廟，毎事問，子聞之曰，是礼也，（子，大廟に入りて，事ごとに問う。或るひと曰く，孰か鄹人の子，礼を知ると謂うか，大廟に入りて，事ごとに問う，と。子これを聞きて曰く，これ礼なり，と。『論語』，「八佾篇」）

と伝えられるがごとく，〈礼〉の形式面をも，極めて重要視して学問修行にこれ励むよう，厳格に弟子達を教育した。このこと自体は，言うまでもなく，極めて当然の"教育的処置"ではあろう。"教育"という営為が，基本的に言葉の次元で論理的に行なわれるものだからである。

　とは言え，このことは又，孔子の言葉の表面的な意味合いだけしか理解しえない，凡庸な，しかし大多数の弟子達の目から見たならば，一体いかように映るであろうか。単なる厳格な"礼教"の先生としての孔子像が，『詩経』・

『書経』といった"教科書"と共に彼らの心に確固として印象づけられたことであろう（この点についての文献的資料としては，既に触れた通り（6頁，注2），『詩経』中の数々の詩篇や『書経』の「大誥」・「康誥」・「酒誥」等の諸篇，他の資料としては大盂鼎や大保殷等のいわゆる金文等が指摘されうるであろう。謂わば中国思想前史である）。

ここにおいて，形式的な〈礼〉の制度の学習と実践，そしてそれを裏付ける古典の勉強が――それが孔子の本旨であると否とにかかわらず――ごく一般的な意味での"儒教"として成立する要件が整った，と言ってよいであろう。孟子や荀子を経て，漢代に成立し，その後二千年以上の時を経た現在においても尚，連綿として受け継がれる学問としての儒教――いわゆる"経学"――の端緒が，ここにおいて認められるのである。

5．『詩経』における運命論の問題

さて，中国古代において，いわゆる「運命論」の問題は，〈天命〉――あるいはときとして〈天〉または〈命〉――という語彙をめぐって論議される。それは，要するに古代の中国人が，「今ここにおける人間存在としての"わたし"の立場」を〈天〉が定めたものとして，〈命〉という語彙で認識していたという事実を物語るものであると考えられる。〈命〉とは，この現実についての認識のしかたなのであった。

そこでいま，孔子の運命観を概観するに先立って，まず『詩経』におけるこの「運命論」の問題についての記述を見てみたい。

『詩経』には，未だ「現在の"わたし"の立場」を〈命〉という語彙で表象すると考えられる概念的思惟はわずかに一見するのみであり，以下に列挙するがごとく，ただ単に，その"立場"が超越的な〈天〉の力にかかるものであるという意識の表現が見られるのみではあるが，それらの表現においても，既に明確に，いわゆる定命論的考え方と宿命論的考え方の意識が看取されるのである。

第一章　孔子の思想とその淵源

すなわち，

　　嗟爾君子，無恒安処，靖共爾位，正直是与，神之聴之，式穀以女，
　　嗟爾君子，無恒安息，靖共爾位，好是正直，神之聴之，介爾景福，
　　（嗟爾君子，恒に安処する無かれ。爾の位を靖共し，正直これ与せ
　　よ。神[※1]のこれを聴けば，穀を式て女に以えん。嗟爾君子，恒に
　　安息する無かれ。爾の位を靖共し，この正直を好せよ。神のこれを
　　聴けば，爾の景福を介にせん。『詩経』，「小雅」，「小明」）

　　侯服于周，天命靡常，……永言配命，自求多福，（侯れ周に服する
　　は，天命に常靡ければなり[※2]。……永く言に命を配し，自ら多福を
　　求む。同，「大雅」，「文王」）

　　三后在天，王配于京，王配于京，世徳作求，永言配命，成王之孚，
　　（三后天に在り，王京に配す。王京に配し，世徳求を作す。永く言
　　に命を配し，王の孚を成す。同，「下武」）

　　仮楽君子，顕顕令徳，宜民宜人，受禄于天，保右命之，自天申之，
　　（仮楽の君子，顕顕たる令徳。民に宜しく人に宜し，禄を天に受く。

[※1] この〈神〉とは，鄭箋にいわゆる〈天地の神明〉である。それは，〈天〉にくらべて，いく
ぶん民間宗教的な色彩を含んだ無制約的存在者の呼称であると思われる。すなわち，『春秋
左氏伝』（成公五年）の，趙嬰が夢に〈天使〉と会見し，これと言葉をかわすという，極め
て民間宗教的な事件を記述する一条に〈神は仁に福し，淫に禍す。〉とある〈神〉と同一の
観念であろうが，いまはあえてこれ以上深くは言及しないでおきたい。
[※2] この〈天命に常なし〉について鄭箋には〈善なれば則ちこれに就き，悪なれば則ちこれを
去る。〉とある。要するに，この一句は，諸侯が〈周〉に服従するのは，周王室の〈善〉な
る内容に〈就〉いて〈天〉が下した決断であるという意識の表現なのである。そしてその
裏には，鄭箋も指摘するように，〈悪〉しき君長は，その「悪徳」ゆえに，〈天〉がこれを
君長の座から引きずりおろすのだ，という意識があることも，容易にうなずけるところで
あろう。このように，〈天〉という無制約者をその必然性の根拠として善因善果・悪因悪果
の応報を確信する考え方こそ，いわゆる定命論の考え方であることは，既に言うまでもな
いところであろう。

第一編　中古代の哲学思想Ⅰ　——春秋・戦国時代——

保右してこれに命じ，天よりこれを申ぬ。同，「仮楽」)

天降滔徳，女興是力，(天の滔徳を降す※，女興して是れ力む。同，「蕩」)

取譬不遠，昊天不忒，(譬を取ること遠からず，昊天忒わず。同，「抑」)

既載清酤，賚我思成，亦有和羹，既戒既平，鬷仮無言，時靡有争，綏我眉寿，黄耇無疆，約軧錯衡，八鸞鶬鶬，以仮以享，我受命溥将，自天降康，豊年穰穰，来仮来饗，降福無疆(既に清酤を載せ，賚いて我が思い成る。また和羹あり，既に戒め既に平う。仮言うなく，時れ争うことあるなし。我を綏んじて眉寿，黄耇疆なし。約軧錯衡，八鸞鶬鶬たり。以て仮し以て享す。我命を受けて溥く将く。天より康を降し，豊年穰穰たり。来たり仮り来たり饗け，福を降すこと疆りなし。同，「商頌」，「列祖」)

天命降監，下民有厳，不僭不濫，不敢怠遑，命于下国，封建厥福，(天命降監し，下民厳なるあり。僭せず濫せず，敢えて怠遑せず。下国に命じ，封に厥の福を建つ。同，「殷武」)

などと詠うのは，まさに「徳」と「福」の一致の可能性が〈天〉または〈神〉という超越的な存在によって本質的に制約されているという定命論的意識の表現であると考えられる。

　ところが，また他方では，

※ 鄭箋によれば，この一句は，文王が紂王を諫めた言葉であり，その意味は，要するに，紂王の「悪徳」が原因となって，〈天〉が〈滔徳〉を〈降〉すに至った，ということであるという。このような考え方もまた，明らかに定命論的なものであると言えるであろう。

第一章　孔子の思想とその淵源

出自北門，憂心殷殷，終窶且貧，莫知我艱，已焉哉，天実為之，謂之何哉，（北門より出づ，憂心殷殷たり。終に窶にして且つ貧なり。我が艱を知るなし。已んぬる哉，天実にこれを為す。これを何とか謂わんや。『詩経』，「邶風」，「北門」）

彼蒼者天，殲我良人，如可贖兮，人百其身，（彼の蒼たる者は天，我が良人を殲せり。如し贖うべくんば，人其の身を百にせん。同，「秦風」，「黄鳥」）

天方薦瘥，喪乱弘多，……不弔昊天，不宜空我師，……昊天不傭，降此鞠訩，……昊天不惠，降此大戻，……不弔昊天，乱靡有定，……昊天不平，我王不寧，（天方に瘥を薦ねて，喪乱弘に多し。……昊天に弔まれず，宜しく我が師を空むべからず。……昊天傭からず，此の鞠訩を降す。……昊天恵まず，この大戻を降す。……昊天に弔まれず，乱定まることあるなし。……昊天平らかならず，我が王寧からず。同，「小雅」，「節南山」）

佌佌彼有屋，蔌蔌方有穀，民今之無禄，天夭是椓，（佌佌として彼に屋あり，蔌蔌として方に穀あり。民今の禄なき，天夭にこれ椓わる。同，「正月」）

浩浩昊天，不駿其徳，降喪饑饉，斬伐四国，旻天疾威，弗慮弗図，舍彼有罪，既伏其辜，若此無罪，淪胥以舖，……如何昊天，辟言不信，（浩浩たる昊天，その徳を駿にせず。喪饑饉を降し，四国を斬伐す。旻天疾威，慮られず図られず。彼の罪ありて，既にその辜に伏するを舍き。この罪なきが若きも，淪胥して以て舖し。……如何ぞ昊天，辟言信ぜざる。同，「雨無正」）

第一編　中古代の哲学思想Ⅰ　——春秋・戦国時代——

何辜于天，我罪伊何，心之憂矣，云如之何，……天之生我，我辰安在，（何ぞ天に辜せらる，我が罪伊れ何ぞ。心の憂うる，云にこれを如何せん。……天の我を生ず，我が辰安くにか在るや。同，「小弁」）

悠悠昊天，曰父母且，無罪無辜，乱如此憮，昊天已威，予慎無罪，昊天泰憮，予慎無辜，（悠悠たる昊天，父母と曰う。罪なく辜なきに，乱のかくの如く憮なり。昊天已だ威なり，予慎に罪なし。昊天泰だ憮なり，予慎に辜なし。同，「巧言」）

倬彼昊天，寧夫我矜，……我生不辰，逢天僤怒，……天降喪乱，滅我立王，（倬たる彼の昊天，寧ぞ我を矜まざる。……我が生辰ならず，天の僤怒に逢う。……天喪乱を降し，我が立王を滅す。同，「大雅」，「桑柔」）

倬彼雲漢，昭回于天，王曰於乎，何辜今之人，天降喪乱，饑饉薦臻，靡神不挙，靡愛斯牲，圭璧既卒，寧莫我聴，（倬たる彼の雲漢，昭りて天に回る。王曰く於乎，何の辜ある今の人。天喪乱を降し，饑饉薦に臻る。神として挙せざるはなく，斯の牲を愛むなし。圭璧既に卒く，寧ぞ我に聴くなき。同，「雲漢」）

瞻卬昊天，則不我恵，孔填不寧，降此大厲，邦靡有定，士民其瘵，蟊賊蟊疾，靡有夷屆，罪罟不収，靡有夷瘳，（昊天を瞻卬するに，則ち我を恵まず。孔だ填しく寧からず，この大厲を降す。邦定まることあるなく，士民其れ瘵む。蟊賊蟊疾，夷屆あることなし。罪罟収めず，夷瘳あるなし。同，「瞻卬」）

などと見られるように，さきの例とは，全く反対に，いわゆる「善因善果の応報」が実現されないことについて〈天〉をなじり，詰問してこれにせまるとい

第一章　孔子の思想とその淵源

った内容の発言が見られる。これらの例は，要するに，善い行ないをしようが，悪しき行ないをしようが，結果として顕現する事態には，全く影響がないという自分自身の現実的立場を嘆いているのであり，その発言の根底たる意識には，明らかに宿命論的なそれが流れていると言わねばならないだろう。

　以上のように，『詩経』においては——それが古代中国の人々の，極めて原初的な思惟の表現を集めた詩歌集であるという事実からもうなずけるように——「〈天〉が定めた"わたし"の立場」——すなわち〈天命〉——についての極めて，原初的な，それゆえにまた同時に，極めて率直な認識の記述が見られた。それらは要するに，一方において，「徳」と「福」との一致という，謂わば"天の摂理"の絶対性を確信する定命論的意識と，他方その〈天〉が，我々人間存在の現実的立場を，全く盲目的に支配し決定するという宿命論的意識とが混在するところの，思想史的に言えば，極めて未発達な思惟の表現であったと考えられるのである。

　そのように，極めて未発達な思惟を一歩前進させ，「天が決定する"わたし"の立場」を〈天命〉という語彙によって認識することを定着させ，かつ，〈子曰く，……之を知るを之を知るとなし，知らざるを知らずと為す。〉（『論語』，「為政篇」）と言って，飽くまでも「わからない」ものを「わからない」と判断する哲学的立場を守ろうとしたのが，ほかならぬ孔子であった。以下に，その孔子の運命観を概観してみたい。

6．孔子の運命観

　ところで『論語』において〈子罕に言う，利と命と仁と。〉（『論語』,「子罕篇」）と伝えられるように，孔子は「運命」について語ろうとしなかった。孔子は，彼みずから言うように〈怪力乱臣を語らず〉（『論語』,「述而篇」）の人であったから，超越的な無制約者の存在を予想して「運命」について仮言的発言をすることを極力控えようとしたのであろう※。

第一編　中古代の哲学思想Ⅰ　──春秋・戦国時代──

とはいえ，孔子とて時代の子である以上，あまりに苛酷な現実に直面するのを余儀なくされたときは，激しい感情のたかまりを覚え，当時の運命論的考え方の理論に仮りて，みずからの抑えきれない感慨を表現しようとすることもあったように思われる。

　　　伯牛有疾，子問之，自牖執其手，曰，亡之，命夫，斯人也而有斯疾也，斯人也而有斯疾也，（伯牛疾あり。子これを問う。牖よりその手を執りて曰く，これを亡ぼせり。命なるかな。斯の人にして斯の疾あり。斯の人にして斯の疾あり，と。『論語』，「雍也篇」）

　　　顔淵死，子曰，噫，天喪予，天喪予，（顔淵死す，子曰く，噫，天予を喪ぼせり，天予を喪ぼせり，と。同，「先進篇」）

これらの発言は，いずれも，孔子みずからが，人間的努力の領域をはるかに越えて強大な力で弱小なる人間に襲いかかる，つらくきびしい現実に直面したときに，ついに耐えきれず，ふと洩らした感慨の言葉であると考えられる。それらはみな，その当事者たる孔子のつらくきびしい現実的立場を，〈天〉が与えた〈命〉であるとして表象し，いかんともしがたい現実に対決する者の言葉である。

そして，これこそまさに，いわゆる宿命論的考え方の表現であることは，既

────────────

※ 以下の本論においても更に論及する通り，孔子の思惟は，この定命論と宿命論との間で揺れ動き，ついに孔子は，この運命の問題について"賢命なる判断中止"を決意するに至るのである。ところが，『論語』には，〈子曰く，……五十にして天命を知る。〉（「為政篇」）とか，あるいは〈孔子曰く，君子に三畏あり。天命を畏れ，……小人は天命を知らずして畏れず……〉（「季氏篇」）等といった孔子の発言も見られはする。
　とはいえ，私の見るところでは，これらの発言こそ，私のいわゆる"孔子の判断中止"という運命についての理解のしかたを記述するものであったと思うのである。すなわち，これらの発言は，運命の問題が，日常的な意識の次元で，論理的に解決できないものであると〈知〉った孔子の，運命を〈畏〉れ，慎重に対処しようとしていた事実を記述するものであると思われる。むしろこの「判断中止」こそ孔子の勇気ある〈知〉であったと考えられるのである。

第一章　孔子の思想とその淵源

に言を俟たないところであろう。更にこのような考え方は，『論語』中において，論理的でいっそう整然とした発言形式を以て，つぎのように記述されている。すなわち，

> 子夏曰，商聞之矣，死生有命，富貴在天，（子夏曰く，商，これを聞けり，死生，命あり。富貴，天にあり，と。『論語』，「顔淵篇」）

> 子曰，道之将行也与，命也，道之将廃也与，命也，公伯寮其如命何，（子曰く，道の将に行なわれんとするや，命なり。道の将に廃せんとするや，命なり。公伯寮其れ命を如何せん，と。同，「憲問篇」）

等とあるのがそれである。特に「憲問篇」の一文において，〈道〉が〈行なわれる〉か〈廃れる〉かという可能性の主語は，〈道〉——それが，いかなる〈道〉であろうとも，その〈道〉すなわち——現実的内容のすべてである。つまり，それは〈道〉という主語の可能的な内包の現実的な意味内容のすべてであるということができる。それゆえ，〈天命〉の力は，全世界の全事象に及ぶものであると考えられていたと思われるのである。

このように，孔子の日常的意識の底には，明確に体系づけられたものとまでは言えないものの，ひとつの理論としての宿命論があったことは事実とみてよいと思う。それについて孔子があえて語ろうとしなかったのは，後に触れる通り，ひとえに孔子の哲学的意識の要求によるものであったが，それにもまして，『詩経』以来の伝統的な宿命論的考え方が，孔子の時代においても，根強く"時代の思想"として孔子の心の底に根づいていたことは，やはり事実であったと思われるのである。

それと同時に，孔子においても，先に『詩経』書中において指摘したところの，いわゆる定命論的な考え方と全く同一のそれが，極めて明確なかたちで意識されていたこともまた事実であったと思われるのである。以下の諸例は，そ

第一編　中古代の哲学思想Ⅰ　——春秋・戦国時代——

の事実を物語る。すなわち，

> 子曰，天生徳於予，桓魋其如予何，（子曰く，天は徳を予に生ぜり。桓魋それ予を如何せんや，と。『論語』，「述而篇」）

> 孔子曰，不知命，無以為君子也，（孔子曰く，命を知ざれば，以て君子為るなし，と。同，「堯曰篇」）

> 子畏於匡，曰，文王既没乎，文不在茲，天之将喪斯文也，後死者不得与於斯文也，天之未喪斯文也，匡人其如予何，（子，匡に畏る。曰く，文王既に没したれども，文は茲に在らずや。天の将に斯の文を喪ぼさんとするや，後に死する者，斯の文に与かることを得ざるなり。天の未だ斯の文を喪ぼさざるや，匡人それ予を如何せんや，と。同，「子罕篇」）

> 王孫賈問曰，与其媚於奥，寧媚於竈，何謂，子曰，不然，獲罪於天，無所祈也，（王孫賈問いて曰く，その奥に媚びんよりは，寧ろ竈に媚びよとは，何の謂いぞや，と。子曰く，然らず。罪を天に獲れば，祈る所なきなり，と。同，「八佾篇」）

> 子見南子，子路不説，夫子矢之曰，予所否者，天厭之，天厭之，（子，南子に見ゆ。子路説ばず。夫子のこれに矢いて曰く，予が否き所の者は，天之を厭たん，天之を厭たん，と。同，「雍也篇」）

等とあるのがそれである。

　要するに孔子は，〈天〉という超越的な無制約者を，その可能性の本質的な制約とする善因善果・悪因悪果の完全な応報の確信を思想的根拠として，種々の様相を呈する人間的立場の可能性を〈天命〉という語彙によって，はっきりと意識していたのである。これこそまさに，既に指摘しつつある定命論的思惟

第一章　孔子の思想とその淵源

にほかならない。

　孔子はみずからの〈徳〉を自覚し，その背後にある超越的な契機としての強大なる〈天〉の意志を確信していたのである。孔子がこのような確信を持つに至ったことは，先に指摘した通り，『詩経』においては，定命論的考え方が，その当時において現実に存在していたという事実から見て，極めて当然のことであると思われる。しかし，それと同時に，このような定命論的考え方は，明らかに宿命論的考え方と相矛盾する。『詩経』のように，多くの人々の口から，時と場所を異にして発せられた言葉ならいざ知らず，同一の人物の発言の中に，かくも正反対の，相矛盾する内容を持つものがあるというのは，一体いかなることなのであろうか。この問題は，思想史的に極めて重要な事実を物語っていると思われる。すなわち，中国古代において"運命"の問題は，古く『詩経』の作者たちも，これを深刻に思慮し，あるいは宿命論的に，あるいはまた定命論的に意識していた。しかし，それらは，ただ単に「現在の"わたし"の立場」が，強大なる〈天〉の力によって決定されているというだけの，極めて原初的な意識にすぎず，いまだその"立場"を明確に〈命〉という語彙で認識し，更にそこから，この現実を体系的に説明してゆこうとする概念的思惟の記述は見られない。そのような思惟の傾向は，以下にみる孟子や墨子らの哲学的思惟の体系において，初めて見られる。そこで，孔子が占める思想史的な位置は，もはや明らかなように，その原初的な意識と，体系的な思惟との，ちょうど中間点にあるものと考えられるのである。すなわち，孔子は，みずからの〈徳〉を自覚しその立場が〈天〉によって制約されるものであるとして，これを〈天命〉あるいは，単に〈命〉という語彙によって認識し，みずからの現実的生活を基礎づけようとしていた。しかし，その思惟の体系は，いまだ未完成なものであり，〈天〉は孔子の意識において，ときに善因善果・悪因悪果の完全な応報の必然性の本質的制約であるとして確信されると同時に，又あるときは，暗くきびしい"運命"の盲目的主宰者として嘆きの対象にもされているのである。思

うに，孔子は，常にこのような宿命論と定命論との間で，そのいずれとも決めかねる現実の状況とみずからの立場の理解に悩み，その結果，既に指摘した〈子罕に言う，利と命と人と。〉(『論語』,「子罕篇」) という孔子の結論に至ったのであろう。孔子のこの言葉において，我々は，孔子の哲学的思惟が，中国思想史において占める重要な位置を，極めて明確に見て取ることができると思うのである。

第二章　孟子の性命論
——その人性論と運命論——

1．孟子の人物・生涯

　孟子（B.C.372～B.C.289），名は軻，字は子輿（あるいは，子居，子車などとも言われる）。魯の鄒（現在の山東省鄒県）の生まれ。孔子の孫の子思の門人から孔子の教えを学び，いたく孔子に私淑したと言われる。

　いわゆる，群雄割拠，下克上の戦国時代（B.C.403～B.C.221）の真只中に，孔子の〈忠恕〉を継承する，彼の〈王道論〉を初めとする，一種の人道主義は，やはり受け入れられなかったのであろう。梁の恵王や斉の宣王らに対して，孟子が自説を主張して回ったという記録はあるが，それが大いに取り上げられたという記録はない。

　結局のところ，晩年は故国に帰り，門人の教育と論著に専念したと言われる。彼の主張は，現在『孟子』という書物として残されている。おそらく，彼が，その晩年に書きためておいたものを，後にその門人たちが整理・編纂したものであろう。

　とはいえ，孟子は，単なる人道主義者ではない。その，一見温和で穏健な主張も，実はその基礎に，極めて峻烈にして壮絶な自己探究と克己心に裏付けられた哲学的実践があることに十分注意しなければならないであろう。

　そこで，以下に先ず，その孟子の人性論（人間の本性論）を垣間見てみたい。

2．孟子の思想

　孟子の哲学的思惟は深淵である。それはしかし，時に種々の誤解を生ずる程に深くかつ複雑ですらある。それは彼が，ある意味で，老子や荘子のいわゆる〈道〉に相通ずるがごとき境界を体現しながら※1，かつその「境地」を，飽く

第一編　中古代の哲学思想Ⅰ　——春秋・戦国時代——

までも「儒家」・「儒教」の立場において敷衍しようとするからなのである。すなわち，たしかに彼は，いわゆる〈良知〉・〈良能〉を唱え（『孟子』，「尽心上篇」），また〈人性の善なるは，猶お水の下きに就くがごとし。〉（『孟子』，「告子上篇」）と言って，人間本性の〈善〉なるを主張してはいるが，その根底に，先ず人間の本性そのものを自ら直覚し，その真実なるあり方を体現していることをこそ，確実に，そして明確に理解しなければならない。彼はただ，彼の体現した人間の本性—すなわち，真実なる「自己」—の有様に基づいて，いわゆる〈仁義礼智〉という儒家の徳目を唱えたに過ぎないのである。

言い換えれば，彼の主眼は，飽くまでも人間存在の根底を成す「真の自己」の体現であり，その境地があってこその〈良知〉・〈良能〉であり，〈四端説〉（『孟子』，「公孫丑上篇」，また「告子上篇」）であったのであり，この点において，人間の日常的な行動をただ外面的に観察しただけで，その本性までをも理解したつもりになって「性悪説」を唱えた荀子[※2]とは，正に一線を画すものであることを指摘しなければならない。孟子が「性善説を唱えた」と断言したのは，むしろ，その弟子の公都子であり（『孟子』，「告子上篇」）であり，荀子（『荀子』，「性悪篇」）だったのである。

繰り返すが，筆者は決して，孟子が人間の本性を「善」なるものであるとは考えていない，と言うのではない。結果的に，そのように認めているに過ぎないのであって，彼の哲学的思惟の最重要の要訣は，その謂わば「善悪」ではな

[※1] 以下，孟子の思想における精神分析学的解析については，主に湯浅泰雄『東洋文化の深層—心理学と倫理学の間—』（1982年，東京，名著刊行会，209頁〜）を参看。婉曲ながら極めて鋭い指摘に満ちている。また，些か観点は相違するが，乾一夫「孟子と夜気説—君子の修養と精神的資格に関連して—」（昭和52年度『二松学舎大学論集』，1977年，所収）・小野沢精一「斉魯の学における気の概念—『孟子』と『管子』」（『気の思想　中国における自然観と人間観の展開』（1978年，東京，東京大学出版会，所収）等をも参看。それぞれの観点から，孟子思想における「修行」の問題について論究する。正確に本論の趣旨と合致するものである。

[※2] この点については，拙稿「礼と時間—荀子の〈礼〉について，"時間"の観点からの一考察—」（『漢学研究』，第32号，1994年，所収）を参看。

第二章　孟子の性命論 ――その人性論と運命論――

くて,「真実」であった,と考えるのである。「善悪」は,単なる日常的意識における相対的判断にすぎない。言い換えれば,単なる日常的な理論的判断に過ぎない。孟子の哲学的思惟は,その日常的な理性的思惟の遥か奥底に,おのが魂の真実を探究し,これを体現するところにあったのである。これこそ,彼のいわゆる〈聖人〉・〈君子〉の存在の可能性の本質的制約をなすところの哲学的要訣なのであった。

次に引く,彼の言葉は,このことを典型的に物語る。

> 孟子曰,人皆有不忍人之心,……所以謂人皆有不忍人之心者,今人乍見孺子将入於井,皆有怵惕惻隠之心,……由是観之,無惻隠之心,非人也,無羞悪之心,非人也,無辞譲之心,非人也,無是非之心,非人也,惻隠之心,仁之端也,……人之有是四端也,猶其有四体也,……凡有四端於我者,知皆拡而充之矣,若火之始燃,泉之始達,……(孟子曰く,人には皆人に忍※1びざるの心あり,……人には皆,人に忍びざるの心ありと謂う所以の者は,今人乍ち孺子※2の将に井に入ちんとするを見れば,皆,怵惕惻隠※3の心あり,……これに由りてこれを観れば,惻隠の心なきは,人に非ざるなり,羞悪※4の心なきは,人に非ざるなり,辞譲※5の心なきは,人に非ざるなり,是非※6の心なきは,人に非ざるなり。惻隠の心は,仁の端なり。……人の是の四端※7あるや,猶おその四体※8あるがごとし,……凡て

※1 〈忍〉は「残忍」の「忍」。他人にひどいしうちをして,平気でいられる,というのが〈忍〉。
※2 〈孺子〉幼児,ちのみご。
※3 〈怵惕〉ハッとおどろく。〈惻隠〉あわれみいたむ。
※4 〈羞悪〉自分の不善を羞(は)じ,悪(にく)む。
※5 〈辞譲〉ゆずりあう。
※6 〈是非〉よしあしの判断。
※7 〈端〉「端緒」,はじめ,又,「萌芽」,めばえ。
※8 〈四体〉両手両足,転じて「からだ」。

第一編　中古代の哲学思想Ⅰ　──春秋・戦国時代──

我に四端ある者は，皆拡(ひろ)めてこれを充(み)たすことを知らん。火の始(はじ)めて燃え，泉の始(はじ)めて達するが若(ごと)し。……，『孟子』，「公孫丑上篇(こうそんちゅうじょうへん)」)

ここにおいて孟子は，そのいわゆる〈人に忍びざるの心〉が，誰にでも生得的に具わっているものである，と言う。今その論証の経験心理学的な当否は問わない。問題は，その論理の展開である。つまり，彼はその〈人に忍びざるの心〉の普遍性を〈怵惕惻隠の心〉の普遍性に結びつける。これは論理的に妥当である。〈怵惕惻隠の心〉は，その前に言及される〈人に忍びざるの心〉の具体的な内容であると見受けられるからである。そして，そこから〈是に由りて之を観れば，惻隠の心なきは，人に非ざるなり。〉と一種の結論を導き出す。ここまでは，その論証の内容上の問題には論及しないとして，論理の展開だけを見れば，取り敢えず形式的には，問題ないように思われる。しかし，それを更に〈羞悪の心なきは，人に非ざるなり，辞譲の心なきは，人に非ざるなり，是非の心なきは，人に非ざるなり。〉と敷衍するのはいかがであろうか。いささか論理に飛躍があるとされても致し方ないところであろう。その〈羞悪の心〉・〈辞譲の心〉・〈是非の心〉等については，それまで全く触れられていなかったものが，全く唐突に言及されているからである。とは言え，孟子にとって，そのような批判は，謂わば，言われなき批判である。なぜなら，彼はここで，彼の主張を論証しようとしているのではなく，ただひたすら彼に「見えている」通りに記述しようとしているだけだからである。なるほど，〈惻隠の心〉については一応論証の体裁を調えて記述しているが，その後については論証の体裁が調っていない。論理的な「論証」という脈絡で彼の発言を捉えたならば，それはたしかにそう言えるであろうが，そもそも，孟子自身に「論証」する意志がないのである。彼はただ，彼の意識の深層領域において彼に見えている通りの真実の自己の姿を記述しているに過ぎないのである。

　その事実を，この一章句の最後の

第二章　孟子の性命論　——その人性論と運命論——

> 凡有四端於我者，知皆拡而充之矣，若火之始然，泉之始達，（凡そ我に四端ある者は，皆拡めてこれを充たすことを知らん。火の始めて然え，泉の始めて達するが若し。（『孟子』，「梁恵王上篇」）

という一句が，おぼろげながらに物語る。すなわち，〈火の始めて然え，泉の始めて達するが若し。〉と言われるのは，そのいわゆる〈四端〉の〈拡充〉の暗喩表現であるが，その表現自体が，そもそも意識の深層領域に真実の自己を探究するものが，そこにうっすらと仄かに光る「何か」を見出すときに用いる常套句的典型表現なのである。老子に〈和光同塵〉（『老子』，第四章・第五十六章）と言い，『荘子』に，

> 指窮於為薪，火伝也，不知其尽也，（指は薪を為すに窮するも，火は伝わる。その尽くるを知らざるなり[※1]。『荘子』，「養生主篇」）

と言われるのは，同様の思惟の脈絡の表象であると考えられる。

既に先達も指摘する通り[※2]，孟子の哲学的思惟は，たしかに呼吸法の鍛錬を基本とする，いわゆる「行」——すなわち，身体的鍛錬を通じて意識のレベルを下げ，そこに真実の自己を体現する修行——によって裏打ちされている。つぎに引く，孟子の有名な〈浩然の気〉についての一文は，このことを典型的に記述する。

> ……曰，我知言，我善養吾浩然之気，敢問，何謂浩然之気，曰，難言也，其為気也，至大至剛，以直養而無害，則塞于天地之間，……
> （……曰く，我は言を知る。我善く吾が浩然の気を養う，と。敢え

[※1] 『荘子』のこの一句における〈火〉は，言うまでもなく，意識の深層領域における仄かな光のイメージである。それは同時に無限の世界における生命の象徴でもある。従って，郭象が，この〈火〉に無限の生命のイメージを投影する注記をなすのも，全く故なしとしないところである。

[※2] この点については，前掲24頁注引の乾論文を参看。詳細にして鋭い指摘である。

第一編　中古代の哲学思想Ⅰ　──春秋・戦国時代──

　　　て問う，何をか浩然の気と謂うか，と。曰く，言い難し。その気為
　　　るや，至大至剛，直を以て養いて害無ければ，則ち天地の間に塞が
　　　る。……，『孟子』，「公孫丑上篇」）

　言葉にならない〈浩然の気〉の鍛錬を通じて〈天地〉と一体となるがごとき境地を体現することは，そのこと自体が目的ではない。まして況や，単なる見せ掛けの議論では決してない。そのような「行」を通じて，自ら真実の自己を直接的に体現することによって人間本性の何たるかを明らかにするという深淵なる探究に基づく本性論こそが，孟子の切実なる本旨なのである。

　自ら〈言い難し〉と認めつつ，それでもそれを言葉の次元でしか敷衍できない，謂わば「存在論的ジレンマ」に直面しつつ，己が内面における深化を綴る孟子の姿は，全く同様の意識の深化と，それに伴う真実の自己の体現を体験しつつ，それをさまざまな神話的表現や暗喩表現を駆使しつつ，それでも尚，自身の言葉を〈妄言〉（『荘子』，「斉物篇」）と自嘲的に称して「言葉の限界」を明確に意識する荘子や，

　　　　　道可道，非常道，（道の道うべきは，常の道に非ず。『老子』，第一章）

と言って，正に自身に見えたものを見えた通りに記述して，後を読む者に委ねる老子[※1]等に相通ずるものがある。ただ，彼らが何らの社会的拘束に縛られることなく比較的自由に，彼らの〈道〉の哲学的思惟を展開できたのに対して，孟子が，飽くまで「儒教」・「儒学」の埒内に留まって，その見解を敷衍したという相違があるのみなのである[※2]。

[※1] この点については，後述，また前掲拙稿「老子・〈道(わたし)〉・市中の隠者─道家思想の身心論的コンテキスト─」を参看。

[※2] 要するに孟子は，その哲学的実践を通じて体現した実見に基づいて，飽くまでも「儒学」・「儒教」のコンテキストの中で，〈不動心〉・〈志至〉・〈恒心〉（以上，『孟子』，「公孫丑上篇」）・〈求放心〉（『孟子』，「告子上篇」）等の日常的思惟の次元での規範的展開を行なって，そのいわゆる〈仁義礼智〉の実現を目指したのである。

第二章 孟子の性命論 ——その人性論と運命論——

　従って又，孟子のいわゆる〈夜気〉(『孟子』,「告子上篇」)も——それを，文字通り〈夜〉の〈気〉と解するか，或いは「早朝」という意味での〈夜〉の〈気〉であると解するかを問わず[※1]——仁義説における単なる例言ではなく，彼の実際の体験に基づく発言であることに意を注がなければならない。そのような実際の体験なしに〈夜気〉などという概念にゆきつくはずがないからである。実際の〈夜〉の〈気〉の体験抜きにして，いかようにも〈夜気〉などという言葉を，言葉だけの次元で発言しようにも，そもそもその発想自体がありえないのである。

　かくして，孟子のいわゆる〈良知〉・〈良能〉も，ひとりこの線に沿ってのみ的確に理解しうるものであると考えられる。すなわち，

　　　孟子曰，人之所不学而能者，其良能也，所不慮而知者，其良知也，孩提之童，無不知愛其親者，及其長也，無不知敬其兄也，親親，仁也。敬長，義也，無他，達之天下也，(孟子曰く，人の学ばずして能くする所の者は，その良能[※2]なり。慮らずして知る所の者は，その良知[※2]なり。孩提の童[※3]も，その親を愛することを知らざるなし。その長ずるに及びてや，その兄を敬することを知らざるなし。親[※4]に親しむは仁なり。長を敬するは義なり。他なし，これを天下に達するのみ，と。『孟子』,「尽心上篇」)

と言われるのは，老子の〈人を知る者は智なるも，自ら知る者は明なり。〉(『老子』，第三十三章)を初め，更にプラトンのアナムネーシス[※5]や仏陀の

[※1] すなわち，前掲の乾論文に指摘する通りである。更に言えば，もしこれを全く文字通りの「夜の気」としたならば，『抱朴子』,「釈滞篇」に言う〈死気〉になってしまう。ただ，『孟子』の原文は，これでも通じないことはないようにも思える。
[※2] 〈良能〉〈良知〉いずれもいわゆる先験的な次元での能力・知識の謂いである。
[※3] 〈孩提の童〉2～3才の幼児。
[※4] 〈親〉親族。
[※5] Plato, Meno, 81c-d (O.C.T)

〈自灯明法灯明〉※に相通ずる，哲学的実践を通じて体得される真実の「知」についての記述である。単なるお題目だけの，理論的な「性善説」の記述ではない。身体的鍛錬を通じて，おのが意識の深層領域に真実の自己を体現してこその，その真実なる「知」に基づいてこその〈良知〉・〈良能〉なのである。

　孟子は単に「人間の良心に期待する」口先だけの道徳家ではない。また，ただ理論的に儒家・儒教の徳目を提唱する道学者でもない。彼の思想は「行」という哲学的実践に裏付けられている。それ故にこそ，彼の残した哲学的記述は，彼のその哲学的実践の背景を抜きにしては，全く理解できないものとなっている。彼の〈四端説〉にせよ〈浩然の気〉の記述にせよ，もしこれらを，ただ単に言葉の上だけで理解しようとしたならば，その本旨は全く捉えられることのないまま，「古典の封印」の遥か向こうに永遠に閉ざされることとなってしまうのである。彼の発言は，ひとり「実見」ある者に対してのみ，人間の真実を語りかけるのであった。彼はひとり〈言を知る〉（『孟子』，「公孫丑上篇」）者を捜していたのであった。

3．孟子の運命論

　そこでまず，『孟子』に見える宿命論的な考え方を例証してみる。

　　　行或使之，止或尼之，行止非人所能也，吾之不遇魯侯天也，臧氏之子，焉能使予不遇哉，（行くも，これを使むる者あり。止まるも，これを尼むる者あり。行止は人の能くする所に非ざるなり。吾の魯侯に遇わざるは，天なり。臧氏の子，焉んぞ能く予をして遇わしめざらんや。『孟子』，「梁恵王下篇」）

　　　舜有天下也，孰与之，曰，天与之，……天子能薦人於天，不能使天与之天下，（（万章曰く，）舜の天下を有つや，孰れかこれを与えし

※ Mahaparinibbana-sutta, D.N., Ⅱ, pp. 100-101

第二章　孟子の性命論　——その人性論と運命論——

や，と。(孟子) 曰く，天之を与う，と。……天子は，能く人を天に薦むれども，天をして，これを天下に与えしむること能わず。同，「万章上篇」)

舜相堯二十有八載，非人之所能為也，天也，(舜は堯に相たること二十有八載。人の能く為す所に非ざるなり。天なり。同前)

万章問曰，人有言，至於禹而徳衰，不伝於賢，而伝於子，有諸，孟子曰，否，不然也，天与賢則与賢，天与子則与子，(万章問いて曰く，人の言えることあり，禹に至りて徳衰え，賢に伝えずして子に伝う，と。これありや，と。孟子曰く，否，然らざるなり。天，賢に与うれば則ち賢に与え，天，子に与うれば，則ち子に与う，と。同前)

舜・禹・益，……其子之賢不肖，皆天也，非人之所能為也，莫之為而為者，天也，莫之致而至者，命也，(舜・禹・益，……その子の賢不肖なる，みな天なり。人の能く為すところに非ざるなり。これを為すことなくして為る者は，天なり。これを致すことなくして至るものは，命なり。同前)

孔子進以礼，退以義，得之不得，曰有命，(孔子は進むに礼を以てし，退くに義を以てす。これを得ると得ざるとは，命ありと曰う。同前)

以上のように，『孟子』において，人間存在の現実における立場は，我々の人為的・意識的になされた原因には，全く無関係に，その原因から完全に独立して生起する，と言うのである。まさに，

莫非命也，(命に非ざるなし。『孟子』，「尽心上篇」)

第一編　中古代の哲学思想Ⅰ　——春秋・戦国時代——

と孟子みずから言うように，孟子は，全くの「宿命論者」であり，従って，彼の哲学的思惟の体系において，人為的・意識的な善因・悪因によって生起するであろう善果・悪果の応報の必然性を，その必然性の本質的な制約としての，何らかの超越的な無制約者を想像して主張するような傾向は，全く見られないと言ってよいと思われるのである※。

このように，善因善果・悪因悪果の完全な応報は認めず，宿命論的な立場を採る孟子は，その結果として当然のことながら，それがいかなる現実であろうと，〈天〉が支配する"宿命"を，この"わたし"において全面的に引き受けるのである。これがすなわち，

> 堯舜性者也，湯武反之也，動容周旋中礼者，盛徳之至也，哭死而哀，非為生者也，経徳不回，非以干禄也，言語必信，非以正行也，君子行法以俟命而已矣，（堯舜は性のままなる者なり。湯武はこれに反る者なり。動容周旋，礼に中る者は，盛徳の至りなり。死を哭して哀しむは，生の為に非ざるなり。経徳回ならざるは，以て禄を干むるに非ざるなり。言語必ず信なるは，以て行ないを正すに非ざるなり。君子は，法を行ないて，以て命を俟つのみ。『孟子』，「尽心下

※ ただし，『孟子』にも，
> 苟為善，後世子孫，必有王者矣，（苟も善を為せば，後世子孫，必ず王者あらん。『孟子』，「梁恵王下篇」）

という，いささか定命論めいた発言が見えはする。やはり孟子も，いわゆる「徳と福の一致」に，おさえきれない魅力を覚えていたのであろう。しかし，この一文に引き続いて，孟子が，
> 君子創業垂統，為可継也，若夫成功則天也，君如彼何哉，彊為善而已矣，（君子は業を創め統を垂れ，継ぐべきを為す。夫の成功の若きは則ち天なり。君，彼を如何せんや。彊めて善を為さんのみ。『孟子』，「梁恵王下篇」）

と言っているのを見れば，孟子が考えている「徳と福の一致」とは，むしろ宿命論的な見地から——それは論理的に不斉合なものではあるが——意味づけられていたことがわかると思う。なお，この点については，森三樹三郎『上古より漢代に至る性命論の展開』（1971年，東京，創文社，56頁）を参看。

第二章　孟子の性命論　──その人性論と運命論──

篇」)

と言われる，いわば「人事を尽くして天命を俟つ」という達観であり，また

> 殀寿不貳，修身以俟之，所以立命也，(殀寿貳わず，身を修めて以てこれを俟つは，命を立つる所以なり。『孟子』，「尽心上篇」)

と言われる，謂わば一種の「安心立命」とでも言うべき境地であった。これこそ，孟子の哲学的思惟の体系における宿命論的思惟の窮極なのであった。

ところで，このような考え方は，理論としては，極めて整然としており，考え方自体として，既に完成したものではあるが，それにしても，人事を尽くして，その結果がいかなる事態に及ぼうとも，そこにみずからの"宿命"を認識し，その"宿命"を全面的に受け入れるということは，実際のところ，我々人間の日常生活において，極めてつらくきびしい精神的負担であると思われる。すなわち，日常の人事すべてにわたって宿命論的見解を取って，みずからを律してゆくことは，精神的に常に不安定であり，決して容易には実現しがたい理想的行為である。それゆえに，このような"理論"の裏には，先ず，一種の宗教的な信仰心にも似た，謂わば「心のささえ」となるべき，超越的な無制約者への確信がなければならない。

そのような一種の宗教的な確信が，『孟子』においてはすなわち，

> 天将降大任於是人也，必先苦其心志，労其筋骨，餓其体膚，空乏其身，行払乱其所為，所以動心忍性，曾益其所不能，(天の将に大任をこの人に降さんとするや，必ず先ずその心志を苦しめ，その筋骨を労せしめ，その体膚を餓えしめ，その身を空乏にし，行ないを，その為さんとする所に払乱せしむ。心を動かし性を忍ばせ，その能くせざる所を曾益せしむる所以なり。『孟子』，「告子下篇」)

第一編　中古代の哲学思想Ⅰ　——春秋・戦国時代——

という、〈天〉への確信として提唱される。いかなる艱難辛苦も、偉大なる〈天〉の予定にほかならない。それゆえに、その"宿命"を、この自分自身において全面的に引き受け、更に、

　　　万物皆備於我矣、反身而誠、楽莫大焉、（万物みな我に備わる。身に反して誠なれば、楽しみこれより大なるはなし。『孟子』、「尽心上篇」）

と言って、この"わたし"の立場に対して、ひたすら誠実に生きること——すなわちみずからの"宿命"に、すべてを委ねて生きること——に〈楽しみ〉を覚えるまでに至りうるのである。

　このような〈天〉への信頼感を、その哲学的思惟の体系の実践的土台として意識していたという、この事実こそが、孟子における、かくも純粋なる宿命論的思惟の可能性の、感性的次元での本質的契機となっているのである。孟子のこのような考え方こそが、思想史的にみて、極めて重要な問題をもつものであることは、あらためて言うまでもないことであろう。すなわち、『詩経』や『論語』などにおける哲学的思惟の次元では、〈天〉が、この現実的世界における人間存在の立場——すなわち〈天命〉——の可能性の本質的制約であることを認めるのみであった。それゆえに、彼らは、その〈天命〉の決定者たる〈天〉の存在を、ときには自分の〈徳〉に味方する強大な"力"の顕現として、力強く意識すると同時に、ときには、これを全く盲目の、そして理不尽な"宿命"の主宰者として恐れおののき、そして悩んだのであった。それにひきかえ、孟子に至ると、その〈天〉が、ただ単に"宿命"の主宰者であるばかりではなく、より具体的な内容として、謂わば"予定調和の主宰者"という性質が付与された。すなわち、〈天〉は、我々人間の力ではいかんともしがたい"宿命"の主宰者ではある——この点で孟子は純粋な「宿命論者」である——が、しかし、その〈天〉の決定は、最終的に、必ず良い結果をもたらすものであると言うの

第二章　孟子の性命論　——その人性論と運命論——

である。孟子は，このような確信をもって彼の宿命論を展開した。そして，その結論は，いわゆる「人事を尽くして天命を俟つ」という，謂わば一種の「安心立命」の境地なのであった。

第一編　中古代の哲学思想Ⅰ　——春秋・戦国時代——

第三章　墨子における〈天〉と〈命〉
——〈上帝〉の復活と宿命論——

1．墨子の人物・年代

　墨子（B.C.480？～B.C.370？）についての最も古い伝記は，司馬遷（B.C.145？～B.C.86？）が著した『史記』の中の孟子や荀子についての伝記に混じって，

　　　蓋墨翟，宋之大夫，善守禦，為節用，或曰，並孔子時，或曰，在其後，（蓋し墨翟は，宋の大夫なり。守禦を善くし，節用をなす。あるいは曰く，孔子の時にならぶ，と。あるいは曰く，その後にあり，と。『史記』，「孟子荀卿列伝」）

とあるだけである。古代の社会において（墨子から司馬遷まで），約400年近くも年代に隔たりがあれば，その伝承の記録もなくなってしまって当然と言えばそれまでのことではあるが，一時，

　　　世之顕学，儒墨也，（世の顕学は儒墨なり。『韓非子』，「顕学篇」）

とまで言われ，孔子を祖とする"儒家"と並んで，春秋・戦国時代において，最も勢力を持っていた墨家の祖，墨子についての伝記は，今となっては，あまりに不備に過ぎると言わざるをえまい。後の漢代になって，儒家の思想が「儒教」として，いわゆる「国教」となって，その勢力を得た（B.C.136）のに対して，これに（その思想内容を）吸収合併される形で消滅して行った墨家の（いささか憐れな）末路が如実に窺われよう。

　とはいえ，思想史的な観点からすれば，その伝記は，これを参考にはしつつも，それに拘泥せず，むしろ，その哲学的内容から人物像までをも明らかにで

第三章 墨子における〈天〉と〈命〉 ——〈上帝〉の復活と宿命論——

きるよう心掛けるべきであろう。そこで,墨子の(おそらく)名は翟,宋か魯,いずれにせよ,かっての大国殷(いん)の遺民が多く住みついた土地の生まれである(このことについては,後に詳しく論及する)。

更に,その生没の年代は,ほぼ春秋時代の終りごろから,戦国時代のはじめごろであろうと推定されているが,あるいは,もう少し降(くだ)って,孟子と同時期あたりとも考えられもする。墨子・孟子ともに,相論難しあっているからである。

いずれにせよ,春秋・戦国時代において,前述の孔子や孟子らの思想の流れ——儒家思想,周の〈天〉の流れを汲む——と対立し,殷の〈上帝〉の流れの中にありつつ,自説を展開したのが,この墨子とその弟子たちの集団であった。ここでは,特に以前からの論述の課題となっている「運命論」の問題に焦点をあてつつ,墨子の哲学的思惟の体系を概観してみたい。

2. 墨子の非命説

既にいささか触れた通り,墨子は定命論的な思惟を展開した。この考え方は,墨子の,いわゆる〈非命説〉(ひめいせつ)の主張の中において,最も典型的に記述されている。

> ……昔者三代聖王,禹湯文武,方為政乎天下之時,曰,必務挙孝子而勧之事親,尊賢良之人而教之為善,是故出政施教,賞善罰暴,且以為若此,則天下之乱也,将属可得而治也,社稷之危也,将属可得而定也,若以為不然,昔桀之所乱,湯治之,紂之所乱,武王治之,……存乎桀紂而天下乱,存乎湯武而天下治,天下之治也,湯武之力也,天下之乱也,桀紂之罪也,若以此観之,夫安危治乱,存乎上之為政也,則夫豈可謂有命哉,(……昔者(いにしえ),三代の聖王,禹湯文武(うとうぶんぶ),政(まつりごと)を天下に為すの時に方(あた)りて曰(いわ)く,必ず務めて孝子を挙げて,こ

第一編　中古代の哲学思想Ⅰ　——春秋・戦国時代——

れに親し事うることを勧め，賢良の人を尊んで，これに善を為すことを教えん，と。この故に，政を出だし，教を施し，善を賞し，暴を罰す。且つ以為らく，かくの若くなれば，則ち天下の乱や，はた，まさに得て治むべきなり。社稷※1の危や，はた，まさに得て定むべきなり，と。若し，以て然らずと為さば，昔，桀※2の乱す所は，湯※3これを治む。紂※2の乱す所は，武王※3これを治む。……桀紂にありては，天下乱れ，湯武にありては，天下治まる。天下の治まるや，湯武の力なり。天下の乱るるや，桀紂の罪なり。若し，これを以てこれを観れば，かの安危治乱は，上の政を為すにあり。則ちそれ豈に命ありと謂うべけんや。『墨子』，「非命下篇」）

すなわち，天下が治まるのも乱れるのも，ひとえに為政者の政治の善し悪しにかかっているのであり，あらかじめ決定された〈命〉，つまり「宿命」などというものはない，言い換えれば，治乱興亡という可能的な事象としての結果は，ひとえに為政者の善政もしくは悪政という原因によって導かれるものである，というのである。

そこで，墨子が，ここで否定している〈命〉を，更に，もう少し厳密に見てみるならば，墨子が，

執有命者之言曰，命富則富，命貧則貧，命衆則衆，命寡則寡，命治則治，命乱則乱，命寿則寿，命夭則夭，命雖強勁何益哉，（有命※4を執る者の言に曰く，命富めば則ち富み，命貧しければ則ち貧しく，命衆ければ則ち衆く，命寡ければ則ち寡く，命治まれば則ち治まり，命乱るれば則ち乱れ，命寿なれば則ち寿く，命夭なれば則ち夭し。

※1　土地の神〈社〉と五穀の神〈稷〉。転じて国家全体をも指す。
※2　〈桀〉〈紂〉いずれも中国古代，伝説上の暴王。
※3　〈湯〉〈武王〉前出。聖王の名。
※4　〈有命〉ここでは宿命論のこと。

第三章　墨子における〈天〉と〈命〉 ——〈上帝〉の復活と宿命論——

命は強勁※1と雖も何ぞ益せんや,と。『墨子』,「非命上篇」)

儒者……有強執有命以説議曰,寿夭貧富,安危治乱,固有天命,不可損益,窮達賞罰幸否,有極,人之知力不能為焉,(儒者※2曰く……また強めて有命を執りて以て説議して曰く,寿夭貧富・安危治乱は,固より天命ありて,損益すべからず。窮達賞罰・幸否は極ありて,人の知力は,為すこと能わず,と。同,「非儒下篇」)

子墨子謂程子曰,儒之道足以喪天下者四政焉,……又以命為貧富寿夭治乱安危有極矣,不可損益也,為上者行之,必不聴治矣,為下者行之,必不従事矣,此足以喪天下,(子墨子,程子※3に謂いて曰く,儒の道の,以て天下を喪うに足るものに,四政あり。……また命を以て寿夭貧富・安危治乱に極ありて,損益すべからずと為す。上と為る者,これを行なえば,必ず治に聴かず。下と為る者,これを行なえば,必ず事に従わず。これを以て天下を喪うに足る,と。同,「公孟篇」)

と言うように,〈寿夭貧富・安危治乱〉等の現象の生起の可能性が,あらかじめ何らかの超越的・絶対的な原因によって,〈命〉として決定されているのであり,それは〈強勁〉といえども逆らえない〈極〉であるという考え方である。

以上において明らかなように,ここで『墨子』が否定しているところの〈命〉とは,すなわち,いわゆる「宿命論」の考え方であった。

もとより,

墨子兼愛,摩頂放踵,利天下為之,(墨子は,兼愛※4す。頂を摩し

※1 〈強勁〉体力のある強靱な人物。
※2 〈儒者〉おそらく,孟子およびその一派を指すのであろう。
※3 〈程子〉墨子の弟子の名。
※4 〈兼愛〉他人を差別なく愛する,という墨子の主張。

第一編　中古代の哲学思想Ⅰ　——春秋・戦国時代——

て踵にまで放るも，天下を利することは，これを為す。『孟子』，
「尽心上篇」）

と言われ，更に，

墨子無煖席，（墨子に煖席なし※1。『淮南子』，「修務訓」）

とまで言われる「力行の人」墨子の（そして，それを受け継ぐ弟子たちの）考え方からすれば，あらかじめ決定された「宿命」，すなわち，謂うところの〈命〉を認めて，一見，おのが人生を傍観しているように見受けられる輩を，平然と見過ごすことはできなかったのであろう。当然の主張である。

しかし，ここで注意すべきことは，なんらかの超越的な絶対者Aを否定するためには，その否定される対象とは別の，超越的な絶対者Bを立てなければならない，ということである。

なぜなら，そもそも，この「宿命」というものが，それ自体，"絶対"的な必然性そのものとして我々に認識されるものであり，それゆえに，もしかりに，その「宿命」を否定し去ろうとするならば，その否定の対象とは別の「それ自体が絶対的な必然性」の概念を立てなければならなくなってくるのである。つまり，あるひとつの「運命論Ⅰ」を否定するには，みずから，その否定の対象とは別の「運命論Ⅱ」※2を立てなければならない。そして，それが，墨子においては，いわゆる「定命論」の考え方であり，その根底には，あの殷の〈上帝〉に由来する〈天〉の概念があった，と考えられるのである※3。そこで以下，更にこの〈天〉の概念について垣間見つつ，墨子の定命論的思惟を概観してみ

※1 〈煖席なし〉つまり，席が煖まるひまもないほど忙じかった，ということ。
※2 このように墨子は「非命説」を主張しはしたが，そこにおいて否定しているのは，あくまでも孟子の宿命論的見解だけであり，決して運命論全体を一気に否定し去っているわけではなく，むしろ墨子自身は，後に論及する通り，定命論的見解を取っていたのである。
※3 この点については，穴沢辰雄「墨子の天志論」（『中国古代思想論考』，1982年，東京，汲古書院，所収）を参看。

第三章 墨子における〈天〉と〈命〉 ——〈上帝〉の復活と宿命論——

たい。

3．墨子における〈天〉及びその定命論的思惟について

さて，既にいささか触れた通り，その墨子における，「それ自体が絶対的な必然性」の概念——すなわち，定命論的思惟——の可能性の理論的契機をなすところの，一種の無制約的存在がそのいわゆる〈天〉であった。すなわち，墨子が，

> 天子為善，天能賞之，天子為暴，天能罰之，天子有疾病禍祟，必斎戒沐浴，潔為酒醴粢盛，以祭祀天鬼，則天能除去之，（天子，善を為せば，天能くこれを賞し，天子，暴を為せば，天能くこれを罰し，天子に疾病禍祟※1あれば，必ず斎戒沐浴し，潔く酒醴粢盛※2を為りて，以て天鬼※3を祭祀すれば，則ち天は能くこれを除去す。『墨子』，「天志中篇」）

と言い，更にまた，

> 天子有善，天能賞之，天子有過，天能罰之，天子賞罰不当，聴獄不中，天下疾病禍祟，霜露，不時，（天子に善あれば，天能くこれを賞す。天子に過あれば，天能くこれを罰す。天子の賞罰当たらず，聴獄※4あたらざれば，天は疾病禍祟を下し，霜露，時ならず。『墨子』，「天志下篇」）

と言う，「善因善果・悪因悪果の応報」，すなわち「因果律」の顕現の必然性の

※1 〈疾病禍祟〉やまいとたたり。天が降す罰である。
※2 〈酒醴粢盛〉さけ・あまざけ・大きくもった穀物の供え物。
※3 〈天鬼〉この〈鬼〉はいわゆる〈鬼神〉の〈鬼〉。従って〈天鬼〉とは，「天の神様」というほどの意味
※4 〈聴獄〉争いごとに裁定をくだすこと。

第一編　中古代の哲学思想Ⅰ　——春秋・戦国時代——

根拠としての、いわば"無制約的存在"が、この〈天〉なのであった。
　言い換えれば、墨子の考えでは、

　　　　愛人、利人者、天必福之、悪人賊人者、天必禍之、（人を愛し、人を利する者は、天必ずこれに福し、人を悪み人を賊なう者は、天必ずこれに禍す。『墨子』「法儀篇」）

と言われる通り、〈天〉の摂理の絶対性を以て、「善因善果・悪因悪果の完全な応報」の実践的な根拠とするのである。
　それは、要するに、この日常的世界のすべての事象のありようが、〈天〉あるいは「天志中篇」にいわゆる〈天鬼〉と呼ばれる無制約的絶対者によって、明確に目的的に主宰されている、とする考え方であり、この場合の〈天〉あるいは〈天鬼〉こそ、周の〈天〉にとって代わられる以前に、殷の守護神として崇拝され、周の〈天〉にとって代わられた後は、その遺民たちの間で、ひそかに守り続けられてきた、あの殷の〈上帝〉に連なる存在なのであったと考えられるのである。
　すなわち、かつては単なる〈命〉の主宰者であるとされるのみであった〈天〉に、墨子は、更に人為的・意識的な「善因」「悪因」を認識し、それぞれについてぴたりと「善果」「悪果」を生起させるというある種の人格神的な性質を付与して、伝統的な〈命〉の問題に対して回答を試みたのであった。このような思惟の脈絡は、既に見た孟子が、〈天〉に"予定的調和の主宰者"という具体的な内容を与えて、極めて明確なかたちで宿命論の立場を採り、それまでの「運命論」の問題に回答を与えようとしたのと、極めて近しい次元にあると思われるのである。
　ところが、墨子のこのような思惟の展開は孟子のそれに比べて、一見すると、全く正反対の内容を持つ主張であるかのように見受けられる。それゆえ、私の考えでは、墨子がその「非命説」において否定している〈命〉とは宿命論の考

第三章　墨子における〈天〉と〈命〉　——〈上帝〉の復活と宿命論——

え方であり，その思想的攻撃の対象は，明らかに孟子およびその一派であったと思われるのである。

すなわち，墨子は，孟子の宿命論に反対し，孟子のそれに比べて，一見正反対の性格を持つ人格神的〈天〉※の観念を導入して，極めて現実的・実践的な定命論を主張し，『詩経』や『論語』に由来する運命論の問題に決着をつけようと試みたのであったと思うのである。

ところで，『呂氏春秋』の「制楽篇」には，

> 今，窒閉戸墉動，天地一室也，（今，窒閉すれば戸墉動く。天地は一室なり。『呂氏春秋』，「制楽篇」）

という不可解な一句に導かれる三つの説話が記述されている。この一句は，要するに〈天地〉——という語彙によって表象される事象や事物のすべての内包——は，人間の行為を媒介に統一した有機的全体である，という思惟の表現であると考えられる。このことは，この一句に続く三つの説話の内容を検討することによって帰納されうるであろうが，それは割愛するとして，ここでは，その結論だけを取りまとめて述べるならば，要するに，この「人間の行為を媒介とする〈天地〉の統一的世界観」の考え方は，善因善果・悪因悪果の完全な応報という定命論的思惟の実践的な表現であり，これこそ墨子一流の，「非命説」的思惟の，最も完備した理論の表現形式であると思うのである。従って，『呂氏春秋』の「制楽篇」に見えるこのような理論の記述に至って，中国古代にお

※このように，『墨子』にいわゆる〈天〉とは，善因善果・悪因悪果の完全な応報を実現するところの"唯神論的天"であった。それに対して『孟子』にいわゆる〈天〉は，我々人間の意志や行為をはるかに越えてこの〈天下〉を強大に支配する"汎神論的天"であった。私の考えでは，それぞれの〈天〉に対する考え方の相違こそが，それぞれの哲学的思惟の体系の相違をなす本質的な契機になっているように思われるが，今はこれ以上深く論及しないでおきたい。なおこの点については，穴沢前掲論文・池田末利「続釈帝・天」・「中国固有の宗教と陰陽説」（いずれも『中国古代宗教史研究』，1981年，東京，東海大学出版会，所収）を参看。

第一編　中古代の哲学思想Ⅰ　──春秋・戦国時代──

ける運命論の流れは，少なくとも理論的には完成してしまったのである。

　とはいえ，それはあくまでも墨子一流の〈天〉の理論化の結果であると考えられる。言い換えれば，墨子のこのような主張は，墨子の一種宗教的な〈天〉の確信があって初めて有意義な理論であり，決して，運命の問題そのものの解決というわけではない。ましてや，そこに至るまでにも，この問題は，更に数多くの思想家たちの哲学的な俎上に登ることになるのである。更に続いて考究してゆきたい。

第二編　中国古代の哲学思想 II
―― 戦国時代末期 ――

第一章　荀子における〈礼〉と〈命〉
―― 荀子の定命論的礼理論について ――

1. 荀子の人物・生涯

　荀子（B.C.310？～B.C.230？），名は況。趙の人である。『史記』に見える彼の伝記によると，彼は戦国時代の最末期※1に,「稷下の学士」と呼ばれる，多くの優れた学者たち※2が集まる斉の国を訪れ，斉の襄王には，大いに重用され，老師として稷下の列大夫にまで任命されている。その後，讒言にあい，斉を去って，老子や荘子，更には墨家の思想などが伝わる楚に至り，又そこでも，春申君に推挙され，蘭陵令となって活躍し，春申君の横死の後も，役職は廃せられたがそのまま蘭陵に留まり，弟子の育成と著述に専念したと言われている。

　以上の通り，彼こそは，戦国時代の最末期における，いわゆる"百家斉放"の思想界にあって，その思想全体の統合に先鞭をつけるにふさわしい人物であったと考えられる。このことは，現存『荀子』において看取される緻密で整合的な，それでいて壮大なる，彼の哲学的思惟の体系を一見すれば，十分に理解できることであろう。この荀子の哲学的思惟の体系について，先ずその全体を概観しつつ，更に，その運命論に焦点をあてて論述してゆきたい。

※1 B.C.260年ごろ。
※2 騶衍（すうえん）・田駢（でんべん）・慎到（しんとう）・宋銒（そうけん）・尹文（いんぶん）など。

第二編　中国古代の哲学思想Ⅱ　——戦国時代末期——

2．荀子の思想—理論的思惟—

　荀子の哲学的思惟の一大特質は，それが，極めて理論的な思惟によって一貫されている，ということであると考えられる。すなわち，荀子は，先ずこの日常的な経験的世界において生成消滅する数多くの現象を隈なく列挙し，それを科学的に分析して，そこに普遍的な根本原理を抽象する。それは，後に論及する通り，一種の定命論的な理論の体系である。荀子は，その根本原理を〈礼〉と呼び，その概念を根幹として，この全世界を秩序づけ体系化して，彼のいわゆる〈正理平治〉(『荀子』,「性悪篇」)の理念を実現しようとしたのである。

　そこで，先ずその理性的思惟における"列挙・分析"の例を，荀子自身の言葉に即して垣間見てみたい。

　　　　以善先人者，謂之教，以善和人者，謂之順，……治気養心之術，血
　　　　気剛強，則柔之以調和，知慮漸深，則一之以易良，……凡治気養心
　　　　之術，莫徑由礼，莫要得師，莫神一好，夫是之謂治気養心之術也，
　　　　(善を以て人に先つ者は，これを教と謂い，善を以て人に和する者
　　　　は，これを順と謂い，……。気を治め心を養うの術は，血気，剛強
　　　　なれば，則ちこれを柔ぐるに調和を以てし，知慮，漸深※なれば，
　　　　則ちこれを一にするに易良を以てし，……。凡そ気を治め心を養う
　　　　の術は，礼に由るより徑かなるはなく，師を得るより要なるはなく，
　　　　好を一にするより神なるはなし。それこれこれを気を治め心を養う
　　　　の術と謂うなり。『荀子』,「修身篇」)

　　　　形体色理以目異，声音清濁調竿奇声以耳異，甘苦鹹淡辛酸奇味以口
　　　　異，香臭芬鬱腥臊酒酸奇臭以鼻異，疾養凔熱滑鈹軽重以形体異，
　　　　説故喜怒哀楽愛悪欲以心異，心有徵知，徵知則縁耳而知声可也，縁

※〈漸〉も〈深〉の意味。

第一章　荀子における〈礼〉と〈命〉──荀子の定命論的礼理論について──

> 目而知形可也，然而徴知，必将待天官之当簿其類，然後可也，（形体・色理は目を以て異※1し，声音・清濁・調竽※2・奇声は耳を以て異し，甘苦・鹹淡※3・辛酸・奇味は口を以て異し，香臭・芬鬱※4・腥臊※5・酒酸※6・奇臭は鼻を以て異し，疾養※7・滄熱※8・滑鈹※9・軽重は形体を以て異し，説故※10・喜怒・哀楽・愛悪欲は心を以て異す。心に徴知あり。徴知は則ち耳に縁りて声を知れば可にして，目に縁りて形を知れば可なり。然らば而ち，徴知は必ず将た天官※11のその類を当簿※12するを待ちて，然る後に可なり。同，「正名篇」）

　以上，二つの引用は，いずれも荀子の"列挙・分析"の，典型的な記述である。人間の性格を〈教〉・〈順〉等と列挙・分析し，それに基づいた〈気を治め心を養うの術〉を述べたて（前例，『荀子』，「修身篇」），また，人間の直感的感覚器官として，〈目〉・〈耳〉等を挙げ，更にそのはたらきのカテゴリーを詳細に分析する（後例，『荀子』，「正名篇」）。そして，いずれの場合にも，最後には，〈礼〉・〈師〉，そして，〈心〉の〈徴知〉といった，更に高次の概念によって，これらの多様な現象を秩序づけ，体系化してゆくのである。

　荀子のこのような考え方は，荀子自身の，

※1　〈異〉区別する。
※2　〈調竽〉調子。
※3　〈鹹淡〉しおからさと淡泊さ。
※4　〈芬鬱〉草花の香り。
※5　〈腥臊〉なまぐさい・油臭い。
※6　〈酒酸〉未詳。一説に悪臭のこと，と。
※7　〈疾養〉〈疾〉は「病」，〈養〉は〈癢〉と同じで，かゆみ。
※8　〈滄〉〈冷〉に同じ。
※9　〈滑鈹〉なめらかさとざらざらしたもの。
※10　〈説故〉未詳。一説に，よろこんで感情が動くこと，と。
※11　〈天官〉感覚的直感（耳目など）。
※12　〈当簿〉悟性的認識。

第二編　中国古代の哲学思想Ⅱ　——戦国時代末期——

　　　聖人積思慮, 習偽故, 以生礼義, 而起法度, (聖人は思慮を積み, 偽故※1を習い, 以て礼義を生じて法度を起こす。『荀子』,「性悪篇」)

という, 極めて冷静な理性的思惟の所産であると考えられる。
　かくして, 荀子は, 終始その理性的思惟を貫き, たとえば,

　　　得衆動天, 美意延年, 誠信如神, 夸誕逐魂, (衆を得れば天を動かし, 意を美しましむれば年を延ばし, 誠信なれば神の如く, 夸誕※2なれば魂を逐う。『荀子』,「致士篇」)

と, 〈衆を得る〉・〈意を美しましむる〉等の日常的次元の行為を前件たる原因として, そこから, 〈天を動かす〉・〈年を延ばす〉等の, いささか非日常的な次元に属するかと思われる結果さえも後件として, 論理的に主張する, 一箇の論理的完全主義者だったのである※3。
　さて, このような考え方を執る荀子が, この日常的世界における人為的事件・自然現象すべてのあり方を, 法則的に一貫した, 秩序だった体系として認識するのも, 極めて当然のことであったと考えられる。すなわち, 荀子は,

　　　物類之起, 必有所始, 栄辱之来, 必象其徳, 肉腐出蟲, 魚枯生蠹, 怠慢忘身, 禍災乃作, ……積土成山, 風雨興焉, 積水成淵, 蛟龍生焉, 積善成徳, 而神明自得, 聖心備焉, ……無冥冥之志者, 無昭昭

※1　〈偽故〉人為的な文化的事象。
※2　〈夸誕〉おおげさで, でたらめなこと。
※3　荀子のこの「論理的完全主義者」の態度は, 『荀子』書中に, たとえば, 「堯舜は天下無双の至尊の聖人であるから, 彼らが禅譲したと言われるのは誤りである」として, あらゆる方面から反証を挙げ(「正論篇」)たり, 宋学や墨子や法家の理論に徹底的に反論し(同前篇, また, 「礼論篇」, 「解蔽篇」等)たり, あるいは又, 天下に肩を並べる者としてない〈天子〉には〈妻〉はいないと主張し(「君子篇」)たりする荀子の発言において, 極めて典型的に看取されると思われるのである。

— 48 —

第一章 荀子における〈礼〉と〈命〉——荀子の定命論的礼理論について——

之明，無惛惛之事者，無赫赫之功，……故君子結於一也，(物類の起こるや，必ず始まる所あり。栄辱の来たるや，必ずその徳に象る。肉，腐れば蟲を生じ，魚，枯るれば，蠹※1を生じ，怠慢にして身を忘るれば，禍災乃ち作る。……積土，山を成せば，風雨興り，積水，淵を成せば，蛟龍生じ，積善，徳を成せば，神明自得し，聖心備わる。……冥冥の志なき者は，昭昭の明なく，惛惛の事なき者は，赫赫の功なし。……故に君子は一に結ぶなり。『荀子』，「勧学篇」)

と言い，また，

以類行雑，以一行万，始則終，終則始，若環之無端也，……天地者生之始也，礼儀者治之始也，君子者礼儀之始也，……君臣父子兄弟夫婦，始則終，終則始，与天地同理，与万世同久，夫是之謂大本，故喪祭朝聘師旅一也，貴賤殺生与奪一也，……(類を以て雑を行ない，一を以て万を行なう。始まれば則ち終り，終れば則ち始まり，環の端なきが若し。……天地は生の始なり。礼儀は治の始なり。君子は礼儀の始なり。……君臣・父子・兄弟・夫婦，始まれば則ち終り，終れば則ち始まり，天地と理を同じくし，万世と久しきを同じくす。それこれこれを大本と謂う。故に喪祭・朝聘※2・師旅※3は一なり。貴賤・殺生・与奪は一なり。『荀子』，「王制篇」)

等と，この日常的な経験世界における，すべての現象を，その人為的・自然的なるを問わず，それぞれに固有の原因ー結果の無限に循環して生成消滅を繰り

※1 〈蠹〉きくいむし。
※2 〈朝聘〉諸侯が天子に拝謁するのが「朝礼」(春)と「覲礼」(秋)，又，大臣や大夫を訪問するのが「聘礼」。
※3 〈師旅〉軍隊のこと。

第二編　中国古代の哲学思想Ⅱ　——戦国時代末期——

返す，連鎖的な形態において認識するのである。つまり，荀子においては，〈物類〉・〈積土〉・〈天地〉といった自然現象も，〈栄辱〉・〈積善〉・〈君子〉といった人為的事象も，この日常的な経験世界において，全く等価の現象であり，これらの現象のすべてが，〈始終〉・〈終始〉という一貫した原因－結果の循環的連鎖の形態において，無限に生成消滅を繰り返すとされるのである。

　さればこそ，

　　　　　観国之治乱臧否，至於疆易而端已見矣，……観国之強弱貧富有徴，（国の治乱臧否※1を観るに，疆易※2に至れば，端すでに見わる。……国の強弱貧富を観るに徴あり。『荀子』，「富国篇」）

と，一見して，その国の状態を知ることができると主張し，かつまた，

　　　　　順其類者，謂之福，逆其類者，謂之禍，（その類に順う者は，これを福と謂い，その類に逆うものは，これを禍と謂う。『荀子』，「天論篇」）

と言って，人の〈禍〉・〈福〉までをも，論理的に割り切って，いとも簡潔に定義づけるのである。

　ところで，荀子のこのような理性的思惟こそ，実際のところ，日常的な経験世界における現象のすべてを，原因－結果の因果的連鎖の形態において認識する，いわゆる定命論の考え方であると考えられる。そこで，以下，荀子のこの定命論的思惟について概観してみたい。

※1 〈臧否〉よしあし。
※2 〈疆易〉国境。

第一章　荀子における〈礼〉と〈命〉——荀子の定命論的礼理論について——

3．荀子の定命論

　荀子の定命論的思惟は，実際のところ，荀子の次のような記述において展開されている。すなわち，荀子は，

> 天行有常，不為堯存，不為桀亡，応之以治，則吉，応之以乱，則凶，強本而節用，則天不能貧，養備而動時，則天不能病，修道而不貳，則天不能禍，（天行に常※1あり。堯※2の為に存せず，桀※3の為に亡びず。これに応ずるに治を以てすれば，則ち吉，これに応ずるに乱を以てすれば，則ち凶なり。本に強めて用を節すれば，則ち天も貧にすること能わず。養，備わりて，動，時なれば，則ち天も病ましむること能わず。道を修めて貳わざれば，則ち天も禍すること能わず。『荀子』，「天論篇」）

と，〈天〉の運行に恒常不変の法則性を見出す。その"法則性"とは，すなわち，彼の言葉で言うところの，〈日月星辰の環歴〉（『荀子』，「天論篇」）とか，あるいは，〈春夏に繁啓蕃長し，秋冬に蓄積収藏する。〉（同前）といった，いわば「自然法則」の謂いであると考えられる。つまり，荀子は，一箇の自然現象としての〈天行〉―天の運行―を論理的に分析し，ひとつの法則として認識する。そして，その〈天行〉の法則を応用して，おのがなすべき〈道〉に，これ努めれば，必ず〈吉〉なる結果が得られる，と言うのである。

　とはいえ，それは，あの墨子の定命論的思惟のごとく，一種の人格神的存在としての〈天〉が，人間の行為の善意によって，それにふさわしい結果をもたらす，というものとは，全くその思惟の次元を異にするものである。すなわち，既にいささか触れ，更にまた，

※1　〈常〉恒常不変の法則。
※2　〈堯〉中国古代，伝説上の聖王。
※3　〈桀〉中国古代，伝説上の暴王。

第二編　中国古代の哲学思想Ⅱ　――戦国時代末期――

　　　星隊木鳴，国人皆恐曰是何也，曰無何也，是天地之変，陰陽之化，
　　　物之罕至者也，怪之可也，而畏之非也，（星隊ち木鳴れば，国人み
　　　な恐れて曰く，これなんぞや，と。曰く，何もなきなり。これ，天
　　　地の変，陰陽の化にして，物の罕に至る者なり。これを怪しむは可
　　　なるも，これを畏るるは非なり。……。『荀子』，「天論篇」）

と言われる通り，荀子における〈天〉とは，日常的な経験の次元における，自然現象以外の何物でもないからである。まさに，

　　　君子……其於天地万物也，不務説其所以然，而致善用其材，（君子は，
　　　……その天地万物におけるや，その然る所以を説くことに務めずし
　　　て，善くその材を用うることを致す，……。『荀子』，「君道篇」）

と言われる通り，荀子における〈天〉は，〈地〉や〈万物〉と並んで，人間たる〈君子〉が，それを応用して治世――仕事――をなすべき〈材〉――材料のひとつ――に過ぎない。さればこそ，荀子は，

　　　天地生之，聖人成之，（天地は，これを生じ，聖人は，これを成す。
　　　『荀子』，「富国篇」）

　　　制天命而用之，（天命を制して，これを用う。同，「天論篇」）

とまで言い切るのである。

4．荀子の〈礼〉について

　ところで，荀子は，以上に述べた，彼のこの定命論的思惟を，

　　　将原先王本仁義，則礼正其経緯蹊徑也，（将に先王に原づき，仁義
　　　に本づかんとすれば，則ち礼は正にその経緯蹊徑なり。『荀子』，

第一章　荀子における〈礼〉と〈命〉——荀子の定命論的礼理論について——

「勧学篇」）

とか，あるいは，

> 君子……推礼義之統，分是非之分，総天下之要，治海内之衆，若使一人，（君子は，……礼義の統を推し，是非の分を分かち，天下の要を総べ，海内の衆を治むること，一人を使うが若し。『荀子』，「不苟篇」）

等と言われる，〈礼〉あるいは〈礼義〉という語彙によって表象し，記述する。

　言うまでもなく，荀子のいわゆる〈礼〉も，本来は，

> 国無礼則不正，礼之所以正国也，譬之猶衡之於軽重也，猶縄墨之於曲直也，猶規矩之於方円也，（国に礼なければ，則ち正しからず。礼の国を正す所以は，これを譬うるに，猶お衡※1の軽重におけるがごとく，猶お縄墨※2の曲直におけるがごとく，猶お規矩※3の方円におけるがこときなり。『荀子』，「王覇篇」）

とか，あるいは，

> 礼起於何也，曰人生而有欲，欲而不得，則不能無求，求而無度量分界，則不能不争，争則乱，乱則窮，先王悪其乱也，故制礼義以分之，以養人之欲，給人之求，使欲必不窮乎物，物必不屈於欲，両者相持而長，是礼之所起也，……礼者人道之極也，（礼はいずくに起るや。曰く，人は生まれながらにして欲あり。欲して得ざれば，則ち求むることなきこと能わず。求めて，度量・分界なければ，則ち争わざ

※1　〈衡〉はかり。
※2　〈縄墨〉すみなわ。
※3　〈規矩〉コンパスと曲尺（かねじゃく）。

第二編　中国古代の哲学思想Ⅱ　──戦国時代末期──

ること能わず。争えば則ち乱れ，乱るれば則ち窮す。先王は，その乱るるを悪む。故に礼義を制して，以てこれを分かち，以て人の欲を養い，人の求めに給し，欲をして必ず物に窮めず，物をして必ず欲に屈さざらしめ，両者あい持して長ぜしむるなり。これ，礼の起る所なり。……礼なる者は，人道の極なり。『荀子』，「礼論篇」)

等と言われる通り，〈度量分界〉を〈分〉かち，人欲を〈養〉い，需要と供給のバランスを保って，国家を治めるための慣習的規範――儀礼（前出）――を表象する語彙であった。この点において，荀子のいわゆる〈礼〉も，治国平天下――荀子のいわゆる〈正理平治〉（『荀子』,「性悪篇」）――を要請する儒家的理念の埒内にある観念ではあった※1。

しかしながら，荀子自身が，この〈礼〉について，

礼者治弁之極也，強国之本也，威行之道也，巧名之総也，王公由之所以得天下也，不由所以隕社稷也，……由其道則行，不由其道則廃，(礼なる者は，治弁の極なり，強国の本なり。威行の道なり，巧名の総なり。王公これに由るは，天下を得る所以にして，由らざるは，社稷※2を隕す所以なり。……その道に由れば則ち行なわれ，その道に由らざれば則ち廃す。『荀子』,「議兵篇」)

と言い，更に，

在天者莫明於日月，在地者莫明於水火，……在人者莫明於礼義，故日月不高，則光輝不赫，水火不積，則煇潤不博，……礼義不加於国家，則巧名不白，故人之命在天，国之命在礼，君人者，隆礼尊賢而

※1 儒家思想中における荀子の〈礼〉の意義については，陳飛龍『荀子礼学之研究』（1979年，台北，文史哲出版社，第二章，第三節・第三章および第四章）を参看。
※2 〈社稷〉前出，国家全体を指す。

第一章　荀子における〈礼〉と〈命〉──荀子の定命論的礼理論について──

王，重法愛民而覇，好利多詐而危，権謀傾覆幽険而尽亡矣，（天に在る者は，日月より明らかなるはなく，地に在る者は，水火より明らかなるはなく，……人に在る者は，礼義より明らかなるはなし。故に，日月高からざれば，則ち光輝※1も赫ならず，水火積まざれば，則ち煇潤※2も博からず，……礼義の国家に加わらざれば，則ち巧名も白らかならず。故に，人の命は天に在り，国の命は礼に在り。人に君たる者は，礼を隆び賢を尊べば王たり，法を重んじ民を愛すれば覇たるも，利を好み詐多ければ危く，権謀傾覆幽険※3なれば尽々く亡ぶ。『荀子』，「天論篇」）

凡礼始乎梲，成乎文，終乎悦校，故至備，情文俱尽，……天地以合，日月以明，四時以序，星辰以行，江河以流，万物以昌，好悪以節，喜怒以当，以為下則順，以為上則明，万物変不乱，貳之則喪也，礼豈不至矣哉，（凡て礼は梲※4に始まり，文に成り，悦校※5に終る。故に，至備は情文ともに尽くし，……天地は以て合し，日月は以て明らかに，四時※6は以て序し，星辰は以て行り，江河※7は以て流れ，万物は以て昌に，好悪は以て節し，喜怒は以て当たる。以て下と為れば則ち順に，以て上と為れば則ち明に，万物変じて乱れず，これに貳えば則ち喪ぶ。礼は豈に至らざらんや。『荀子』，「礼論篇」）

等と，〈治弁〉・〈功名〉・〈天地〉・〈水火〉，延いては〈万物〉等の自然物・人為現象のすべてを，全く同一の次元で列挙し，それらすべてを総括する

※1　〈光輝〉かがやき。
※2　〈煇潤〉かがやきとうるおい。
※3　〈傾覆幽険〉足元をさらったり陰険なことをする。
※4　〈梲〉未詳。一説に粗略の意と。
※5　〈悦校〉よろこばしい。
※6　〈四時〉四季。
※7　〈江河〉揚子江と黄河。

第二編　中国古代の哲学思想Ⅱ　——戦国時代末期——

根本原理として，この〈礼〉を挙げていることから観ても明らかな通り※1，この〈礼〉こそ，単なる慣習的規範の域を超えて，荀子の定命論的思惟の体系全体の中核をなすところの根本原理を表象して記述する語彙であったと思われるのである。

特に，『荀子』，「天論篇」の〈人の命は天に在り，国の命は礼に在り。〉という一句は，個人としての〈人〉と，その集合としての〈国〉とを，定命論的な脈絡において支配する〈天〉の〈礼〉こそが，我々の生命であり，運命であるという荀子の考え方，言い換えれば，荀子の定命論的思惟の体系の要をなす〈礼〉という語彙の意義を，極めて象徴的に記述する一句であると思われるのである。

以上のように，荀子の定命論的思惟は，〈礼〉を根本原理とする，極めて理路整然たる理論体系であった。従って，それは，定命論的礼理論と呼ばれうる，壮大な哲学的思惟の体系であったと思われるのである。

5．定命論的礼理論と宿命論的現象

かくして，荀子は，みずからの定命論的体理論に絶対の自信を持ち，

   自知者不怨人，知命者不怨天，（みずから知る者は人を怨まず，命を知る者は天を怨まず。『荀子』，「栄辱篇」）

とか，あるいは，

   怨人者窮，怨天者無識，（人を怨む者は窮し，天を怨む者は識※2なし。『荀子』，「法行篇」）

※1 かくして荀子の〈礼〉は，単に道徳的規範のみならず，自然現象としての〈天〉の法則をも表象する語彙であった。この点において，荀子の礼理論の特色が看取されることは言うまでもなかろう。尚，この点については，陳大斉『荀子学説』（1954年，台北，中華文化出版事業委員会，58頁）を参看。
※2 〈識〉見識・常識。

第一章　荀子における〈礼〉と〈命〉 ——荀子の定命論的礼理論について——

とまで断言し，更に，斉の桓公が天下に覇者となったのも（『荀子』，「仲尼篇」を参看），秦が孝公から昭王までの四代にわたって天下に勝利を得ているのも（『荀子』，「議兵篇」および「強国篇」を参看），決して〈幸〉——偶然の幸運——ではなく，〈数〉——理の当然——である，と主張するのである※。彼は，みずから見出し，〈礼〉という語彙によって集約し体系づけた，〈天〉の定命論的法則に，全幅の信頼を寄せていたのである。

とはいえ，法則とは，本来，現象の蓋然性の命題化に過ぎず，従って，そこには，必ずいくばくかの例外を伴う。しかも，荀子は，現象をありのままに記述するという，極めて科学的・実証的な態度を貫く，一箇の理論家であったがゆえに，この〈天〉の定命論的理論に基づく，彼の法則が実現しない，例外的な，しかも，それでいて幾多の，現実的事態をも認めざるを得ず，

　　　仁義徳行，常安之術也，然而未必不危也，汙僈突盗，常危之術也，然而未必不安也，（仁義徳行は，常安の術なり。然り而うして，未だ必ずしも危からずんばあらざるなり。汙僈突盗は，常危の術なり。然り而うして，未だ必ずしも安からずんばあらざるなり。『荀子』，「栄辱篇」）

　　　士君子之所能不能為，君子能為可貴，不能使人必貴己，能為可信，不能使人必信己，能為可用，不能使人必用己，（士君子の能く為し，能わざる所なり。君子は，能く貴ぶべきを為すも，人をして

※ 斉の桓公については，
　　夫斉桓公有天下之大節焉，夫孰能亡之，……其覇也宜哉，非幸也，数也，（かの斉の桓公には天下の大節あり。それ孰れか能くこれを亡ぼさん。……その覇たるや宜なるかな。幸に非ず，数なり。『荀子』，「仲尼篇」）
とある。
　又，秦の四代にわたる勝利については，同じ『荀子』の「議兵篇」と「強国篇」に，それぞれ詳細にその事由を列挙・分析して，いずれも最後に〈故に四世に勝あるは幸に非ず，数なり。〉と結んでいる。

第二編　中国古代の哲学思想Ⅱ　——戦国時代末期——

必ず己を貴ばしむること能わず。能く信ずべきを為すも、人をして必ず己を信ぜしむること能わず。能く用うべきを為すも、人をして必ず己を用いしむること能わず。同、「非十二子篇」）

と、すなわち、〈仁義徳行〉を積んだからといって、必ずしも安泰であるとは限らず、また、〈汙僈突盗〉を行なったからといって、必ずしも危害にあうとは限らない（『荀子』、「栄辱篇」）、とか、あるいは又、みずから、他人に〈貴〉ばれ、〈信〉ぜられ、〈用〉いられるべく努力をすること、それ自体は可能であっても、そうすることによって、その結果、必ずしも、自分が他人に〈貴〉ばれ、〈信〉ぜられ、〈用〉いられるようになるとは限らない（『荀子』、「非十二子篇」）、という、荀子にとっては、極めて不本意な現実を記述し、ついに、

節遇、謂之命、（節遇[※1]、これを命と謂う。『荀子』、「正名篇」）

と、人力の遠く及ばない宿命的な邂逅——いうところの〈節遇〉[※2]——を、〈命〉として認識するのやむなきに至るのであった。

つまり、荀子自身は、この日常的な経験世界における、宿命論的事態をも、体験的に、十分に理解し、認めてはいたのである。しかし、それにもかかわらず、彼の極端に理論的な理性的思惟は、彼のあの定命論的礼理論を要請してやまない。要するに、荀子は、理論と現実の板挟みにあっていたのである。

それでは、荀子はこの問題に対して、一体いかなる解決を試みたのであろうか。既に見た通り、荀子は飽くまでも理性的思惟を貫き通す、一箇の理論家であった。そこで、このような荀子の執るべき唯一の道は、この宿命的現実に対する、

[※1] 〈節遇〉〈節〉は〈適〉と同じ。「たまさか」。
[※2] 〈節遇〉について。久保愛は、王先謙の〈節は猶お適のごとし。〉という解釈を引き、更に『孟子』「万章上篇」の〈これを致すことなくして至る者は、命なり。〉という一句を引いて、荀子のこの〈節遇〉が〈命〉である、という命題を宿命論的に解釈している（『荀子増注』、巻16）。的確な解釈であると思われる。

第一章　荀子における〈礼〉と〈命〉——荀子の定命論的礼理論について——

> 君子敬其在己者，而不慕其在天者，(君子は，その己に在る者に敬みて，その天に在る者を慕わず。『荀子』，「天論篇」)

という，一種の判断中止の態度しかないであろう[※1]。すなわち，荀子は，〈天に在る者〉——人知・人力を越えた，〈天〉に主宰される宿命的事態——を無視するのである。

言い換えれば，荀子は宿命論的な次元に属する〈天〉をあえて無視し，自然現象としての〈天〉の定命論的法則が実現している蓋然性の範囲内だけで，極めて整合的な定命論的礼理論を主張するのであった。それゆえに，その理論が実現されない場合は，既に引用した，『荀子』，「非十二子篇」の〈人をして必ず己を用いしむること能わず。〉に続けて，

> 故君子恥不修，不恥見汙，恥不信，不恥不見信，恥不能，不恥不見用，(故に，君子は修めざるを恥じ，汙[※2]とせらるるを恥じず。信ならざるを恥じ，信ぜられざるを恥じず。能あらざるを恥じ，用いられざるを恥じず。『荀子』，「非十二子篇」)

と言うがごとく，みずからの正しい行為・心構えにこれ努め，(荀子にとって)不合理きわまりない"宿命"に耐えるか，あるいは，同じく前引『荀子』，「栄辱篇」の〈未だ必ずしも安からずんばあらざるなり。〉に続けて，

> 故君子道其常，而小人道其怪，(故に，君子はその常[※3]に道り，小人はその怪[※4]に道る。『荀子』，「栄辱篇」)

と言うように，ただひたすら，通常に生起しうる定命論的法則に〈道〉って，

[※1] この点については，森三樹三郎の前掲書『上古より漢代に至る性命観の展開』(第六章)を参看。
[※2] 〈汙〉汙辱をうける。
[※3] 〈常〉「常道」蓋然性が高い。
[※4] 〈怪〉めったにない偶然のできごと。

第二編　中国古代の哲学思想Ⅱ　——戦国時代末期——

善い結果を待つしかないのである。ここに"定命論者"荀子の限界が，極めて明確に看取しうるものであると考えられるのである。

　以上のように，荀子は宿命の問題をあえて不問に付し，結果的に，未解決のまま取り残した。そのために，荀子は，宿命論的な〈天〉の摂理を信じ，ひたすら「人事を尽くして天命を俟つ」という態度を守り抜いた孟子の宿命論的信念については——あれほど，孟子の性善説については，反論を繰り返していながら※1——一言も言及しない。全く無視するのである。

　また，運命のみならず，この日常的経験の世界における，あらゆる束縛を，一種の修行の実践を通じて超克し，真に自由な〈万物斉同〉の境地をみずから体現した荘子※2についても，荀子は，

　　　荘子蔽於天而不知人，（荘子は，天に蔽われて，人を知らず。『荀子』，「解蔽篇」）

と，飽くまでも論理的に，理性的思惟の次元から批評するに止まり，荘子の体験的境地そのものについては，全く論及することもない。もとより，荀子の狭量な理性的思惟の積み重ねだけでは，孟子や荘子の成し遂げた，深淵にして主体的な，人間の本質についての実践的理解は，到底およびもつかないのであった。

　かくして，幾多の不備・問題点を残しながら，とりあえず，荀子はこの定命論的礼理論によって，それ以前の孔子や墨子らの運命論を，あくまでも理論的な次元において，理論的に統合することには成功していると考えられる。すなわち，荀子のこの理論は，〈天〉に対して深い畏敬の念を持ちつつ，その〈天〉の降す〈命〉については一切を判断中止に付した孔子の考え方や※3，〈天〉を，

※1　『荀子』，「性悪篇」を参看。
※2　荘子については，後述を参看。
※3　孔子にもこれに似た判断中止の態度があった。但し，荀子の場合は，おのが定命論的礼理論の体系を前面に押し出した結果，宿命論的内容を持つ〈天〉の観念を排除するに至ったのであり，〈天〉を畏敬の対象としつつ，〈天〉が降す〈命〉については，定命論・宿命論を問わず，一切の発言を控えるという態度を守った孔子の考え方とは，大きな差違があると考えられる。

第一章　荀子における〈礼〉と〈命〉——荀子の定命論的礼理論について——

一種の宗教的至上神のごとくに見做し，その〈天〉の支配のもとに，善因善果・悪因悪果の応報が，寸分の誤差もなく実現される，という墨子の宗教的な定命論をも，儒家的な，いわゆる〈徳治主義〉の伝統の上に立ちつつ，あくまでも論理的に，理屈の上で，統合するものであったと考えられるのである。

6．定命論的礼理論の限界

　以上のように，荀子は，戦国時代の最末期にあって，その定命論的礼理論によって，それまでの運命論全体の統合に先鞭をつけはしたのであった。しかし，既に見た通り，荀子もときに宿命の壁に苛まれ，畢竟，この壁を打ち破ることができないまま，あえてこれを不問に付す，という，一種の判断中止の態度を執ったのである。

　このような，荀子その人の，いわば"本音"とでも言うべき記述が，荀子自身の発言とは限らないまでも，その弟子達の手によって，現存『荀子』書中に，

　　嗟我何人，独不遇時，当乱世，欲衷対，言不従，恐為子胥身離凶，進諫不聴，剄而独鹿，棄之江，（ああ我は何人ぞ。独り時に遇わず，乱世に当る。衷※1を対※2げんと欲するも，言，従われず。恐らくは，子胥※3となりて，身，凶に離い，進諫※4，聴かれず，剄※5するに，独鹿※6をもってして，これを江※7に棄てられん。『荀子』，「成相篇」）

とか，あるいは，

※1 〈衷〉忠節。
※2 〈対〉「遂」に同じ。
※3 〈子胥〉呉子胥のこと。
※4 〈進諫〉諫言を述べること。
※5 〈剄〉首をはねる。
※6 〈独鹿〉剣の名。
※7 〈江〉揚子江。

第二編　中国古代の哲学思想Ⅱ　——戦国時代末期——

> 天下不治, 請陳佹詩,……比干見刳, 孔子拘匡, 昭昭乎其知之明也, 沸乎其遇時之不祥也, 郁郁乎其欲礼義之大行也, 闇乎天下之晦盲也, 晧天不復, 憂無疆也, 千歳必反, 古之常也, 弟子勉学, 天不忘也, 聖人共手, 時幾将矣, (天下, 治まらず。請う佹詩※1を陳べん。……比干※2は刳かれ, 孔子は匡※3に拘わる。昭昭乎として, それ知の明らかなるも, 沸乎として時に遇うことの不祥なり。郁郁乎として礼義の大いに行なわれんことを欲するも, 闇乎として, 天下の晦盲なり。晧天は復らず, 憂いも疆なし。千歳必ず反るは, 古の常なり。弟子, 学に勉めよ。天は忘れざらん。聖人, 手を共※4するも, 時ほとんど将にせんとす。……。『荀子』,「賦篇」)

等と散見する。更にまた, その弟子たちによって,

> 孫卿迫於乱世, 鰌於厳刑, 上無賢主, 下遇暴秦, 礼義不行, 教化不成, 仁者詘約, 天下冥冥, 行全刺之, 諸侯大傾, 当是時也, 知者不得慮, 能者不得治, 賢者不得使, 故君上蔽而無覩, 賢人距而不受, 然則孫卿懐将聖之心, 蒙佯狂之色, 視天下以愚,……孫卿不遇時也, (孫卿※5は, 乱世に迫られ, 厳刑に鰌らる。上に賢主なく, 下に暴秦※6に遇う。礼義は行なわれず, 教化も成らず。仁者は詘約※7して, 天下は冥冥, 行ない全きは, これを刺り, 諸侯も大いに傾けり。この時に当りてや, 知者も慮ることを得ず, 能者も治むることを得ず, 賢者も使うことを得ず。故に, 君上は, 蔽われて覩ることな

※1 〈佹詩〉変調の詩。
※2 〈比干〉殷の賢臣, 暴王の紂に心臓をえぐられた。
※3 〈匡〉地名。
※4 〈共〉(手を) こまねいている。
※5 〈孫卿〉荀子のこと。
※6 〈暴秦〉凶暴な秦の国の政治体制。
※7 〈詘約〉困窮する。

第一章　荀子における〈礼〉と〈命〉——荀子の定命論的礼理論について——

く，賢人も距まれて受けられず。然(かくのごと)くなれば，則ち孫卿も，聖を懐(おも)うの心を将(も)て，佯狂(ようきょう)の色を蒙(も)り※，天下に視すに愚を以てす。……孫卿の時に遇わざればなり。(『荀子』,「堯問篇(ぎょうもんへん)」)

と述懐される荀子は，一方で，当時の運命論全体の統合に先鞭をつけた大思想家であると同時に，戦国時代の最末期という時代の大渦に巻き込まれ，〈時に遇わざる〉(『荀子』,「堯問篇(ぎょうもんへん)」)みずからの宿命を痛感しつつ，おのが定命論的礼理論を，ただひたすら守り抜いた，孤独の理論家でもあったのであると考えられる。

このように，荀子は，中国古代の運命論全体の流れにあって，その理論的な面での功績は大きいが，遂に"宿命"の壁を打ち破ることはできなかったのである。それは，この荀子が，あまりにも理論的な整合性ばかりに固執し，おのが"生"の本質に迫る，という哲学的——そして，哲学本来の——実践には，全く目を向けなかったからであると思われる。このような点をも網羅し，宿命の問題にも解答しうる運命論を説くのが『易経(えききょう)』の哲学的記述であり，この『易経(えききょう)』の運命論こそ，真の意味で戦国時代最末期の運命論を一手に統合するものであったと考えられる。とはいえ，その『易経』の運命論も，理論的な脈絡だけに限って言えば，荀子の定命論的礼理論を基盤にして展開されているように思われる。従って，この点において，荀子の思想史的意義は，やはり重大なものがあったと言わねばならないであろう。

さて，この『易経(えききょう)』の哲学思想は，戦国時代から秦漢の時代にかけて，それまでの運命論を一手に統合した。それは，荀子流の定命論的礼理論を踏襲しつつ，"占断"——うらない——という，本来は一種の宗教的次元に属する瞑想体験に基づく，人間存在の本質についての直感的把握を，哲学の次元にまで高め，その上でこれをひとつの契機として，本来，人知の及ぶべからざる"宿命"

※〈佯狂の色を蒙り〉狂人のふりをして。

第二編　中国古代の哲学思想Ⅱ　——戦国時代末期——

を察知し，これを楽しむ境地を主張する。以下に，いささか時代の流れとは相前後するが，思想史の流れとしては，全く順当で，当然，取り上げるべき，この『易経』の哲学思想について，その運命論に注意しつつ，概観してみたい。

第二章　『易経』の成立
——"占い"の哲学的深化とその思想史的意義——

1. 易占（易の占い）と『易経』について

　いわゆる"易"とは，中国古代における"占い"の一形態であり，また『易経』とは，その"易占"についての書物である，と一般的に理解されている。それは，全く正当な理解であり，なんらの疑問を差し挟む余地もないように思われはする。しかし同時に，それらは決して，"易占"や『易経』の本質を把握した理解でもないと思われる。それらが，単なる同語反復に過ぎないからである。

　それでは，そもそも"占断"——うらない——とは，本質的に何であるのか。そして，その"易"の"占い"——すなわち"易占"——の書物としての『易経』とは本来いかなる書物で，また，その哲学的な内容は一体いかなるものであったのだろうか。

　いささか結論を先取りして言えば，そもそも"占い"とは，さまざまな哲学的実践を積み重ね，その結果，日常的経験の次元での理性的思惟の脈絡を越えて，みずからの真実の世界を切り開き，そこに全世界の真実と人間存在の実相を直覚し，それを基礎に，人間生活の万般に亘る指針を説く行為であり※，また，"易"とは，ほかならぬ，この"占い"の行為を，陰--・陽—二爻の織りなす六十四卦の象徴体系において完遂してゆこうとするものであったと考えられる。従って，そこには本来，その行為を実際に完遂できる傑出した個性が要請され，果たして，中国古代においては，幾多の傑出した"個性"が存在した

※ この点については，M.Loewe and C.Blacker eds., *Divination and Oracles*,George Allen and Unwin Ltd.,1981.London.p.1～を参看。又，特に"易"の"占い"という点に関しては，R.Wilhelm., *I Ging das Buch der Wandlungen*,Einleitung,1956,Eugen Diederichs Verlag, Düsseldorf.Köln, C.G.Jung.,Foreword to the *I Ching* in *The I Ching or Book of Changes*,1950,Princeton U.P.等を参看。

第二編　中国古代の哲学思想Ⅱ　——戦国時代末期——

ことであろう。
　しかし，その行為が日常化し，ひとつの経済活動と化し，いわゆる"売卜者"たちが出現するに至っては，凡庸な，しかし，むしろ多数の"個人"までもが，その営利事業に加担し，"売卜"による利潤が追求されるようになる。ところが，彼らは，みずからこの"易占"を実行することができない。そこに，各卦・各爻についての標準的占卜集，すなわち『易経』（経文，つまり卦爻辞）と，その解釈集，すなわち，いわゆる『易伝』とが，彼らの，謂わば"商賈の手引書"として成立するに至ったのであるが，このような行為は，つとに，

　　　　易之為書也，……不可為典要，（易の書たるや，……典要※と為すべからず。『易経』，「繫辞下伝」）

と，その先師たちの戒めるところだったのである。
　以上のごとき内容について，哲学的に，そしてまた，思想史の流れの上から，ときに宗教学的観点をも取り入れつつ，いささか明らかにしてゆこうとするのが，ほかならぬ本章の眼目である。
　そこでまず，"占い"としての"易"，すなわち，"易占"の本質を，殷代の亀卜にまで遡って，少しく概観してみたい。

2．殷の亀卜

　易占の本質を明らかにするために，謂わば，その"先駆"をなすと考えられる，殷代の亀卜について，これを概観し，易占の背景を，少しく探ってみたい。周知の通り，殷代においては，いわゆる"巫祝王"たる君主が，政策・軍事・年穀をはじめ，ときには私事にまで及ぶ，日常的な人間生活の全般について，つねに〈上帝〉の意志——謂わば，その"神意"——を貞い，その神意に

※〈典要〉経典。

第二章 『易経』の成立 ——"占い"の哲学的深化とその思想史的意義——

添って身を処し，国家を運営していた※。いわゆる"祭政一致"の典型的な一形態であったと言えるであろう。その際に用いられた，主たる"占い"の方法が，いわゆる"亀卜"であったと考えられる。河南省安陽県の殷の遺跡——いわゆる"殷墟"——から発掘された，数万片にも及ぶと言われる莫大な数の亀甲の遺物が，何よりの査証である。

そこで，この亀卜の，"占い"としての本質的な要件は，ひとえにこの亀甲にできた罅裂を契機とする卜兆（＝吉凶）の判断にほかならないと考えられる。言うまでもなく，それに伴う一切の宗教的儀礼，そして，特殊な能力を持つ巫祝王の，脱魂もしくは憑依といった宗教的経験の深さ等は，それを支える，非常に重要な要件ではあろう。とはいえ，ひとり"亀卜"においてのみ見られる，"占い"としての特質は，その罅裂を，謂わばひとつの存在論的な契機として，司祭者（巫祝王）あるいは箇々の巫覡たちが，みずから真実の世界を体現し，その実相を直覚し，それを〈上帝〉の"神意"として呈示するところにあったと言えるであろう。

いわゆる"占い"の本質が，宗教学に言うところの"非日常"にして"聖"なる次元での，世界の実相の直覚（＝巫祝王，あるいは巫覡）と，その象徴体系（＝亀甲の罅裂）にあると考えられるからである。かくして，殷代における亀卜とは，聖なる次元に参入した巫祝王らによる亀甲（の罅裂）の象徴体系を契機とする吉凶の判断を，その本質的な要件とする"占い"であったと考えられるのである。

しからば，それに続く周代の"易占"は，陰- -・陽—二爻が織りなす六十四卦の象徴体系を，その本質的な要件とする"占い"である，と言えるであろう。その詳細については，畢竟するところ，不明ではあるとしても，現存する易の

※この点については，主に陳夢家，『殷虚卜辞綜述』（1956年，北京，中国科学院考古研究所編，第一章），および，島邦男，『殷虚卜辞研究』（1955年，東京，汲古書院，第一編・第二節〜第四節）を参看。

六十四卦の象徴体系を，占いの本質的要件であると見做すことが誤りでない限り——それは，ほぼ疑問の余地のないところであろう——殷から周への時間的流れの中で，いわゆる"蓍"の占い，すなわち，"易占"が発生し，発展してきたものと考えられるのである。そこで，以下に，この易占の本質について，これを概観し，まとめてみたい。

但し，そのまえに，周代の亀卜——周の時代になっても，亀卜は残存していた——について，いささか管見し，更に理解の一助としてみたい。

3．周代の亀卜——"亀卜の正経"——

周の時代における亀卜の，"占い"としての特質——着目すべき点——は，二つあると考えられる。ひとつは，いわゆる"周原甲骨[※1]"に代表されるところの，周代の亀卜の卜辞は，そのほとんどが，いわゆる"記事卜辞[※2]"であること。これは，周初において，既に亀卜の権威が，かなり低下していたことを物語るものであり，かつまた，易占の勃興の一端を示すものであろう[※3]。

また，第二に，謂わば"亀卜の正経[※4]"，つまり，亀卜の繇辞と，その解釈

[※1] 〈周原甲骨〉周王朝発祥の地，岐山（きざん）のふもと，周原鳳雛村（ほうすうそん）から出土した周初の甲骨。
[※2] 〈記事卜辞〉占いの内容をメモ程度に刻した甲骨文。
[※3] この点については，本田「参考文献」所掲書（第一章・第二節）また，陳全方『周原与周文化』（1988年，上海，人民出版社，111頁～）更に大川俊隆「宗教的な占卜——殷周時代を中心に」（加地伸行編著『易の世界』，1986年，東京，新人物往来社，所収）を参看。特に大川論考は，小篇ではあるが，後述『周礼』のことや〈定姜〉の件等にも触れ，鋭く的確な指摘があるものと思われる。
[※4] すなわち，『周礼』「大卜」に
　　大卜掌三兆之，……其経兆之体，皆百有二十，其頌，皆千有二百，（大卜は三兆の灋を掌る。……其の経兆（孔疏に，経兆とは，亀の正経を謂う，と）の体，皆百有二十。その頌（鄭注に，頌とは繇（よう）を謂うなり，と），皆千有二百なり。『周礼』，「春官」，「大卜」）
とあり，あるひとつの卜兆に対して，ある一定の〈頌〉があり，それがひとつにまとめられて（＝亀（卜）の正経）いたことが窺われるのである。又，このような亀卜の手引書は，日本においても，卜部家に代々伝えられていたことが明らかにされており（伴信友氏，『正卜考』（全集，第二巻，所収）1970年，東京，国書刊行会），極めて興味深い。

第二章　『易経』の成立 ——"占い"の哲学的深化とその思想史的意義——

を集めた，いわば"亀卜の手引書"の存在である。つぎに引用する，『春秋左氏伝』※1の記述は，その実際を，如実に物語る。

> 鄭皇耳帥師侵衛，……孫文子卜追之，献兆於定姜，姜氏問繇，曰，兆如山陵，有夫出征，而喪其雄，姜氏曰，征者喪雄，禦寇之利也，大夫図之，衛人追之，孫蒯獲鄭皇耳于犬丘，(鄭の皇耳，師※2を帥いて衛を侵す。……(衛の)孫文子，これを追わんことを卜して，兆※3を定姜に献ず。姜氏，繇を問う。(孫文氏)曰く，兆は，山陵の如し。(繇は)夫※4あり，出でて征して，その雄※5を喪う，と。姜氏曰く，征する者の雄を喪うとは，寇※6を禦ぐの利なり。大夫，これを図られよ，と。衛人，これを追いて，孫蒯※7，鄭の皇耳を犬丘※8に獲たり。『春秋左氏伝』，襄公十年)

衛の国が，鄭の国の皇耳ひきいる侵略軍を返り討ちにあわせ，その将の皇耳を犬丘で捕虜とした記述に，占者の定姜による，当時の占卜の実際が窺われる。この記述は，『易経』の成立に鑑みて，極めて重大な事実を伝えているものと考えられる。すなわち，亀卜によって得られた全ての心象は，当然のことながら，一定の象徴体系(symbolism)において認識され，ひとつの兆形——この『春秋左氏伝』の引用文の場合，それは，罅裂としての〈山陵〉である——が

※1 前頁※4の『周礼』といい，又この『春秋左氏伝』といい，その成立年代に，いささか問題があるようではあるが，広く周秦から漢代にかけて，このような文化的事態が存在し，それらをここで易学の歴史を概観する際の参考として引用することも，決して無理なことではないと思われる。
※2 〈師〉軍隊。
※3 〈兆〉この場合は罅裂。
※4 〈夫〉兵士。
※5 〈雄〉将。
※6 〈寇〉敵。この場合は，鄭軍。
※7 〈孫蒯〉孫文子の子。
※8 〈犬丘〉山東省荷沢付近。衛の領地。

第二編　中国古代の哲学思想Ⅱ　——戦国時代末期——

与えられる。そして，それと同時に，ひとつの繇辞——つまり，この場合の〈夫あり，出でて征して，その雄を喪う。〉という，占いの言葉——までもが与えられる。このような，いわば"亀卜の手引書"が，周の時代には現存していたものと考えられるのである。

　要するに，周の時代において，これらの亀卜の〈兆〉と〈繇〉とは，だれもが，ある一定の手段を通じて，ごく簡便に獲得することができるようになっていた，つまり，かつてはひとり巫祝王や巫覡たちの特殊な能力にのみ依存してようやく成立していた亀卜が，周代に至るや，だれにでも，極めて簡単に行なうことができるようになっていたのである。そして，かの巫覡の末裔たちは，この〈定姜〉のように，一種の売卜者として，文字通り，"素人亀卜"の相談役程度の存在になりさがっていたのである。

　かくして，『易経』の成立も，もはや時間の問題となったわけである。亀卜と易占とは，言うまでもなく，その形態を異にしており，場合によっては明確に峻別しなければならないこともあろうが，哲学的な脈絡において，その"占い"としての本質を見たならば，そこにはなんら変わるところはないものと思われるからである。

4．易占の哲学的本質

　易占の本質は，既にいささか触れた通り，陰--・陽—二爻の織りなす六十四卦の象徴体系を，存在論的な意味でのその本質的な契機とする，人間存在の実相と深層世界の本質との直覚であると考えられる。従って，もともと易の六十四卦には，たとえば，〈乾〉とか〈坤〉等といった，一定の名称もなければ，その卦爻辞などもなかったはずである。ましていわんや，「彖伝」や「象伝」等といった，卦爻辞についての解説（後述）などは，言うまでもなく易占の本質に由来するものではない。

　たとえば，自分の母親の病気について占いを立てて，嫁入りの卦〈帰妹〉☰

第二章 『易経』の成立 ――"占い"の哲学的深化とその思想史的意義――

を得たとして、その卦爻辞や「彖伝」・「象伝」等を見ても、素人には、一体何が分かろうか。他方、専門家とて、先の〈定姜〉のように、一定の象徴体系――たとえば、「彖伝」や「象伝」、更には「説卦伝」(の後半)や「雑卦伝」、はては"五行説"など――の中で、その心象を、論理的に解釈するだけである。これでは、単なる"理窟"に過ぎず、決して、真の占いではない。真の占い、と言うのであれば、天性の鋭敏さに恵まれた個人が、更に自己を深めるためのさまざまな修行や宗教的経験を積み、一種非日常の"知"――これを易では〈神〉的(＝神秘的)な〈知〉(『易経』、「繋辞上伝」)と表現している――を得て、直接的に、☰という、一種の"布置"(constellations)としての卦によって象徴される全世界の実相と、そこにおける個人の深層とを直覚し、それに従ってその場・その時における、ある特定の個人の生き方についてなんらかの指針を下す、というものでなければならないはずである。

そうであればこそ、既に引用した『易経』、「繋辞上伝」にあった通り、この『易経』は、一冊の書物として、〈典要となすべからず〉と言われるのであった。かくして、ひとつの"占い"としての易の原初形態は、蓍にせよ貨幣(コイン)にせよ、何らかの器具を用いて得たあるひとつの卦を、いわば存在論的な契機として、〈神〉的な〈知〉を体現する占者が、人間存在の深層と全世界の実相とを直覚するものであった、と考えられるのである。かかる占者は、彼が得た卦そのものにおいて、その場・その時の、個としての人間存在をも含めた、全世界の布置を解き明かす。あるひとつの卦が、あらかじめ何らかの存在論的な意味を与えられて用意されているのではなく、ちょうどかつての殷の巫祝王や巫覡たちが、亀甲の罅裂を与えられて、それをひとつの契機として、その場・その時における、全世界の実相を、あるひとつの"神意"として直覚したように、あるひとつの卦を得て、それが契機となって、"占い"が実現されるのである。これこそ、〈典要となすべからざる〉易占の、本来あるべき姿であったと考えられるのである。

5．『易経』——書物としての構成——

　さて，かくしてそこで，いささか直截な表現が許されるならば，なんらの修行も宗教的な経験をも積むことなく，単に利潤を追求するだけのさかしらなる売卜者たちの"手引書"が，ちょうど亀卜における，"亀卜の正経"のように，一冊の『易経』という書物として成立したものであると考えられるわけである。

　すなわち，先ず六十四の卦にそれぞれ一定の名称が与えられ，更におのおのに卦辞が，また各爻には爻辞が，それぞれ割り当てられる。これも，初めは，決して一定のものではなかったものが，徐々に一定の卦名のもとにまとめられたのであろう。『春秋左氏伝』中に見出される十数例に及ぶ占筮記事の※いくつかに，現存する『易経』には見られない卦爻辞が含まれていることが，なによりも雄弁にこの事実を物語る。すなわち，卦・爻の解析——要するに"占断"——は，本来その都度おこなわれるものであった。従って，同じ形の卦であっても，その占断は，それぞれ相違していて当然なのである。

　そこで続いて，「彖伝（たんでん）」・「象伝（しょうでん）」・「説卦伝（せっかでん）」（の後半，すなわち，その第八章以降）等が，各卦・各爻の日常的心象の実例をつらねて，これに付加される。（ただし，既に言及している通り，このような操作は，各卦・各爻についての占断の固定化であり，これは，言うまでもなく，易本来の生命を奪い取る所業であると言わねばならない。六十四卦の各卦，更には，三百八十四爻の

※問題の占筮記事は，『春秋左氏伝』の①閔公二年，②僖公十五年，③成公十六年の，三ヶ所に見られる。たとえば，『春秋左氏伝』の成公十六年の占筮記事には，復の卦を挙げ，
　　　南国蹙，射其元王，中厥目，（南国蹙まる。その元王を射て，厥の目に中る。『春秋左氏伝』，成公十六年）
との卦辞を記述するが，現存『易経』の同卦の卦辞は
　　　復，亨，出入无疾，朋来无咎，反復其道，七日来復，利有攸往，（復は亨る。出入疾なし。朋来たりて咎なし。その道を反復す。七日にして来たり復す。往く攸あるに利し。『易経』，復卦）
とあり，全く違う占断の言葉を載せる。卦爻の解析——すなわち，占断——は，本来その都度行なわれるものであった。従って，同じ卦であっても，その占断の言葉は，それぞれ相違していて当然であると考えられるのである。

第二章 『易経』の成立 ——"占い"の哲学的深化とその思想史的意義——

各爻は、あくまでも象徴の体系であり、日常的な経験世界の心象をもって、これに当てるわけにはいかない。象徴（symbol）と心象（image）とを混同してはならないのである。）

そして更に、「繋辞伝（けいじでん）」・「文言伝（ぶんげんでん）」・「説卦伝（せっかでん）」（の前半、すなわち、その第一章～第七章）・「序卦伝（じょかでん）」・「雑卦伝（ざっかでん）」等が、易占についての、さまざまな理論を提供するものとして付加され、『易経』の全体が構成されるに至ったものであると考えられるのである。

かくして成立した『易経』それ自体は、全世界の実相の直覚という占い本来のあり方から大きくはずれ、日常的な経験世界についての単なる理論的解釈に陥（おちい）ってしまっている。ところが、処々に、易占本来のあり方を表象する記述も含まれている。一般に、極めて"難解"であるとの評判も高い、『易経』——特に、「繋辞伝（けいじでん）」・「文言伝（ぶんげんでん）」等のいわゆる『易伝（えきでん）』※1——が、出現してくる所以（ゆえん）である。

そこで、既に諸家も指摘する通り、この『易伝』のうち、「彖伝（たんでん）」や「象伝（しょうでん）」は、それぞれ、謂わば"彖派"とか"象派"といった売卜者の集団において、本来それぞれ固有に存した、易卦・易爻の解釈集をもとにして編集されたものであろう※2。また、「序卦伝（じょかでん）」や「雑卦伝（ざっかでん）」も、本来は、売卜者たちのための、謂わば"易占の手引書"としてまとめられたものであろう※3。これら諸「伝」の内容は、畢竟するところ、六十四卦および三百八十四爻に対する、ありとあらゆる心象（image）の羅列である。そこには、既にいささか触れた通り、六十四卦及び三百八十四爻それぞれについての象徴（symbol）と、その心象（image）とについての、実に浅薄な混同が見られる。とはいえ、いずれにせよ、

※1 『易伝』の〈伝〉とは、この場合、注釈のこと。つまり『易経』の注釈書が『易伝』なのである。
※2 この点については、本田「参考文献」所掲書（30頁）を参看。但し、言うまでもなく、それら各派と、現存する「彖伝」「象伝」との直接的な結びつきについては、これを全象的に肯定しえないであろう。
※3 この点についても、本田同書（134頁）を参看。

これらの諸「伝」が，彼ら売卜者たちの占断の手引書としてまとめられ，実際に使用されていたであろうことが，極めて容易に想像されうるのである。

ところが，ここにおける，「繫辞伝」を中心に，「文言伝」や「説卦伝」（の前半）等においては，日常的な経験世界の理論的解釈に導かれる，未来の事象についての決定論的な予測[※1]を，ひとつの"占い"とみなして，その理論を展開する，いわば"似而非易占"の記述と，そのような，単なる理窟には目もくれず，ただひたすらにみずからを深め，その果てに，全世界の実相を直覚し，それによって種々の占断を下すという，易占本来のあり方の記述とが，いささか混乱して，錯綜しているように思われる。そこで，以下，更に続けて，この点について，概観してゆくことにする。

6.『易経』における基本的な理論構造

既に諸家も指摘する通り，「繫辞伝」・「文言伝」・「説卦伝」（の前半）は，もともと同一の資料に由来するものであろう[※2]。少なくとも，その内容は，全く同一の脈絡を有するものであると考えられる。

そこでまず，その日常的な経験世界についての理論的な解釈と，それに導かれるところの，決定論的な未来予測の理論について，これを概観してゆきたいと思う。

> 同声相応，同気相求，水流湿，火就燥，雲従龍，風従虎，聖人作而万物覩，本乎天者親上，本乎地者親下，則各従其類也，（同声は相応じ，同気は相求む。水は湿りたるに流れ，火は燥きたるに就く。雲は龍に従い，風は虎に従う。聖人は作りて万物は覩る。天に本づく者は，上に親しみ，地に本づく者は，下に親しむ。則ち各々その類に従うなり。『易経』，「文言伝」）

[※1] 決定論定命論と同義。
[※2] たとえば，本田前掲書（第一章，第八節）その他。

第二章 『易経』の成立 ——"占い"の哲学的深化とその思想史的意義——

　　　日往則月来，月往則日来，日月相推而明生焉，寒往則暑来，暑往則寒来，寒暑相推而歳成焉，……（日往けば，則ち月来たり，月往けば，則ち日来たる。日月相推して，明生ず。寒往けば，則ち暑来たり，暑往けば，則ち寒来たる。寒暑相推して，歳成る。……同，「繋辞下伝」）

　これらは，この日常的な経験世界の全ての事象についての，〈同声は相応じ，……〉（『易経』，「文言伝」）という，いわゆる"同類感応"の理論的分析と，その根本原理——すなわち，〈日往けば，則ち月来たり，……〉（『易経』，「繋辞下伝」）という，いわゆる"循環"の原理——の抽象の記述である。ここでは，要するに，日常的な経験世界における，認識論的次元での可能な様相が，ただ六十四通りしかない，という，いわゆる"類型的認識(パターン)"の理論が展開されているのである。それゆえに，そこから導き出されるものは，とりも直さず，

　　　積善之家，必有余慶，積不善之家，必有余殃，（積善の家には，必ず余慶あり。積不善の家には，必ず余殃あり。『易経』，「文言伝」）

という，決定論的な未来予測の主張であろう。このような考え方は，更にまた，

　　　天地之道，恒久而不已也，……終則有始也，……観其所恒，而天地万物之情可見矣，（天地の道は，恒久にして已まざるなり。……終れば則ち始めあり。……その恒なる所を観れば，天地万物の情も見るべきなり。『易経』，「恒卦，彖伝」）

　　　日中則昃，月盈則食，天地盈虚，与時消息，（日は中すれば則ち昃き，月も盈つれば則ち食く。天地の盈虚は，時と消息す。同，「豊卦，彖伝」）

— 75 —

第二編　中国古代の哲学思想Ⅱ　——戦国時代末期——

　　　仰以観於天文，俯以察於地理，是故知幽明之故，原始反終，故知死
　　　生之説，精気為物，遊魂為変，是故知鬼神之情状，（仰ぎて以て天
　　　文を観，俯して以て地理を察す。この故に幽明の故を知る。始めを
　　　原ね終りに反る。故に死生の説を知る。精気は物を為し，遊魂は変
　　　を為す。この故に鬼神の情状を知るなり。同，「繋辞上伝」）

等と，『易経』中において敷衍される。これこそ，『易経』において見出される
典型的な理論構造であり，既にいささか触れた通り，荀子の，あの定命論的理
論を根幹にまとめ上げられた，易の決定論的未来予測の典型的な理論形態なの
であった。

　そこで，畢竟するところ，このような考え方は，必然的に，

　　　時止則止，時行則行，動静不失其時，其道光明，（時の止まるべけ
　　　れば則ち止まり，時の行くべければ則ち行く。動静その時を失わざ
　　　れば，その道も光明なり。『易経』，「艮卦，彖伝」）

　　　知至至之，可与幾也，知終終之，可与存義也，……因其時而夊，雖
　　　危无咎矣，（至るを知りて，これに至る。ともに幾※1を言うべきな
　　　り。終るを知りて，これを終わる。ともに義を存すべきなり。……
　　　その時に因りて夊る。危うしといえども咎なきなり。同，「文言
　　　伝」）

　　　君子蔵器於身，待時而動，何不利之有，（君子は器を身に蔵め，時※2
　　　を待ちて動く。何の不利か，これあらん。同，「繋辞下伝」）

という定命論的な運命論を形成するに至るのである。

────────────────
※1〈幾〉機微。
※2 これらにおける〈時〉とは，時間系列に沿って輪切りにされた世界の実相である。

第二章 『易経』の成立 ——"占い"の哲学的深化とその思想史的意義——

7．『易経』における定命論的運命論

　かくして，以上のように，日常的な経験世界の可能的な様相を，六十四通りの類型に分類し——その各々は，たしかに一回限りの，いわば"歴史的な"経験として，我々人間個々人に与えられるものではあるが，その類型としての変様の可能性は，つまるところ六十四通りしかなく，その結果——それぞれの様相が循環流転しつつこの現象世界が顕現している，と考える世界観は，果して，極めて理論的ではある。そして又，その様相を的確に分析して，たとえ，その場・その時における"世界"のあり方・あらわれ方が，自分にとって不利なものであったとしても，いずれは必ず有利な〈時〉（前引，『易経』，「艮卦，彖伝」・「繋辞下伝」等）が巡り来るのであるから，冷静にその〈時〉を待てばよい，というのも，これ又，たしかに理論的に分析された処世術ではあろう。とはいえ，このような考え方は，いかに，

>　易与天地準，故能彌綸天地之道，（易は天地に準※1ず。故に能く天地の道を彌綸※2するなり。『易経』，「繋辞上伝」）

>　易之為書也，広大悉備，（易の書たるや，広大にして悉く備われり。同，「繋辞下伝」）

等と，その理論的な整合性を強調しようとも，所詮は日常的な経験世界についての単なる理論的な解釈にしかすぎず，実際の日常的な人間生活においては，せいぜい，

>　君子安而不忘危，存而不忘亡，（君子は，安んじて危うきを忘れず，存して亡ぶを忘れず。『易経』，「繋辞下伝」）

という程度の助言しか与え得ないのである。その倫理学的・儒教道徳的な意義

※1 〈準〉ぴたりと符合している。
※2 〈彌綸〉包摂し一致する。

第二編　中国古代の哲学思想Ⅱ　——戦国時代末期——

は，さておき，これは決して真の"占い"ではない。そればかりか，既に再三にわたって指摘してきた通り，それは，"易占"本来の生命さえも奪うものだったのである。

そこで，荀子の，

> 善為易者不占，（善く易を為むる者は，占わず。『荀子』，「大略篇」※）

という発言も，ひとりこの線に添ってのみ，的確に理解されうるものであると考えられる。すなわち，決定論的未来予測の書としての『易経』の理論を——それは，まごうかたなく，荀子自身の運命論ではあったが，決して易占の本質をなすものではなかった。『易経』の，ごく限られた一面であった——よく理解しておけば，亀卜や易占などは必要ない，というのである。"占い"の哲学的な本質を理解していない，誠に浅薄な発言である。

とはいえ，かくして，ようやく売卜者たちのための"手引書"としての『易経』も，その決定論的未来予測の理論に，整合的な理論的裏付けを得て完成されたのであった。これこそが，

> 乾以易知，坤以簡能，易則易知，簡則易従，……易簡而天下之理得矣，天下之理得而成位乎其中矣，（乾は易を以て知り，坤は簡を以て能くす。易なれば則ち知り易く，簡なれば則ち従い易し。…易簡にして天下の理得たり。天下の理得て，位をその中に成す。『易経』，「繋辞上伝」）

と言われる，実に整合的な，易の定命論的理論の体系であったと考えられるのである。しかし，それと同時に，

※『荀子』の「大略篇」は資料的にいささか問題もあろうかと思われるが，この一句が，荀子の定命論的思惟に照らして，その典型的な表現であろうことは，まず間違いないところであると思われ，従って，この一句が，少なくとも荀子の運命論に由来する思惟の記述であると見做すことは可能であると思われるのである。

第二章　『易経』の成立 ──"占い"の哲学的深化とその思想史的意義──

> 子曰，書不尽言，言不尽意，然則聖人之意，其不可見乎，子曰，聖人立象以尽意，設卦以尽情偽，繋辞焉以尽其言，変而通之以尽利，鼓之舞之以尽神，（子※1曰く，書は言を尽くさず，言は意を尽くさず，と。然らば則ち，聖人の意は，それ見るべからざるか。子曰く，聖人は，象※2を立てて以て意を尽くし，卦を設けて以て情偽※3を尽くし，辞を繋けて※4以てその言を尽くし，変じてこれを通じて以て利を尽くし，これを鼓しこれを舞して以て神を尽くす，と。『易経』，「繋辞上伝」）

という記述は，本来〈典要となすべからざる〉（前引，『易経』，「繋辞下伝」）ものであった易占を，それに反して〈典要〉にしてしまったことについての，一種の弁解とも思われるのである。

以上，「繋辞伝」・「文言伝」等における，易占を装う決定論的未来予測の理論を概観した。続いて，断片的に，ではあるが，これらの『易伝』における，本来の"占い"としての易占についての記述を，更に概観してみたい。

8．易占──易の占い──

"占い"としての"易"の本質は，既に再三に亘って指摘してきた通り，占者としての卓越した"個人"が，五十本の筮の操作によって得られた，あるひとつの卦を契機に，その場・その時の世界の実相を直覚することにあると考えられる。そこで，

> ……是故蓍之徳，圓而神，卦之徳，方以知，六爻之義，易以貢，聖人以此洗心，退蔵於密，吉凶与民同患，神以知来，知以蔵往，其孰

※1 〈子〉古人のことばを孔子の言として記述している。
※2 〈象〉六十四卦の象徴体系。
※3 〈情偽〉人間の真実と虚偽。
※4 〈辞を繋けて〉卦爻辞をつける。

第二編　中国古代の哲学思想Ⅱ　──戦国時代末期──

能与此哉，古之聡明叡智，神武而不殺者夫，是以明於天之道，而察於民之故，是興神物以前民用，聖人以此斎戒，以神明其徳夫，（この故に，蓍の徳は，圓にして神，卦の徳は，方にして以て知，六爻の義は，易りて以て貢ぐ※。聖人は，これを以て心を洗い，密に退蔵す。吉凶，民と患いを同じくす。神にして以て来を知り，知にして以て往を蔵す。それ孰か能くこれに与らんや。古の聡明叡智，神武にして殺さざる者か。ここを以て，天の道を明らかにして，民の故を察し，ここに神物を興して以て民用に前んず。聖人は，これを以て斎戒し，以てその徳を神明にするかな。『易経』，「繋辞上伝」)

という一文は，やはり断片的にではあるが，易占の，このような本質を記述するものであると考えられる。すなわち，〈蓍の徳〉──蓍の存在論的な意味内容，はたらき──は，〈圓にして神〉，つまり，無限の神的次元に対応する。それに対して，〈卦〉のそれは，〈方にして以て知〉であるという。つまり，既にひとつの卦として限定された，ひとつの〈方〉──象徴──としての〈知〉をもたらす。かかる易占は，従って，日常的な経験世界の単なる理論的解釈ではなく，占者としての〈聖人〉──卓越した"個人"──の〈心を洗い，密に退蔵する。〉──すなわち，日常的な意識の心象を払拭して，その深層領域に参入する──という，一種の宗教的な実践を要請する。かくして，〈聖人〉は，みずから直覚した人間存在の深層と経験世界の実相とを，日常的な次元での〈民〉の眼前に呈示し，その一般的な意義，すなわち〈吉凶〉を明らかにする。

　かくして又〈聖人〉は，〈神にして以て来を知り，知にして以て往を蔵す。〉──すなわち，〈神〉的次元において，〈往〉──過去──と〈来〉──未来──を，みずからこの一身に集約し，それを〈知〉的次元に還元する。そして，〈神物を興して以て民の用に前んず。〉と，神的次元と日常的次元とを橋渡しす

※　〈貢〉告げる。

第二章　『易経』の成立 ——"占い"の哲学的深化とその思想史的意義——

るが，それは，あくまでも〈聖人は，これを以て斎戒し，以てその徳を神明にするかな。〉と言われる通り，みずからの深層を切り開くという実践的な修行の体験・一種非日常の宗教的体験を通じて得た"神知"を背景にして展開されるところの，真の"占い"の実践なのであった。

9．易占の実際

かくして，易占の哲学的本質が，このようなものであればこそ，

> 君子将有為也，将有行也，問焉而以言，其受命也如響，……逐知来物，非天下之至精，其孰能与於此，（君子の将に為すことあらんとし，将に行なうことあらんとするや，これに問いて以て言う。その命を受くるや響の如く，……ついに来物を知る。天下の至精にあらざれば，それ孰か能くこれに与らん。『易経』，「繋辞上伝」）

と，言われるのである。そして，そこには，理性的な思惟の次元で，理論的に，おのが運命を先取りして，これに順応しようとした，荀子のあの定命論的思惟の影響も，いささか窺われはする。しかし，易占の本質は，我々人間の理性的思惟の次元を越えた，いわゆる"宿命"としての運命を，実践的・体験的に体現して，おのが"生"を切り開いてゆくところにこそ見出されるべきものである。

そこで，たとえば，おのが"生"の深層領域に参入する体験を通じてもたらされる〈神知〉——謂わば，神秘的直観——によって，「否」の卦の九四[※]を得たとする。すると，その爻辞には，

> 有命无咎，疇離祉，（命あり咎なし。疇，祉に離かん。『易経』，「否卦，九四，爻辞」）

[※] 易において，陽爻—は〈九〉，陰爻--は〈六〉で表される。ここでは否卦䷋の下から四番目の陽爻のこと。

第二編　中国古代の哲学思想Ⅱ　――戦国時代末期――

とある。この〈命あり咎なし〉を，その「小象」※は，

　　　　有命无咎，志行也，（命あり咎なしとは，志おこなわれるなり。『易経』，「否卦，九四，小象」）

と解する。宿命的な天命を得て，その〈志〉が遂げられる，と言うのである。又，たとえば，「无妄」䷘の「彖伝」には，

　　　　大亨以正，天之命也，（大いに亨りて以て正しきは，天の命なり。『易経』，「无妄，彖伝」）

と，〈大いに亨りて以て正し〉という，日常的な経験世界の一様相を，〈天の命〉であると，宿命論的に解釈している。

　そして，このような"宿命"的な現実に対して，

　　　　大有，其徳剛健而文明，応乎天而時行，（大有は，その徳の剛健にして文明，天に応じて時に行なうなり。（『易経』，「大有，彖伝」）

　　　　用大牲吉，利有攸往，順天命也，（大牲を用いて吉なり。往く攸あるに利しとは，天命に順うなり。同，「萃，彖伝」）

　　　　中孚以利貞，乃応乎天也，（中孚にして，以て貞しきに利しとは，すなわち天に応ずるなり。同，「中孚，彖伝」）

等と，順応してゆくことこそ，『易経』における，真の易占の本質であったと考えられる。そうであればこそ，

　　　　険以説，困而不失其所亨，其唯君子乎，（険にして以て説ぶ。困しみてその亨る所を失わざるは，それただ君子のみなるか。『易経』，

※　いわゆる「象伝」のうち，爻辞についての解釈。「大象」は卦全体についてのそれ。

第二章 『易経』の成立 ——"占い"の哲学的深化とその思想史的意義——

「困，彖伝」）

と，"宿命の壁"にもたじろがない余裕を持ち，その上で，

楽天知命故不憂，（天を楽しみ命を知る——，故に憂えず。『易経』，「繋辞上伝」）

と，おのが〈天命〉を〈知〉って，これを〈楽〉しむ境地に至ることができるとされるのである。

10. 易占の哲学的本質

さて，以上のような，易占の哲学的な本質こそ，まさに，

古者包犠氏之王天下也，仰則観象於天，俯則観法於地，観鳥獣之文与地之宜，近取諸身，遠取諸物，於是始作八卦，以通神明之徳，以類万物之情，（古者，包犠氏※1の天下に王たるや，仰いでは則ち象を天に観，俯しては則ち法を地に観，鳥獣の文※2と地の宜しきとを観て，近くはこれを身に取り，遠くはこれを物に取る。ここにおいて，始めて八卦を作り，以て神明の徳に通じ，以て万物の情を類す。『易経』，「繋辞下伝」）

と言われる通り，自己の深層を極め尽くすという，実践的な修行の体験・一種非日常の宗教的体験の積み重ねによって裏付けられる象徴体系の体現であり，決して，理性的な思惟の次元における，日常的な経験世界についての，単なる理論的な解釈の展開ではない。そうであればこそ，

書不尽言，言不尽意，（書は言を尽くさず，言は意を尽くさず，『易

※1 〈包犠氏〉中国古代，伝説上の聖王。
※2 〈文〉文様。

経』,「繋辞上伝」)

と言われ，更に,

不可為典要。(典要と為すべからず。『易経』,「繋辞下伝」)

とも言われる通り，易のこの象徴体系についての記述は，断片的たらざるを得ないのであったと思われるのである。

11. 易占についての断片的な記述

　そこで以下，上に指摘したところの，その断片的な記述を，できうる限り，有機的な象徴体系の脈絡の中において分析し，易占の実際を，いささかなりとも敷衍して行ってみたい。

　　　夫大人者，与天地合其徳，与日月合其明，与四時合其序，与鬼神合其吉凶，先天而天弗違，後天而奉天時，天且弗違，而況於人乎，況於鬼神乎。(それ大人は，天地とその徳を合わせ，日月とその明を合わせ，四時とその序※1を合わせ，鬼神とその吉凶を合わす。天に先だちて天に違わず，天に後れて天の時を奉ず。天すら且つ違わず。しかるをいわんや人においてをや，いわんや鬼神においてをや。『易経』,「文言伝」)

　　　生生之謂易，成象之謂乾，效法之謂坤，極数知来之謂占，通変之謂事，陰陽不測之謂神。(生生する，これを易と謂う。象を成す※2，これを乾と謂う。法を效す，これを坤と謂う。数※3を極めて来※4

※1　〈序〉順序。
※2　〈象を成す〉非日常の次元のことを具象化する。〈乾〉の卦は，その一例。
※3　〈数〉占いの手法すべて。
※4　〈来〉未来。

第二章 『易経』の成立 ——"占い"の哲学的深化とその思想史的意義——

を知る，これを占と謂う。変に通ずる，これを事※1と謂う。陰陽測られざる，これを神と謂う。(同，「繫辞上伝」)

顕道神徳行，是故可与酬酢，可与祐神矣，子曰，知変化之道者，其知神之所為乎，(道を顕かにして，徳行を神にす。この故に，ともに酬酢※2すべく，ともに神を祐くべし。子曰く，変化の道を知る者は，それ神の為すところを知るか，と。(同前)

夫易聖人之所以極深而研幾也，唯深也，故能通天下之志，唯幾也，故能成天下之務，唯神也，故不疾而速，不行而至，(それ易は，聖人の深を極めて，幾を研く※3所以なり。ただ深なり。故に能く天下の志に通ず。ただ幾なり。故に能く天下の務めを成す。ただ神なり。故に疾くせずして速やかに，行かずして至るなり。(同前)

昔者聖人之作易也，幽賛於神明而生蓍，……観変於陰陽而立卦，発揮於剛柔而生爻，和順於道徳而理於義，窮理尽性以至於命，(昔者，聖人の易を作るや，神明に幽賛※4して蓍を生じ，……変を陰陽に観て卦を立て，剛柔を発揮して爻を生じ，道徳に和順して義を理め，理を窮め性を尽くして以て命に至るなり。同，「説卦伝」)

以上は，いずれも断片的ながら，真の易占の本質を表象する記述であると考えられる。それは，飽くまでも，みずからの深層を極め尽くす，という極めて厳格な実践を裏付けとする，一種〈神〉的な叡〈知〉の象徴体系なのであった。それゆえにこそ，〈書は言を尽くさず。言は意を尽くさず。〉(前引，『易経』，「繫辞上伝」)の言葉通り，それは，本来，言葉の次元では表象しえないもの

※1 〈事〉こととすべき事業。
※2 〈酬酢〉天地自然・森羅万象の変化に対応する。
※3 〈幾を研く〉幾微を明らかにする。
※4 〈幽賛〉深い次元に退行してゆく。

第二編　中国古代の哲学思想Ⅱ　——戦国時代末期——

であると，つとに戒められるものなのであった。

それにもかかわらず，強いてこれを言葉の次元で理性的に認識し，理論的に説明づけようとするならば，それに最も適切で合理的な理論として，既に見た通りの決定論的未来予測の理論が採用されるに至るのである。

従って，いわゆる"易の理論"を展開すると言われる，これら『易伝』の記述が，この決定論的未来予測の理論を，その根幹となし，ときに，

> 天尊地卑，乾坤定矣，……方以類聚，物以群分，吉凶生矣，在天成象，在地成形，変化見矣，（天は尊く地は卑くして，乾坤定まる。……方は類を以て聚り，物は群を以て分かれて，吉凶生ず。／天にありては象を成し，地にありては形を成して，変化見る。『易経』，「繋辞上伝」）

と，その前半においては，理論的で分析的な決定論的未来予測の理論を展開しつつ，一転して，その後半に及んでは，易占本来の象徴体系を説明するが如き，いささか混乱した記述を残すに至っているのも，実に宜なることであったと思われるのである。その存在自体が既に"占い"の本質と相矛盾しつつも，飽くまでも"占いの書"（の手引書）として編纂されて現代に至っている，この『易経』という書物の本質を，極めて端的に明言している一文であると言えるであろう。

12. まとめ

以上のように，易占の本質は，六十四卦（と三百八十四爻と）の象徴体系による，人間存在の深層と経験世界の実相との直覚を通じて得られる占断そのものにあるのであった。この点で，この易占は，かの殷代の亀卜と——延いては，洋の東西・古今を問わず，世界各国の占いと——その哲学的な本質の次元においては，全く同一の脈絡を有する，一種非日常の宗教的経験を基盤とする，哲

第二章　『易経』の成立 ——"占い"の哲学的深化とその思想史的意義——

学的な実践そのものなのであった。

　ところが，その易占を，単なる"経済活動"として営む売卜者たちが出現するに至っては，極めて凡庸な，しかし多数の"個人"たちが，全く日常的な"生活"の次元で，この営利事業に参加するようになり，そこに，なんとも安易で簡便な——しかも，真の"占い"ではなく，決定論的未来予測としての——易の手引書としての『易経』が編纂されるに至ったのであると考えられるのではあるが，それにしても，この結果，易占に本来の，謂わば，その"真実の直覚"とでも言うべき，"哲学的生命"は，残念ながら，全く跡絶えてしまったのである。

　とはいえ，「繫辞伝」・「文言伝」・「説卦伝」（の前半）等の，いわゆる『易伝』の諸篇の中には，断片的にではあるが，易占本来の面目を伝える記述も存していた。それらいくばくかの断片的な記述が，はるかに遠い過去の，聖人の易占の実際を現在にまで伝える，文字通りの〈古人の糟粕※〉（『荘子』，「天道篇」）なのであった。

付記　なお，以上に概観した易哲学の本質は，はるか殷代にもその濫觴を形成し，秦代から漢代にかけて，徐々に展開されて行ったものと考えられる。従って，ここで論及する時序的な妥当性も，いささか希薄ではあるが，その理論的な構造が，荀子のいわゆる"定命論的礼理論"を着実に踏襲したものであると認められるゆえ，特にその運命論としての展開という点に鑑み，荀子の後に位置させて，これを概観したものである。

※〈糟粕〉のこりかす。

第二編　中国古代の哲学思想Ⅱ　——戦国時代末期——

第三章　老子と荘子
——市中の隠者と山中の隠者——

第1節　老子——市中の隠者——

1．老子——〈道〉——

　老子（生没年未詳）は，後述の荘子以上に謎の人物である。前漢（B.C.2C.）の司馬遷が著した『史記』の中の一章「老子列伝」も，かなりよく老子の特徴を捉えてはいるようだが，いかんせん"伝説"の域を出ておらず，畢竟，老子の伝記の詳しいところはいまだに分からない，というのが最も正確な解答であろうと思われる。

　そこで以下，本節では，老子という人物の本質的な特徴として，その〈道〉を取り上げ，その内容を明らかにすることによって，老子の人物像——つまり，市中の隠者——をも浮き彫りにしてみたいと考える。〈道〉の存在論的な本質を掴むことができれば，その人物像も，おのずと明らかになるものと思われるからである。

2．〈道〉——真理・力——

　そこでまず，老子のいわゆる〈道〉とはなにか。極めて大きな，本質的な問題ではあるが，とりあえず，結論を先取りして言えば，それは，我々人間存在の真相・経験世界の真理ということであると考えられる。又この〈道〉は，我々人間だれもが潜在的に持ってはいる——逆に言うと，ほとんどの人が，その可能性は持ちながら，実際にこれを発揮するには至らず——人が真の自己に目覚めたときにこそ十全に体現できる，謂わば，"眠れる力"でもあったと考えられるのである。

第三章　老子と荘子　——市中の隠者と山中の隠者——

そこで要するに，老子という人物は，この真実を見極め，更にその"力"を体現し，みずから真の〈道〉として，この日常的世界の中でその"生"を全うした人物であった，と考えられるのである。以下，更に詳しく論及してみたい。

3．〈道〉，再考

　老子のいわゆる〈道〉は，従来，我々人間の知覚を越えた"超越的"な，そして，それゆえに"永遠普遍"の"真実在"であるとか，あるいは又，森羅万象の可能性の本質的な契機としての"万物の根源"であるとされ，それ以上の，言葉による説明は不可能であり，そこで老子も〈道の道とすべきは，常の道に非ず。〉（『老子』，第一章）と言うのである。とされることが多かった[※]。

　たしかに，老子の〈道〉は，我々人間の日常的な，従って又，理性的な思惟の次元を越えたものであり，それを言葉によって，理論的に記述し尽くすことは不可能であろう。老子の哲学が，単なる理窟だけではなく，その基礎に修行の実践を伴った有機的な体系であると考えられるからである。とはいえ，それを単に"真実在"とか，"万物の根源"等と命名するだけでは，単なる言葉の置き換えにすぎず，哲学的には何らの説明にもなっていないのである。

　老子の〈道〉は，たしかに"超越的"ではあるが，決して我々人間と隔絶した，絶対的・無制約的な存在ではなく，むしろ，我々人間の実践的努力——つまり，いわゆる"修行"——によって，我々みずから体現すべきものであると思われる。そうでなければ，老子みずから〈知る者は言わず，言う者は知らず。〉（『老子』，第五十六章）と自戒しながらも，切々と〈吾が言は甚だ知り易く，甚だ行ない易し。〉（『老子』，第七十章）と訴える『老子』の言葉が，あまりにも空虚なものになってしまうであろう。

[※] この点については，大浜晧『老子の哲学』（1962年，東京，勁草書房，第一章から第三章）および，Schroeder, J.L., The Meaning of Tao (a paper presented at the forth International Congress of the International Socidty for Chirese Philosophy, 1985)等を参看。東西の老子の研究における諸見解がまとめられている。

第二編　中国古代の哲学思想Ⅱ　——戦国時代末期——

　そこで，以下において，老子のこの〈道〉についての哲学的思惟の体系を，まず認識論的な基礎的理論から，更に存在論的な実践的記述へと順を追って概観し，老子の〈道〉について，これを明らかにしてゆきたい。

4．相対観——〈道〉の哲学の認識論的基礎について——

　老子の哲学的思惟の体系の，最も根幹をなす世界観は，認識論的な観点から見て，後述の荘子の場合と全く同じ，いわゆる"相対観"であったと考えられる。すなわち，老子みずから，

> 天下皆知美之為美，斯悪已，皆知善之為善，斯不善已，故有無相生，難易相成，長短相形，高下相傾，音声相和，前後相随，是以聖人処無為之事，行不言之教，（天下みな美の美たるを知る。これ悪なるのみ。みな善の善たるを知る。これ不善なるのみ。故に有無相生じ，難易相成り，長短相形れ，高下相傾き，音声相和し，前後相随う。ここを以て聖人は，無為の事に処りて，不言の教えを行なう。『老子』，第二章）

と指摘する通り，我々人間にとっては，〈美〉も〈悪〉も，あるいは〈善〉も〈不善〉も，いずれも相互に他を俟って初めて，それぞれ〈美〉であり，〈悪〉であり，又，〈善〉であり，〈不善〉でありうる。つまり，それらは，飽くまでも相対的に，〈美〉〈悪〉・〈善〉〈不善〉等と認識されているにすぎず，決して絶対普遍の〈美〉〈悪〉・〈善〉〈不善〉等があるわけではない。我々人間の認識のいとなみが，常に〈有無〉〈難易〉〈長短〉等の相対のワク組みの中で為されるものであり，従って，我々人間の〈知〉が，決して，絶対普遍の真理を認識できないからである，というのである。

　老子の，

第三章　老子と荘子　——市中の隠者と山中の隠者——

知不知上，不知知病，夫唯病病，是以不病，聖人不病，以其病病，是以不病（知りて知らずとするは上なり。知らずして知れりとするは病なり。それにただ病を病とす，ここを以て病ならず。聖人は病あらず。その病を病とするを以て，ここを以て病あらざるなり。『老子』，第七十一章）

という発言は，我々人間の有限な〈知〉についての，老子自身の自戒の言葉であろう。すなわち，我々は，我々自身が，絶対普遍の真理を〈知〉りえないことを，まず第一に〈知〉らねばならない。おのが〈知〉の限界をわきまえていないのは，〈病〉である。この〈病〉を〈病〉として自覚し，おのが〈知〉の限界をわきまえているからこそ，〈聖人〉には〈病〉がない，というのである。

このことは又，存在論的な次元でも，

三十輻共一轂，当其無有車之用，埏埴以為器，当其無有器之用，鑿戸牖以為室，当其無有室之用，故有之以為利，無之以為用，（三十輻※1，一轂※2を共にす。その無に当たりて車の用あり。埴を埏めて以て器を為る。その無に当たりて器の用あり。戸牖を鑿ちて以て室を為る。その無に当たりて室の用あり。故に有の以て利を為すは，無の以て用を為せばなり。『老子』，第十一章）

と記述される。存在を〈有〉〈無〉相対の様相において表象するのである。

　いずれにせよ，我々人間の理性的思惟のはたらきによる，直観−悟性的な認識は，あくまでも，時・空や主・客といった相対的な形式の所産であり，少なくとも，そのような〈知〉にあまんじる限り，我々は決して，より高次の，そしてより真実な世界に参与することはできない，とされているのである。

※1　〈輻〉車輪のスポーク。
※2　〈轂〉車輪の中心。こしき。

第二編　中国古代の哲学思想Ⅱ　——戦国時代末期——

　それでは一体，我々人間は，いかにしてこの存在世界の真相を感得しうるのであろうか。
　老子の解答は，〈道〉であった。

5．〈道〉への道程——修行——

　老子は，みずからの意識の深層領域に参入してゆく，一種の身体的な鍛錬を通じて，この日常的相対の世界を超克し，そこに，真実な〈道〉の世界を体現しようとする※。

　　　　五色令人目盲，五音令人耳聾，五味令人口爽，馳騁田猟，令人心発
　　　　狂，……是以聖人為腹不為目，（五色は人の目をして盲ならしむ。
　　　　五音は人の耳をして聾ならしむ。五味は人の口をして爽ならしむ。
　　　　馳騁田猟は人の心をして発狂せしむ。……ここを以て聖人は，

※このような身体的鍛錬——すなわち"修行"あるいは"行"——を背景とする哲学的実践の目指すところは，とりも直さず"行"という身体の鍛錬を通じておのが意識の次元を深め心の深層領域に分け入り，そこに真の"わたし"を体現し，みずからの運命を開拓する，という点に集約されるものであると思われる。すなわち，人は身体的な鍛錬——坐禅・ヨーガ，その他さまざまな芸道や武道など，広い意味での"行"——を通じて，みずからの心を深く掘り下げて真の自己を追究してこそ，真の意味での存在の深みに到達し，真の"生"を実現できる，ということこそが，この老子の，謂わば"実践的形而上学"の持つ哲学的な要訣であると考えられるのである。
　要するに，身→心という深まりが，そっくりそのまま我々人間にとっての存在世界の深まりでもあると捉えられているのである。
　このことは，時に東洋哲学に特徴的なものであるかの如くに語られることもあろうが，筆者の管見する限り，洋の東西・時代を越えて，多くの先哲が多種多様な形態においてこの哲学的実践を踏み行ない，それを様々な形式によって表現しているものと思われる。たとえばヘラクレイトスの"$ε\delta\iota\zeta\eta\sigma\acute{α}μην\ \ \acute{ε}μεω\bar{υ}τον$"（私は私自身を探究した）ということばに集約される哲学的な深まりは，その典型であると思われる。詳しくは，拙稿「"謎の人"攷——ヘラクレイトスの"$λ\acute{o}γos$"の世界」（『アカデメイア』第3号，1978年，所収）を参看。
　本節および次節においてはそのうちの特に中国哲学における代表的人物である老子の〈道〉にまつわる〈無為〉の哲学的実践——"行"——について，いささかこれを概観し，〈道〉の存在論的意義にまで言及し，返す刀で，いわゆる道家思想のもう一方の雄荘子の思惟にまで考察を及ぼしてみたいと考えるものである。（次頁に続く）

第三章　老子と荘子　——市中の隠者と山中の隠者——

腹を為して目を為さず。『老子』,第十二章)

　あざやかな色彩〈五色〉や,妙なる音楽〈五音〉,そして美味なる御馳走〈五味〉や,楽しい遊行〈馳騁田猟〉は,我々人間の目や耳,延いては,その心を奪う。しかし,それらは飽くまでも相対的なものであり,しかも,度を過ごせば即,〈盲〉〈聾〉,更には〈発狂〉等の憂き目に合う。

　そこで〈聖人〉は,それらに〈目〉を向けず,むしろ,その〈腹をなす〉と言われる。この〈腹をなす〉というのは,まさに腹式呼吸を基本とする,身体的鍛錬そのものの表現であると考えられる。およそ,いかなる形式のものであれ,"修行"の基本は(腹式)呼吸である。そして,その呼吸法を訓練し,老子のいわゆる〈専気〉(『老子』,第十章)の〈気〉を,いわゆる"臍下丹田"を中心にして練り上げる。これは,禅にせよヨーガにせよ,あるいは又,あらゆる芸道・武術等における(身体的な)"修行"に共通の,謂わば,修行の基

　老子や荘子の唱える〈道〉.の哲学が,単なる処世知でもなく,あるいは又,単なる現象世界の論理的な解釈でも決してなく,彼ら両人がそれぞれ何らかの形での身体的な"行"を通じて,彼ら自身の心の奥底において体得自証した自己の真実としての〈道〉を,翻って心→身とフィードバックして日常的な言葉の次元において敷衍するものであったと考えられるからである。

　この点については,いささか断片的で不明瞭な点もあろうが,夙にユングが,その著作の処々において鋭くも指摘するところである。詳しくは,拙稿「易と共時性——ユングの見た,中国哲学における超越と神秘」(森・鎌田共編『超越と神秘——中国・インド・イスラームの思想世界』1994年,東京,大明堂,所収)を参看。更に又,この点については,玉城康四郎『東西思想の根底にあるもの』(1983年,東京,講談社,19頁～および91頁～)・河合隼雄「宗教と心の科学」(『仏教』14,1991年,東京,法蔵館,所収)等を参看。

　尚,このような身→心という哲学的な背景を保ちつつ,むしろ心→身という身体的次元へのフィードバックを本旨とするのが,いわゆる古代医学の特質のひとつであると考えられる。

　そこで更に,この"修行"そのものについて,深層心理学的な諸説については,Jung, C.G., Synchronizität als ein Prinzip acausaler Zusammenhänge(*Die Gesammelten Welke von C.G.Jung*, band 12, Rascher verlag, Zürich, 1960), Commentar zur《Das Geheimnis der goldenen Blüte》(C.W.13),湯浅泰雄『身体——東洋的心身論の試み——』(1977年,東京,創文社),同,『気・修行・身体』(1986年,東京,平河出版社)等を,又,精神医学的には,石田речерن『心身医学療法入門』(1977年,東京,誠信書房),石川中『心とからだ』(1978年,東京,講談社),同,『瞑想の科学』(1981年,東京,講談社)等を,又,大脳生理学的には,平井富雄『座禅の科学』(1982年,東京,講談社)等をそれぞれ参看。

本的な方法なのである※。

6. 修行の実際——〈道〉の体現——

そこで以下，老子における，この修行の実際について，老子の言葉を概観してみたい。

> 載営魄抱一，能無離乎，専気致柔，能嬰児乎，(営える魄を載せ，一を抱いて，能く離れしむることなからんか。気を専らにし柔を致して，能く嬰児のごとくならんか。……。『老子』，第十章)

〈一を抱く〉といい，〈気を専らにする〉といい，いずれも身体的鍛錬において，呼吸を整え，精神を統一してゆく過程の記述であろう。既に触れた通り，臍下丹田に精神を〈一〉にして，そこを中心に〈気〉を練り上げる。そして，その結果，〈嬰児〉になる，と言う。〈嬰児〉とは，言うまでもなく赤ん坊のこと。赤ん坊の心は，無意識そのもの——意識がない，のではない——であり，従って，その"世界"には，時間的・空間的な制約がない。又，そこには，主体も客体もない。つまり，この〈嬰児〉とは，無時空にして主客合一の〈道〉の世界を体現する〈聖人〉の象徴であると考えられるのである。『老子』の第二十八章に〈嬰児に復帰す〉と言われるのも，全く同次元の思惟の記述であると考えられる。

※ この点については，前注（92頁〜）の諸文献および，Nagatomo.S.An Epistemic Turn in the *Tao Te Ching*:A Phenomenological Reflection(International Philosopyical Quarterly, vol.ⅩⅩⅣ, No.2, 1983)を参看。

そこで，なぜ"呼吸"なのか，と言えば，これにはまだ多くの問題点もあろうが，要するに，この呼吸運動が，いわゆる自律神経と体性神経とをつなぐ，謂わばミッシング＝リンクであると考えられるからなのである。つまり，この呼吸こそ，身－心をつなぐ架け橋であり，これを完璧にコントロールできたならば真の"身心一如"も実現できる，というのである。そこで，一種の固有感覚（proprioception）の如き内部知覚が発現する。そして，中国古代の修行者たちはこれを〈気〉と言う言葉で表象したのであると考えられるが，この点については更なる課題としておきたい。

第三章 老子と荘子 ——市中の隠者と山中の隠者——

つぎも又, 老子における修行の実際を伝える記述である。

> 致虚極, 守静篤, 万物並作, 吾以観復, 夫物芸芸, 各復帰其根,
> (虚を致すこと極まり, 静を守ること篤くす。万物ならび作るも, 吾は以て復るを観る。それ物の芸芸[※1]たるも, 各々その根に復帰す。『老子』, 第十六章)

呼吸法の修行を通じて, 〈虚〉にして〈静〉なる〈道〉の世界を体現すれば, 移ろいゆく雑多なる現象の, その奥に, 真実なる〈道〉の世界が開けてくる。それが雑多なる現象の〈根〉である, という。〈道〉を体現した者のみが, 看取しうる, 存在世界の真なる実相であった。

つぎも又, 同主旨の記述。

> 塞其兌, 閉其門, 挫其鋭, 解其紛, 和其光, 同其塵, 是謂玄同,
> (その兌[※2]を塞ぎ, その門を閉す。その鋭を挫き, その紛を解く。その光を和らげ, その塵に同じくす。これを玄同と謂う。『老子』, 第五十六章)

この修行とは, 意識の次元について言えば, 意識の深層領域——あるいは, いわゆる無意識の領域——に, 意識的に退行してゆく哲学的実践の過程である。従って, その初期の段階においては, 一時的に感覚器官を閉ざして, 雑多なる現象の多様に惑わされることなく, いわゆる〈和光同塵〉——その光を和らげ, その塵に同じくす——の, 一種の〈渾沌〉(『荘子』,「応帝王篇」)の如き世界を体現するのである。

とはいえ, 老子において, それらは決して, この日常的な経験世界の否定を契機とするものではなかった。むしろ, 先に引用した『老子』の第十章におけ

[※1] 〈芸芸〉草木が繁茂する様子。
[※2] 〈兌〉穴。目や耳などの感覚器官。

第二編　中国古代の哲学思想Ⅱ　——戦国時代末期——

る身体的鍛錬についての記述に続けて,

> 滌除玄覽，能無疵乎，愛民治国，能無知乎，天門開闔，能為雌乎，明白四達，能無為乎，(玄覽※1を滌除して，能く疵※2なからしめんか。民を愛し国を治めて，能く知らるることなからしめんか。天門の開き闔ずるに，能く雌を為さんか。明白四達して，能く無為ならんか。『老子』，第十章)

と言われる通り，老子においては，雑多なる現象の多様のみならず，意識の深層を切り開く修行の過程において出現する様々な幻影——〈玄覽〉——にも惑わされることなく，〈明白四達〉して，先に見た『老子』の第十六章にいわゆる，世界の真相——〈根〉を見るという〈無知〉——日常的な経験世界における，理性的な知を越えた，真の〈知〉を体得し，〈無為〉——無理のない，理想的な行為——をこの日常的な経験世界の中で体現することが第一であるとされていたのである。

そうであればこそ,

> 視之不見，名曰夷，聽之不聞，名曰希，搏之不得，名曰微，此三者，不可致詰，故混而為一，其上不皦，其下不昧，繩繩不可名，復歸於無物，是謂無狀之狀，無物之象，是謂惚恍，迎之不見其首，随之不見其後，執古之道，以御今之有，能知古始，是謂道紀，(これを視れども見えず，名づけて夷という。これを聴けども聞こえず，名づけて希という。これを搏うれども得ざる，名づけて微という。これら三者は，致詰すべからず。故に混じて一と為る。その上皦ならず。その下も昧からず。繩繩として名づくべからず。無物に復帰す。これを無状の状，無物の象という。これを惚恍という。これ

※1 〈玄覽〉瞑想的修行の過程において現れる妄想的幻影。天台智顗のいわゆる〈魔事境〉。
※2 〈疵〉くもり。

第三章　老子と荘子　——市中の隠者と山中の隠者——

を迎えてその首を見ず。これに随いてその後を見ず。古の道を執りて，以て今の有を御す。能く古始を知る。これを道紀という。『老子』，第十四章)

と，名状しがたいが，しかし，歴然として実在し，この日常的な経験の世界のかなたに，無限に広がる〈道〉の世界を，象徴的に記述し，更に，

道之為物，惟恍惟惚，惚兮恍兮，其中有象，恍兮惚兮，其中有物，窈兮冥兮，其中有精，其精甚真，其中有信，自古及今，其名不去，以閲衆甫，吾何以知衆甫之然哉，以此，(道の物たる，これ恍これ惚たり。惚たり恍たり，その中に象あり。恍たり惚たり，その中に物あり。窈たり冥たり，その中に精あり。その精はなはだ真なり。その中に信あり。古より今に及ぶまで，その名は去らず。以て衆甫※を閲る。吾なにを以て衆甫の然るを知るや。これを以てなり。『老子』，第二十一章)

と言って，日常的な経験世界における〈物〉としての〈道〉について，それは〈恍惚〉〈窈冥〉として見定め難いものではあるが，たしかに〈象〉〈物〉を持ち，〈精〉があり，しかもその〈精〉が純真で，それゆえに〈信〉なる存在——すなわち，その〈道〉を体現して，いま・ここに実在する〈道〉自身——である，と記述する。

　言い換えれば，老子において，そのいわゆる〈道〉とは，理性的思惟の次元で〈知〉的に捉えるべきものではなく，むしろ，我々人間みずからが，それぞれみずからの深層を開拓する修行を積んで，実践的にその〈道〉を体現する，つまり，その〈道〉になって，初めて的確に理解しうるものなのであった。その点で，我々は，それぞれ〈道〉として，真実に生きることを得るのであった。

※〈衆甫〉もろもろの現象の原初的な姿。真相。

第二編　中国古代の哲学思想Ⅱ　——戦国時代末期——

要するに，老子において，その〈道〉を，みずから体現した我々ひとりひとりが，とりも直さず，現実に存在する〈道〉なのであり，その〈道〉たる"わたし"自身が，みずからの〈徳〉を修めて，〈天下〉になって，〈天下〉を体認するに至るのである。

> 善建者不抜，善抱者不脱，子孫以祭祀不輟，修之於身，其徳乃真，修之於家，其徳乃余，修之於郷，其徳乃長，修之於邦，其徳乃豊，修之於天下，其徳乃普，故以身観身，以家観家，以郷観郷，以国観国，以天下観天下，吾何以知天下然哉，以此，（善く建てたるは抜けず，善く抱けるは脱せず。子孫は以て祭祀して輟まず。これを身に修むれば，その徳は乃ち真なり。これを家に修むれば，その徳は乃ち余りあり。これを郷に修むれば，その徳は乃ち長し。これを邦に修むれば，その徳は乃ち豊かなり。これを天下に修むれば，その徳は乃ち普し。故に身を以て身を観，家を以て家を観，郷を以て郷を観，国を以て国を観，天下を以て天下を観る。吾なにを以て天下の然るを知るや。これを以てなり。『老子』，第五十四章）

以上のように，老子において，みずからの深層に参入する哲学的実践，すなわち修行を通じて〈道〉の世界を切り開くことそれ自体は，決して終局的な目標ではなく，むしろ，その〈道〉の真実を，この"わたし"自身において体現し——いわゆる〈徳〉として現出する——更に，この〈道〉の〈徳〉を修め，拡充して，みずから〈天下〉となって〈天下〉を体認し，次々説において概観する通り，この〈道〉の真理を的確に敷衍する行為——すなわち，老子のいわゆる〈無為〉——を行なって，みずからを成就することこそが——すなわち〈その私を成す〉（『老子』，第七章）ことが——実践的な裏付けを以て展開された，老子の哲学的思惟の体系の本旨であったと考えられるのである。

— 98 —

第三章　老子と荘子　——市中の隠者と山中の隠者——

7．〈道〉の展開——市中の隠者——

　既に見た通り，老子は，いったんは，この相対的にして雑多なる現象に充ちた日常的な経験世界をあとにして〈道〉の世界に参入し，そこに真の自己——〈道〉——を開拓しはするが，そこに止まったままでいることはなく，そこから更に，この日常的な経験世界に舞い戻り，矛盾に満ちた，この現実世界の中で，この〈道〉を体現してゆこうとするのである。

　この点において，老子の考えは，後述する荘子のそれと，大きく袂を分かつ。彼らは，あたかも水と油のように——少なくとも，この点だけに限って言えば——全く正反対の人となりを見せるのである。とはいえ，老子とて，決して，日常的な意識のまま漫然と，この日常的な経験の世界に流されて生きていたわけではないことは，既に見た通りである。従って，彼はこの日常的経験世界の中にありながら，それでいて，なお依然として，本質的に"非日常"の人間なのであった。"市中"に暮らしながら，ひとり心は〈道〉の世界に向かって開かれている。まさに"市中の隠者"というにふさわしい人物であったと思われるのである。

　かくして，その老子の，

　　　　衆人熙熙，如享太牢，如春登台，我独泊兮其未兆，如嬰児之未孩，
　　　　儽儽兮若無所帰，衆人皆有余，而我独若遺，我愚人之心也哉，沌沌
　　　　兮，俗人昭昭，我独若昏，俗人察察，我独悶悶，澹兮其若海，飂兮
　　　　若無止，衆人皆有以，而我独頑似鄙，我独異於人，而貴食母，（衆
　　　　人は熙熙として，太牢※1を享くるが如く，春の台に登れるが如し。
　　　　我ひとり泊兮※2として，それ未だ兆※3せざること，嬰児の未だ孩※4

※1　〈太牢〉ごちそう。
※2　〈泊兮〉しょんぼりしている。
※3　〈兆〉こころがうごく。
※4　〈孩〉わらう。

第二編　中国古代の哲学思想Ⅱ　——戦国時代末期——

せざるが如し。儽儽兮[※1]として帰する所なきが若し。衆人みな余りあるに，我ひとり遺えるが若し。我は愚人の心なるかな。沌沌兮[※2]たり。俗人は昭昭たり。我ひとり昏きが若し。俗人は察察[※3]たり。我ひとり悶悶たり。澹兮[※4]としてそれ海の若く，飂兮[※5]として止まることなきが若し。衆人みな以うることあるに，我ひとり頑にして鄙なるに似たり。我ひとり人に異なりて，食母を貴ぶ。『老子』，第二十章)。

という独白は，まさにこの心境を記述するものであると思われる。そこには，目先のできごとに一喜一憂する，こせこせした賢しらなる〈俗人〉たちと同じ"世界"に居りながらも，それでいて，ひとり〈道〉を体現し〈道〉として生きる老子の，ひそかなる，それでいながら確乎たる自負心が窺えると思うのである。
　ここに言う〈食母〉，真理・生命の，延いては〈天下〉全体の根源としての〈道〉を象徴する語彙であろうこと，既に言を俟たないところであろう。

8．〈道〉の行為——〈無為〉——

　さて，以上のような老子であればこそ，日常的な意識のまま，漫然として，この日常的な経験の世界に暮らす〈俗人〉たちの目には見えない，"世界"の真の姿——真相・実相——が見えてくる。このことは，特にこの日常的な経験世界の中での〈無為〉という行為の提唱として表現される。つぎに，その一例を挙げてみる。

　　　為学日益，為道日損，損之又損，以至於無為，無為而無不為，取天

[※1]〈儽儽兮〉あてどなくさまようさま。
[※2]〈沌沌兮〉ぼやっとしている。
[※3]〈察察〉きびきびしている。
[※4]〈澹兮〉たゆたうさま。
[※5]〈飂兮〉ひらひらと宙を舞うさま。

第三章　老子と荘子　──市中の隠者と山中の隠者──

下常以無事，及其有事，不足以取天下，(学を為せば日に益す※1。道を為せば日に損ず※2。これを損じてまた損じ，以て無為に至る。無為にして而も為さざるなし。天下を取るは，常に事とするなきを以てす。その事とするあるに及んでは，以て天下を取るに足らず。『老子』，第四十八章)

不真実にして，それ故に不要な"相対知"──日常的な経験的知識──を，いくら量的に増やして行っても，決して真実には至らない。ましてや，自分の目指す目的を遂げることなどできはしない。真に必要なことは，ほかならぬこの〈道〉をなすことである。それは，一見なにもしていないかのごとく，あるいは，その目的にそぐわない行為のようにも見えるかも知れない。そこで，これを〈無為〉──行為ならざる行為──と言うのである。とはいえ，この〈無為〉(という行為) こそ，真に目的にかなった，最も自然であるべき妥当な行為なのである，と言われるのである。

この〈無為〉とは，具体的には，賢しらなる〈知〉をはたらかせないこと (『老子』，第三章，その他)，〈時〉の宜しきを得ること (同，第八章)，ゆきすぎ・やりすぎをしないこと (同，第九章，その他)，目的に固執しないこと (同，第二十四章，その他) 等々と言われるが，要するに，

江海所以能為百谷王者，以其善下之，故能為百谷王，是以欲上民，必以言下之，欲先民，必以身後之，是以聖人，処上而民不重，処前而民不害，是以天下楽推而不厭，以其不争，故天下莫能与之争，(江海の能く百谷に王たる所以の者は，その善くこれに下るを以てなり。故に能く百谷に王たるなり。ここを以て，民に上たらんと欲すれば，必ず言を以てこれに下る。民に先んぜんと欲すれば，必ず

※1 〈日に益す〉日々に知識が増えてゆく。
※2 〈日に損ず〉相対的な知識が減って，〈道〉の真実に集中してゆく。

第二編　中国古代の哲学思想Ⅱ　──戦国時代末期──

　　身を以てこれに後る。ここを以て聖人は，上に処りて而も民は重し
　　とせず，前に処りて而も民は害とせず。ここを以て天下は推すこと
　　を楽しんで，而も厭わず。その争わざるを以ての故に，天下に能く
　　これと争うものなし。『老子』，第六十六章)

と言われる通り，大いなる天地自然──この場合は，揚子江や大海──になっ
て（それらを模範として，ただ単にマネをするのではない），〈言〉でへり下り，
〈身〉を引いて，かえって，人の上に立ち，人に先んずる，という大いなる行
為である※。これこそまさに"修行"の謂いである。

※　そこで，老子のいわゆる〈無為〉の，日常的世界における具体的な実際は，
　　　不尚賢，使民不争，……是以聖人之治，虚其心，実其腹，弱其志，強其骨，常使民
　　　無知無欲，使夫知者不敢為也，為無為，則無不治，(賢を尚ばざれば，民をして争
　　　わざらしむ。……ここを以て聖人の治は，その心を虚しくして，その腹を実たし，
　　　その志を弱くして，その骨を強くし，常に民をして無知無欲ならしめ，その智者を
　　　して敢えて為さざらしむ。無為を為せば，則ち治まらざる無し。『老子』，第三章)
　　とか，あるいは，
　　　天下多忌諱，而民弥貧，民多利器，国家滋昏，人多伎巧，奇物滋起，法令滋彰，
　　　盗賊多有，故聖人云，我無為而民自化，我好静而民自正，(天下に忌諱多くして，
　　　民弥々貧し。民に利器多くして，国家滋々昏し。人に技巧多くして，奇物滋々起
　　　こる。法令滋々彰かにして，盗賊多くあり。故に聖人云う，我無為にして民自ら
　　　化し，我静を好みて民自ら正し，と。『老子』，第五十七章)
　　等と言われる通り，賢しらなる知をはたらかせないこと，そして，
　　　持而盈之，不如其已，揣而鋭之，不可長保，金玉満堂，莫之能守，富貴而驕，自遺
　　　其咎，功遂身退，天之道，(持してこれを盈すは，その已むに如かず。揣えてこれを
　　　鋭くすれば，長く保つべからず。金玉堂に満つれば，これを能く守る莫し。富貴に
　　　して驕れば，自らその咎を遺す。功遂げて身退くは，天の道なり。『老子』，第九章)

　　　物壮則老，謂之不道，不道早已，(物壮なれば則ち老ゆ。これを不道と謂う。不
　　　道なれば早く已む。同，第三十章・第五十五章)

　　　甚愛必大費，多蔵必厚亡，知足不辱，知止不殆，可以長久，(甚だ愛すれば必ず
　　　大いに費やし，多く蔵すれば必ず厚く亡う。足るを知れば辱しめられず，止まる
　　　を知れば殆うからず。以て長久なるべし。同，第四十四章)

　　　禍莫大於不知足，咎莫大於欲得，故知足之足，常足矣，(禍は足るを知らざるよ
　　　り大なるは莫く，咎は得んと欲するより大なるは莫し。故に足るを知るの足るは，
　　　常に足る。同，第四十六章)

　　　天之道，其猶張弓与，高者抑之，下者挙之，有余者損之，不足者補之，(天の道

第三章　老子と荘子　——市中の隠者と山中の隠者——

ここにおいて，〈聖人〉の〈その争わざるを以ての故に，天下に能くこれと争うものなし〉という，いわゆる〈不争の徳〉が説かれる。ところが，『老子』の他所においては，この〈不争の徳〉が，

　　　天之道，不争而善勝，不言而善応，（天の道は，争わずして，而も善く勝ち，言わずして，而も善く応ず。……。『老子』，第七十三章）

と，〈天の道〉を主語として記述される。老子において，一箇の〈聖人〉として実在する〈道〉は，偉大なる〈天の道〉と述語を同じくする，すなわち，存

　　（のはたらき）は，それ猶お弓を張るがごときか。高き者はこれを抑え，下（ひく）き者はこれを挙ぐ。余り有るはこれを損して，足らざるはこれを補う。同，第七十七章）

等と言われる通り，いわゆる〈知足〉——中庸——を心得ること，そして又，

　　不自見故明，不自是故彰，不自伐故有功，不自矜故長，（自ら見わさず，故に明らかなり。自ら是とせず，故に彰かなり。自ら伐らず，故に功有り。自ら矜らず，故に長たり。『老子』，第二十二章）

　　企者不立，跨者不行，自見者不明，自是者不彰，自伐者無功，自矜者不長，（企つ者は立たず，跨ぐ者は行かず。自ら見わす者は明らかならず，自ら是とする者は彰かならず，自ら伐る者は功無く，自ら矜る者は長とせられず。……同，第二十四章）

　　将欲取天下而為之，吾見其不得已，天下神器，不可為也，為者敗之，執者失之，（将に天下を取りてこれを為めんと欲するは，吾その已むを得ざるを見るのみ。天下は神器なり。為むべからざるなり。為むる者はこれを敗り，執る者はこれを失う。同，第二十九章）

　　将欲歙之，必固張之，将欲弱之，必固強之，将欲廃之，必固興之，将欲奪之，必固与之，（将にこれを歙めんと欲すれば，必ず固らくこれを張る。将にこれを弱めんと欲すれば，必ず固らくこれを強くす。将にこれを廃せんと欲すれば，必ず固らくこれを興す。将にこれを奪わんと欲すれば，必ず固らくこれに与う。同，第三十六章）

　　善為士者不武，善戦者不怒，善勝敵者不与，善用人者為之下，（善く士たる者は武しからず。善く戦う者は怒らず。善く敵に勝つ者は争わず。善く人を用うる者はこれが下と為る。同，第六十八章）

等々と言われる通り，無理して，その目的に固執しないこと等々である。要するに老子の〈無為〉とは，移ろいゆく現象の中で，何者にも執われることなく，柔軟に，その目的を遂げてゆく行為であった。とはいえ，それは単なる小手先の処世術ではなく，みずから〈天之道〉になって体現する，人間存在の真実——〈道〉——に裏付けられた"真実の行為"なのであった。

第二編　中国古代の哲学思想Ⅱ　——戦国時代末期——

在論的次元において，本質的に同一の意味内容を持つ存在なのであった[※1]。そこで，老子の，

> 天之道，利而不害，聖人之道，為而不争，（天の道は，利して而も害せず。聖人の道は，為して而も争わず。『老子』，第八十一章）

という発言は，このことを，極めて典型的に記述するものであると考えられるのである。
そうであればこそ，

> 天下之至柔，馳騁天下之至堅。無有入無間，吾是以知無為之有益。不言之教，無為之益，天下希及之。（天下の至柔は，天下の至堅を馳騁[※2]す。有なくして間[※3]なきに入る。吾ここを以て無為の益あることを知る。不言の教え，無為の益には，天下これに及ぶこと希なり。『老子』，第四十三章）

という，実に大いなる力を秘めた〈無為〉が説かれるのである。それもこれも，

> 谷神不死，是謂玄牝。玄牝之門，是謂天地根。綿綿若存，用之不勤。（谷神[※4]は死せず。これを玄牝[※4]と謂う。玄牝の門，これを天地の

[※1] 同様に，

> 功遂身退，天之道，（功遂げて身退くは，天の道なり。『老子』，第九章）
>
> 大道汎兮，其可左右，万物恃之而生，而不辞，功成不名有，（大道汎として，それ左右すべし。万物之を恃みて生ずるも，而も辞せず。功なりて名を有せず。同，第三十四章）
>
> 聖人，為而不恃，功成而不処，其不欲見賢，（聖人は，為して恃まず，功成りて処らず。それ賢を見すを欲せざるなり。同，第七十七章）

とも言われる。老子において，天地自然の〈道〉は，すなわち，この"わたし"自身であり，この〈道〉は，すなわち，〈聖人〉なのであった。
[※2] 〈馳騁〉つきやぶる。
[※3] 〈間〉すきま。
[※4] 〈谷神〉〈玄牝〉いずれも生命の根源の象徴としての〈道〉。

第三章　老子と荘子　──市中の隠者と山中の隠者──

根と謂う。綿綿として存するが若し。これを用うれども勤きず。『老子』，第六章）

と言われる通り，天地自然は，まさに無尽蔵の生命力を秘めた，大いなる存在であり，その大いなる存在が，そっくりそのまま，この〈道〉として実在するからである。

まさに，

道常無為，而無不為，（道は常に無為にして，而も為さざるなし。『老子』，第三十七章）

と言い，

上徳無為而無不為，（上徳は無為にして，而も為さざるなし。『老子』，第三十八章）

と言われるゆえんである。〈徳〉を修めた〈道〉は，常に〈無為〉を行なって，おのが本旨を遂げるのである。

〈道〉たる実在自身が，天地自然になって〈無為〉を行なう，というところに，単なる処世術を超えた，老子の哲学的思惟の深淵さが窺えると共に，人の上に立ち，人に先んずる，という現実的な目標を立てるところに，飽くまでも，この日常的な経験の世界に生きて，きびしい生存競争を勝ちぬいてゆこうとする老子の，おのが"生"に，どっしりと根をおろした，極めて実践的な意志が看取されるのである。まさに，

天長地久，天地所以能長且久者，以其不自生，故能長生，是以聖人，後其身而身先，外其身而身存，非以其無私耶，故能成其私，（天は長く地は久し。天地の能く長くかつ久しき所以の者は，その自ら生ぜざるを以てなり。故に能く長生す。ここを以て聖人は，その身を後

にして、而(しか)も身は先んじ、その身を外にして、而(しか)も身は存す。その私なきを以てに非ずや。故に能(よ)くその私を成す。』老子』、第七章)

と言われる通り、みずから、偉大なる〈天地〉になって、そのいわゆる〈無為(むい)〉を行なって、〈その私を成す〉――"私"みずからを成就し、〈道〉を体現する――ことこそが老子の哲学的思惟全体の眼目であり、まさに、これこそが老子の〈道〉そのものなのであった。

9．まとめ――老子の〈道〉――

　老子は一箇の哲人であった。我々人間の日常的経験の次元における理性的認識の本質をなすところの、いわゆる"相対観"を冷厳に見据え、我々人間の理性的認識の実際を、時・空と、そして主・客の形式の内に表象し、あらわにする。要するに、老子によれば、我々人間の〈知〉的いとなみは、この日常的経験の世界の中に、一つとして恒常普遍の真理（理論的な意味での）を認識しえない、と言うのである。

　そこで老子は、いったんは、この日常的相対の世界をあとにして、おのが意識の深層領域に参入し、そこにおいて、真の自己、延(ひ)いては、存在世界の真理そのものを、直接的に体認する。老子は、それを〈道〉と呼んだのである。

　この〈道〉は、我々人間存在にとって、最も切実で本質的な真理である。しかも、それは単なる認識論的な限界概念ではない。〈道〉は、我々人間が、みずから呼吸法を中心とする身体的鍛錬、すなわち修行を積んで、自己自身において体現すべき、謂わば"真実在"である。従って、それは窮極的に〈道(わたし)〉そのものなのであった。

　しかもその上、この〈道(わたし)〉は、更にその〈徳〉を修めて〈天下(せかい)〉全体にもなって、この〈天下(せかい)〉をも直接的に体認する、とも主張される。つまり、老子において〈道〉は、そのまま〈天下(せかい)〉として実在する。存在論的に言い換えれば、

第三章　老子と荘子　――市中の隠者と山中の隠者――

この〈道〉が，すなわち存在世界そのものである，と言うのである。

かくして，老子の哲学的思惟は，その存在論的側面においてもまた傑出したものであった，と考えられるのである。

ところで，この〈天下〉の存在論的な次元での意味内容は，いわゆる〈天の道〉――天地自然（の道）――である。それは，実に強大な力を秘めた，偉大なる存在である。そこで老子は又，我々〈道〉自身が，この〈天の道〉になって，その偉大なる力を無理なく自然に発揮することを主張し，同時に，その行為を〈無為〉と呼んだ。

かくして，〈天の道〉そのものになりきって，みずから〈無為〉を行ない，その〈私〉を成就する一箇の人格を，老子は〈聖人〉と呼ぶ。すなわち，この〈聖人〉は，〈天の道〉そのものであり，それゆえに，何事もかなわぬことなく成し遂げうる偉大な力を秘めた存在であった。

とはいえ，この〈聖人〉の〈無為〉は，決して，目先の小さな目的を遂行するための，小手先の処世術ではなかった。むしろ，老子の，いわゆる〈道〉の"生"は，究極的に，〈その私を成す〉（『老子』，第七章）ということ，すなわち，みずからの成就を要請する。

〈道〉といい，〈無為〉といい，老子の哲学的思惟が目指す，最終的な到達点が，ほかならぬこの〈私を成す〉ということなのであった。〈徳〉を積み，〈知〉を重ね，〈無為〉を実践して〈天の道〉となって，この〈私〉の本旨を成し遂げるのである。ここにこそ，老子の哲学的思惟の最も切実なる妙所があり，又，これこそが老子の〈道〉を"わたし"――つまり〈道〉――として理解する最大の要訣なのである。そうであればこそ，老子の言葉の数々が，単なる処世術でもなく，また，単なる哲学的理論でもなく，我々人間存在と，この世界全体のぎりぎりの真相・実相を伝える記述として，二千年有余もの久しきに亘って脈々と生き続けてきたのである。

老子は単なる哲学者ではない。その哲学理論の裏には，みずから〈道〉を体

現して〈無為(むい)〉を行なうという，ひとつの修行の体系があったと考えられるからである。

とはいえ，老子は又，単なる実践家でもない。その行為は，つねに冷厳な認識論・存在論に支えられた，謂わば〈道〉の哲学に由来するものであったと考えられるからである。

そこで，老子の哲学的思惟の体系は，修行によって裏打ちされた，認識論・存在論，延(ひ)いては実践論の体系であった，と考えられる。その意味で，まさにその意味でこそ，老子は一箇の哲人であった，と思われるのである。

第二節　荘子──山中の隠者──

1．荘子の人物・生涯

荘子（B.C.300？～B.C.260？）は，名は周(しゅう)，字(あざな)は子林。宋の国の蒙(もう)の人で，一時その蒙の漆畑の管理をする役人になったこともあると伝えられるが，むしろ，世を避けて隠遁しおのが〈道〉にこれ努めることに没頭した人物であり，決して政治の表舞台に出て活躍しようといった野心を持った人物ではなかった。

彼の著書は『荘子』として現在も残っているが，その大半は，後世，彼の門人らの手によって付加されたものであり，彼の自著もしくは，少なくとも，その哲学的思惟を直截に記述している部分は少ない。従って，荘子自身の哲学的思惟の本質をよくよく理解した上で，あらためて全体を読み直さなければ，その記述の内容も，彼本来のものか否か不明確なままで終わってしまうのである。

以下に，荘子の哲学的思惟の本質すなわち，その〈道〉を，その，いわゆる〈万物斉同(ばんぶつせいどう)〉の主張を軸に据え，できるだけ簡潔に，まとめてみたい。

第三章　老子と荘子　——市中の隠者と山中の隠者——

2．〈万物斉同〉説の概要

　荘子の哲学的思惟の記述は，一見すると，極めて複雑で渾沌とした，彼自身の言葉で言う〈妄言〉(『荘子』,「斉物論篇」)の羅列ででもあるがごとき様相を呈してはいる。しかし，その本質をなす，最も基本的な脈絡が，いわゆる〈万物斉同〉の説であることは，ほぼ衆目の一致するところであると言えるであろう[※1]。

　その万物斉同の説は，現存『荘子』の「斉物論篇」を中心に記述されてはいるが，しかし，私の見る限り，この万物斉同の説の理論的な裏付けは，そのいずれの箇所においても見出せない。つまり，荘子は，この万物斉同の説を提唱し，実践的に展開しはしたが，彼みずからは，決して，その説を理論的に説明し，論証していないのである[※2]。

　従って，厳密に理論的な観点からすれば，荘子のこの万物斉同の説は，全く（少なくとも日常的経験の脈絡における）現実性のない，空虚な主張であるということになってしまうのである。名家[※3]の恵子が荘子に向って〈子の言や用なし——あなたの言説には実用性がない〉(『荘子』,「外物篇」) と言って詰めよったといわれるゆえんである。

　とはいえ，私の見るところでは，この万物斉同の説は，荘子の哲学的実践に

[※1] たとえば，大浜晧『荘子の哲学』(1967年，東京，勁草書房，第14章)，銭穆「荘老之宇宙論」(『荘老通弁』，1973年，台北，中華書局，所収) など。
[※2] 既に陳柱 (「闡荘」,『国学論衡』，3，1934年，所収) も示唆する通り，荘子のこの万物斉同の説を理論的に裏付けるのは，『荘子』「天下篇」に見える恵施のいわゆる〈歴物十事〉の理論である。それは，直観の二形式としての時間と空間における，一種の変数としての"ひろがり"の内容を無限大に措くことによって一種の詭弁を論証する理論であり，荘子の後学たちに採用されるところであった。とはいえ，荘子自身においては，このような詭弁に仮りて，おのが万物斉同の境地を理論的に論証しようとする態度は全く見られないと言ってよいであろう。後述する通り，荘子はみずから体現した〈道〉の実際と言葉の本質が織り成すジレンマに苦悩し続けたのであった。
　とはいえ，この点については，後に詳論するゆえ，ここではとりあえずこの点を指摘するに留めたい。
[※3] 名家とは諸子百家のうちの論理学派。恵子 (B.C.360？～B.C.310？) は，その代表的人物。

— 109 —

おいて，みずからの意識の深層に退行するという，いわゆる修行を通じて，荘子自身の心の奥底に展開される現実的な世界における，まごうかたなき事実にもとづく，単なる理論を越えた，切実なる真実の記述であったと考えられる。すなわち，荘子の哲学的実践において，この日常的な相対の世界は，その実践的な修行を通じて，みずからの意識の深層において超克されるべきものであり，その"超克"を契機に，万物斉同の世界が体現されるに至るのであるが，それは，あくまでも荘子自身の心の奥底において，この全宇宙に向かって無限にひろがる現実的な世界そのものであるがゆえに，存在を相対的にしか指示または喚起しえない言葉の脈絡においては，この相対を遙かに越えた世界の実相を語り尽くすことはできず，いきおい，その万物斉同の万物斉同たるゆえんの理論的な論証は，全く言及されることなく，只ひたすら万物斉同の事実だけが，ありのままに記述されるに止まっている，と考えられるのである。

　要するに，荘子はこの日常的な相対の世界を哲学的な実践をもって——単なる理論的操作ではなく——みずから超克してしまったのである。そこで，以下に，荘子のこのような哲学的実践の展開を，その万物斉同の説を中心に，先ずこれを認識論的な次元で理論的に分析し，ついでその"相対"の超克の実際を概観してゆきたいと思うのである。

3．相対観——万物斉同の説の認識論的次元での分析——

　荘子は，我々人間にとっての日常的な経験の世界を，時空・主客の相対の形式において認識している。これは，極めて理論的な，認識論的思惟の所産である。たとえば，

　　　　非彼無我，非我無所取，（彼に非ざれば我なく，我に非ざれば取るところなし。『荘子』，「斉物論篇」）

とあるのは，極めて明確に，荘子の"相対観"を物語る。すなわち，〈我〉と

第三章　老子と荘子　――市中の隠者と山中の隠者――

いう自我意識，――すなわち，"主体"の存在――は，〈彼〉という客体の，相対的な時間的・空間的形式によって，本質的に制約されている。だからといって，その"相対"を捨象してしまうと，〈我〉という主体が成り立たず，いきおい，我々の認識そのものが不可能になってしまう，と言うのである。つぎに引用する荘子の発言は，彼のこのような考え方を，更に具体的に展開する。

> 民湿寝則腰疾偏死，鰌然乎哉，木処則惴慄恂懼，猨猴然乎哉，三者孰知正処，民食芻豢，麋鹿食薦，蝍且甘帯，鴟鴉耆鼠，四者孰知正味，猨猵狙以為雌，麋与鹿交，鰌与魚游，毛嬙麗姫人之所美也，魚見之深入，鳥見之高飛，麋鹿見之決驟，四者孰知天下之正色哉，
> （民は湿に寝ぬれば則ち腰疾して偏死するも，鰌は然らんや。木に処れば則ち惴慄恂懼※1するも，猿猴※2は然らんや。三者は孰れか正処を知らん。民は芻豢※3を食らい，麋鹿は薦を食らい，蝍且は帯を甘しとし，鴟鴉※4は鼠を耆む。四者は孰れか正味を知らん。猨は猵狙以て雌と為し，麋は鹿と交わり，鰌は魚と游ぶ。毛嬙麗姫は人の美とする所なるも，魚はこれを見れば深く入り，鳥はこれを見れば高く飛び，麋鹿はこれを見れば決して驟る。四者は孰れか天下の正色を知らん。『荘子』，「斉物論篇」）

このように，荘子において，我々人間の認識は，徹頭徹尾，相対的なるものであった。つまり，荘子において，この世界で我々人間が下す理性的な判断は，すべてこれ相対的なものであり，従って，我々はひとつとして絶対普遍の真理を認識できない，と言うのである。

それでは，一体，我々人間にとっての真理とは何なのであろうか。そして又，

※1　〈惴慄恂懼〉こわがって，びくびくする。
※2　〈猨猴〉猿。
※3　〈芻豢〉牛や豚などの家畜。
※4　〈鴟鴉〉鳶や烏。

第二編　中国古代の哲学思想Ⅱ　——戦国時代末期——

我々人間は，一体いかにして我々自身の真の姿を知り，経験的世界の実相を把握することができる（あるいは，できない）のであろうか。それは，哲学の根本的な課題のひとつである。古今東西の多くの哲学者たちが，この問題に苦慮してきたのである。ところが，荘子は，一見，いとも簡単に（実際は，決してそうではないが），この相対観を超克してしまう。理論的に"絶対普遍"であることだけが，我々人間にとっての"真理"ではない。それは，たかだか理窟の上での，いわば絵に描いた餅にすぎない——実物ではないのである。

　ただ，このことを言葉の次元で，理論的に説明することは，いささか困難なことであった。荘子が"一見すると，いとも簡単に"この相対観を超克してしまったような印象を与えるのも，むしろ当然なことなのであった。つぎに，その一例を挙げてみる。

　　　　物無非彼，物無非是，自彼則不見，自知則知之，故曰，彼出於是，
　　　　是亦因彼，彼是方生之説也，雖然方生方死，方死方生，方可方不可，
　　　　方不可方可，因是因非，因非因是，／是以聖人不由而照之于天，亦
　　　　因是也，是亦彼也，彼亦是也，彼亦一是非，此亦一是非，果且有彼
　　　　是乎哉，果且無彼是乎哉，彼是莫得其偶，謂之道枢，枢始得其環中，
　　　　以応無窮，是亦一無窮，非亦一無窮也，（物は彼に非ざるはなく，
　　　　物は是に非ざるはなし。みずから彼とすれば則ち見えず，みずから
　　　　知れば則ちこれを知る。故に曰く，彼は是より出で，是も亦彼に因
　　　　ると。彼是方生の説※1なり。然りと雖も，方※2生方死，方死方生。
　　　　方可方不可，方不可方可※3。是に因りて非に因り，非に因りて是に

※1〈彼是方生の説〉互いに他を俟って生ずる，という説。
※2 以下〈方〉は「一方で」の意味。判断の相対性を表象する。
※3〈方〉について。章炳麟も〈彼是観待而起，一方生即一方滅，一方可即一方不可，因果同時也。〉〈彼是は待を観て起こるなり。一方に生ずれば一方に滅し，一方に可なれば一方に不可なり。因果は同時なり。『斉物論釈』1917年，杭州，浙江図書館）と指摘する通り，我々の理性的判断の相対性，延いては，この日常的世界の相対性をあらわす語彙であると思われる。

— 112 —

第三章　老子と荘子　——市中の隠者と山中の隠者——

因る。※1／ここを以て聖人は、由らずしてこれを天に照らす。ただこれに因るのみ。是も亦彼なり。彼も亦是なり。彼も亦一是非、これも亦一是非。果たして彼と是あるか。果たして彼と是なきか。彼と是と、その偶を得るなき※2、これを道枢と謂う。枢にして始めてその環中※3を得て、以て無窮に応ず。是も亦一無窮、非も亦一無窮なり。(『荘子』、「斉物論篇」)

この一文の前半〈……非に因りて是に因る。〉までは、我々人間の日常的な思惟の脈絡における理性的認識の相対性を、従って、我々人間にとっての、この存在世界そのものの相対性を、〈彼〉〈是〉や〈生〉〈死〉等の諸事象を挙げて、徹底的に指摘している。

ところが、この日常的な相対の世界は、〈ここを以て聖人は、由らずしてこれを天に照らす。〉と、極めて単刀直入に、そして又、いささか唐突に、超克されてしまうのである。そこに理論的な説明は一切ない。従って、厳密に論理的な観点からいえば、荘子のこの発言には、論理的な飛躍があると言わねばならない。

このような例は、以下の如く、更に数見する。

> 道行之而成、物謂之而然、悪乎然、然於然、悪乎不然、不然於不然、悪乎可、可乎可、悪乎不可、不可乎不可、／物固有所然、物固有所可、無物不然、無物不可、故為是挙莛与楹、厲与西施、恢恑憰怪、道通為一、其分也成也、其成也毀也、凡物無成与毀、復通為一、唯達者知通為一、為是不用而寓諸庸、(道はこれを行きて成り、物はこれを謂いて然り。悪くにか然りとせん。然るを然りとす。悪くに

※1 以上、〈是非〉(=善悪)の相対性を記述する。
※2 〈偶を得るなき〉相対的に成立するのではなく、それそのものとして存在すること。
※3 〈環中〉前の〈道枢〉とともに無限の円環(ウロボロス、後述)の心像を表わす。

第二編　中国古代の哲学思想Ⅱ　——戦国時代末期——

か然らずとせん。然らざるを然らずとす。悪くにか可とせん。可を可とす。悪くにか不可とせん。不可を不可とす。／物には固より然りとする所あり。物には固より可とする所あり。物として然らざるなく、物として可ならざるなし。故にこれが為に、莛と楹※1、厲と西施※2を挙ぐれば、恢恑憰怪※3なるも、道は通じて一たり。その分かるるは成るなり。その成るは毀るるなり。凡そ物は、成ると毀るとなく、また通じて一たり。ただ達者のみ通じて一たることを知る。これが為に用いずしてこれを庸※4に寓す。『荘子』、「斉物論篇」）

ここにおいては、〈然〉・〈不然〉や〈可〉・〈不可〉といった理性的判断が、ひとえに我々人間の主観にゆだねられている、従って、全き"相対"の所産であることを指摘しつつ、またもや突然に〈物には固り然りとする所あり。物には固り可とする所あり。〉と、それらの判断の普遍的妥当性を導き出す要因を説き出し、更に〈道は通じて一たり。〉と、万物斉同の境地を主張する。しかし、ここでも又、そこに理論的な説明は全く見られない。日常的な相対の世界は、只ひたすら超克されるのである。

　　　有始也者，有未始有始也者，有未始有夫未始有始也者，有有也者，有無也者，有未始有無也者，有未始有夫未始有無也者，／俄而有無矣，而未知有無之果孰有孰無也，（始めなる者あり。未だ始めより始めあらざる者あり。未だ始めよりかの未だ始めより始めあらざるものあらざる者あり。有なる者あり。無なる者あり。未だ始めより無あらざる者あり。未だ始めよりかの未だ始めより無あらざるものあらざる者あり。／俄かにして無あり、しかも未だ有無の果たして

※1　〈莛と楹〉小さな木の茎と大きな柱。
※2　〈厲と西施〉ハンセン病患者と美人。
※3　〈恢恑憰怪〉大いに奇怪である。
※4　〈庸〉無窮の〈道〉の立場。

第三章　老子と荘子　——市中の隠者と山中の隠者——

孰れか有にして孰れか無なるかを知らず。(『荘子』,「斉物論篇」)

　事情は，上のような存在論的判断においても，全く同じである。相対的な〈有〉と〈無〉の根源は，いくら遡ってみたところできりがない。そこで，文字通り〈俄かにして無あり〉と，論理的な飛躍が行なわれる。その〈無〉は，〈有〉・〈無〉の相対を超越した，只ひたすらなる〈無〉であった。ここでも又，論理は撥無される。

　以上のように，荘子において，我々人間の理性的認識によって捉えられた，この日常的相対の世界は，理論的に，ではなく，何らかの哲学的実践によって超克さるべき仮象の世界なのであった。それでは，この日常的な相対の世界は，一体いかにして超克されるというのであろうか。

　そこで今，以下において，荘子の万物斉同の世界を，実際に体現する人物についての記述を取りあげて，これを検討してみたい。そうすることによって，この万物斉同の説が——記述されている以上，言葉の次元で，理論的な制約を受けてはいるものの——実際のところ，哲学的な実践を通じて実現される，深層意識における日常的相対の世界の内面的な超克の記録であり，従って，その"超克"の体現そのものについては，理論的な説明を欠くという事実をもたらすものであるということを明らかにしてみたいと考えるのである。

4．相対観の超克——万物斉同の世界の体現について——

　そこでまず，万物斉同の世界の体現についての，最も典型的な記述を見てみたい。

　　　　南郭子綦，隠几而坐，仰天而嘘，嗒焉似喪其耦，顔成子游，立待乎前，曰，何居乎，形固可使如槁木，而心固可使如死灰乎，今之隠几者，非昔之隠几者也，子綦曰，偃不亦善乎，而問之也，今者，吾喪我，汝知之乎，汝聞人籟，而未聞地籟，汝聞地籟，而未聞天籟夫，

第二編　中国古代の哲学思想Ⅱ　――戦国時代末期――

（南郭子綦，几に隠りて坐し，天を仰いで嘘す。嗒焉※1としてそれ耦を喪るるに似たり。顔成子游，前に立侍して，曰く，何居ぞや，形※2は固り槁木※3の如くならしむべく，心は固り死灰の如くならしむべきか。今の几に隠る者は，昔の几に隠る者に非ざるなり，と。子綦曰く，偃※4よ，また善からずや，なんじのこれを問うこと。今，吾は我を喪る。汝これを知るか。汝は人籟を聞くも，未だ地籟を聞かず。汝は地籟を聞くも，未だ天籟※5を聞かざるなり，と。『荘子』，「斉物論篇」）

ここには〈嗒焉としてそれ耦を喪〉れて，〈槁木〉や〈死灰〉のごとくに――つまり，肉体の動きを極度に制約し，呼吸を深く長く保って――〈忘我〉の境地に入り，無限なる〈天〉に合一し，その〈天〉が奏でる音なき音――謂わば"天の声"つまり〈天籟〉――を聞く南郭子綦の姿が描かれている。

ここに〈嗒焉としてそれ耦を喪る〉と言い，更に〈忘我〉と言うのは，明らかに一種の修行体験の記述である。すなわち，この南郭子綦は〈几に隠りて坐り，天を仰いで嘘〉をしつつ，〈人籟〉〈地籟〉という日常的な意識の世界から，〈天籟〉を聞くという深層意識の世界への"退行"を行ない，日常的な相対の世界を超克するのである。

このように，荘子における万物斉同の世界は，意識の深層領域への"退行"によって，みずから体現されるべき無限の世界であった。それは決して，存在

※1　〈嗒焉〉茫然として。
※2　〈形〉からだ。
※3　〈槁木〉枯れ木。
※4　〈偃〉顔成子游の名。
※5　〈天籟〉について，荘子自身は全く説明の言葉を残していない。それはこの〈天籟〉が深層意識の万物斉同なる超越的世界でのみ聞かれうる"音なき音"であるがゆえに一切の言語表現を排除するものであったからであろう。それが超越的な〈天〉の名を冠されるゆえんであると思われる。この点については，王煜「天籟与逍遥」（『老荘思想論集』，1979年，台北，台湾聯経出版事業公司，所収）および，Jung.C.G., Traumsymbole des Individuationsprozesses (C.W.12)等を参看のこと。

第三章　老子と荘子　——市中の隠者と山中の隠者——

世界の理論的解釈によって論証され・想定されるような類(たぐい)の空虚な理想郷ではなく，むしろ，この日常的相対の世界を自己の内面において超克し，みずから実際に体現すべき現実の世界なのであった。それゆえにこそ，荘子における，この万物斉同の世界についての記述には論理的な飛躍がつきまとうのであった。更に言えば，荘子のこの万物斉同の世界は，我々の日常的な言葉による説明を排除する。それが，時空を越え主客を統一した無限の境地だからである。そこでいきおい，この万物斉同の世界は隠喩(メタファー)や寓言(アレゴリー)による象徴的な表現※によって記述されることになる。このような例は，既にいささか引用したが，ここであらためてそれらを見直し，荘子の万物斉同の世界の実際を概観してみたい。

5．万物斉同の世界の実際

既に引用した（112頁）荘子の発言に，

> 是以聖人不由而照之于天，……彼是莫得其偶，謂之道枢，枢始得其環中，以応無窮，是亦一無窮，非亦一無窮也，（ここを以て聖人は，由らずしてこれを天に照らす。……彼と是と，その偶を得るなき，これを道枢と謂う。枢にして始めてその環中を得て，以て無窮に応ず。是も亦一無窮，非も亦一無窮なり。『荘子』，「斉物論篇」）

ここでまず〈聖人〉とは，かの〈南郭子綦〉のごとく，おのが意識の深層に退行し，日常的相対の世界を内面的に超克した人物である。その〈聖人〉は，既に日常的相対の世界にはいない。おのが意識の深層に広がる無限の世界にお

※ 深層意識におけるこのような体験についての隠喩による象徴的表現については，井筒俊彦『意識と本質』(1983年，東京，岩波書店，第六章) および, Jung.C.G., Psychologie und Religion(C.W.11)また, Eliade.M., MethodologicalRemarks on the study of Religious Symbolism in History of Religions.(in *Essays in Methodology*, eds.by M.Eliade and J.Kitagawa, Chicago University Press, 1959)等を参看。

いて，無限の〈天〉に合一する。そこにおいて，〈是〉〈彼〉や〈是〉〈非〉等の相対差別のない万物斉同の世界が開かれる。

そこで，〈道枢〉といい〈環中〉という"無限の円環の象徴"※1——すなわち"ウロボロス"——が現われ，その無限のうちに〈是も亦一無窮，非も亦一無窮なり。〉と，〈是〉〈非〉の対立が乗り越えられる※2。無時間的・無空間的にして，かつ主客一体の深層意識の世界に，日常的相対の世界を越えた万物斉同の世界が開かれる。これこそまさに，荘子の哲学的思惟の根幹であった。

つぎに，もう一例挙げてみる（前引113頁）。

> 物固有所然，物固有所可，無物不然，無物不可，故為是挙莛与楹，厲与西施，恢恑憰怪，道通為一，其分也成也，其成也毀也，凡物無成与毀，復通為一，唯達者知通為一，為是不用而寓諸庸，（物には固より然りとする所あり。物には固より可とする所あり。物として然らざるなく，物として可ならざるなし。故にこれが為に，莛と楹，厲と西施を挙ぐれば，恢恑憰怪なるも，道は通じて一たり。その分かるるは成るなり。その成るは毀るるなり。凡そ物は，成ると毀るるとなく，また通じて一たり。ただ達者のみ通じて一たることを知る。これが為に用いずしてこれを庸に寓す。『荘子』，「斉物論篇」）

ここで〈達者〉とは，先の〈聖人〉と同じく，おのが意識の深層に退行し，日常的相対の世界を内面的に超克した人物。その〈達者〉にして始めて，〈道は通じて一たり〉，すなわち万物斉同の世界を，みずから体現しうるのである。

※1 この点については，大室幹雄「古代中国における歴史と時間——老荘的シンボリズムへの序説」（『思想』，1974年8月号，東京，岩波書店，所収）を参看。また，深層意識における「無限の円環」の象徴一般については，Neumann.E., *The Origines and History of Consciousness*, (Princeton Uninersity Press, Part Ⅰ A-Ⅰ, 1970)を参看。

※2 このような「対立」の超越的統一も又深層意識における日常的相対の内面的超越の典型的な一様相である。この点については，ユングの前掲論文 Traumsymbole des Individuationsprozesses および Kommerntarzur 《Das Geheimnis der goldenen Blüte》等を参看。

第三章　老子と荘子 ——市中の隠者と山中の隠者——

そこで、〈これが為に用いずしてこれを庸に寓す。〉という。つまり、日常的相対の世界での〈然〉〈不然〉・〈可〉〈不可〉等の相対的差別を越えて〈庸〉※1にまかせる、というのである。これは、さきの〈聖人は由らずしてこれを天に照らす。〉と、全く同一の内容の記述である。ただ、象徴的な隠喩表現が異っているにすぎない。いずれも同じ、万物斉同の世界の体現についての記述の諸相である。以下、その例である。

> 至人神矣，大沢焚而不能熱，河漢沍而不能寒，疾雷破山飄風振海而不能驚，若然者，乗雲気騎日月，而遊乎四海之外，死生無変於己，而況利害之端乎，（至人は神なり。大沢※2 焚くとも熱からしむる能わず。河漢※3 沍るとも寒からしむる能わず。疾雷の山を破り飄風の海を振かすとも驚かしむる能わず。かくの若き者は，雲気に乗じ日月に騎りて，四海の外に遊び，死生も己を変うることなし。しかるを況んや利害の端をや。『荘子』、「斉物論篇」）

> 旁日月，挟宇宙，為其脗合，置其滑涽，以隷相尊，衆人役役，聖人愚芚，参万歳而一成純，万物尽然，而以是相蘊，（日月に旁び，宇宙を挟み，その脗合をなし※4，その滑涽に置せ※5，隷を以て相尊ぶ。衆人は役役たるも，聖人は愚芚。万歳に参りて成純に一たり。万物ことごとく然りとして，これを以て相蘊む。同前）

※1 〈庸〉とは銭穆（『荘子纂箋』、1951年、台北、東南出版社）も指摘するように〈常〉であり、かつ〈用〉でもある。すなわち、それは〈これを無竟に寓す〉（『荘子』、「斉物論篇」）とも言われるように万物斉同の普遍性を表象する語彙ではあるが、その普遍性は，理論的に限定された画一的なものではなく、むしろ〈用〉を伴った流動的な、それゆえ時空・主客といった相対的な形式や概念に拘束されない真の普遍性であることを表象していると考えられる。又、この点については大浜晧前掲書『荘子の哲学』（361頁～）を参看。
※2 〈大沢〉大きな沢地の草むら。
※3 〈河漢〉黄河や漢水。
※4 〈脗合をなす〉ぴたりと統合する。
※5 〈滑涽に置せ〉混沌のままに任せる。

第二編　中国古代の哲学思想Ⅱ　——戦国時代末期——

要するに、日常的相対の世界を内面的に超克して、おのが意識の深層領域において、時空の制約のない主客の統一された無限の世界を体現する〈至人〉や〈聖人〉は、日常的相対の世界の〈大沢焚く〉〈河漢冱る〉〈疾雷の山を破り飄風の海を振かす〉といった異変に、いちいち心を動かされない。時空や主客のおりなす相対的なワク組みに拘束されていないからである。そこで、〈雲気に乗じ日月に騎りて、四海の外に遊ぶ。〉〈日月に旁び、宇宙を挟み、その脗合をなし……〉というのは、彼等の、いかにも超然とした姿の描写である。そのような人物であればこそ、〈死生も己を変うることなし。〉〈万歳に参りて成純に一たり。万物ことごとく然りとして、これを以て相薀む。〉という万物斉同の境地を、みずから体現しうるのであった。

6．胡蝶の夢

そこで、荘子における、以上のような万物斉同の世界の体現は、荘子のいわゆる"胡蝶の夢"において、最も象徴的に記述される。

> 昔者，荘周，夢為胡蝶，栩栩然胡蝶也，自喩適志与，不知周也，俄然覚，則蘧蘧然周也，不知，周之夢為胡蝶与，胡蝶之夢為周与，周与胡蝶，則必有分矣，此之謂物化，（昔者、荘周、夢に胡蝶となる。栩栩然※1として胡蝶なり。みずから喩しみて志に適うかな。周たるを知らざるなり。俄然として覚むれば、則ち蘧蘧然※2として周なり。知らず、周の夢に胡蝶となるか、胡蝶の夢に周となるか。周と胡蝶とは、則ち必ず分あり。これこれを物化という。『荘子』、「斉物論篇」）

夢の世界は深層意識の心的過程が極めて原初的な形態において象徴的に表象

※1　〈栩栩然〉ひらひら空を飛ぶ。
※2　〈蘧蘧然〉あきらかに。

第三章　老子と荘子　——市中の隠者と山中の隠者——

される世界である。そのような夢の象徴を用いて、荘子は万物斉同の世界を記述する。"わたし"たる主体が、そのまま〈胡蝶〉という客体でもある。この万物斉同の世界に〈みずから喩(たの)しみて志に適(かな)うかな。〉と、おのが本旨を遂げてよろこぶ荘子の姿は、まさに超然として日常的相対の世界を超出する〈聖人〉のそれである。

　このような、万物斉同の世界の体現こそ、荘子の哲学的思惟の根幹をなす実践的真髄であった。それは、極めて形而上学的な哲学理論の形態を取って現在の我々に伝えられてはいるが、その思惟の本質的な契機が日常的相対の世界の深層意識における内面的超克という、極めて切実な実践にかかっているため——それゆえにこそ、荘子の発言が、単なる絵空事ではなく、現在の我々の精神的危機の状況についても、十分に意義を持つものではあるにせよ——言葉の拘束を免れえず、畢竟、現実ばなれした表現や、あるいは論理的な飛躍をはらむ記述に終始せざるをえなくなってしまっているのである。とはいえ、荘子のこのような考え方は、極めて切実で峻厳な修行の実践に裏付けられた、本質的に哲学的な思惟の体系である。荘子がみずから身を以(もっ)て体現した万物斉同の哲学を、できうる限り的確に理解しなければならない。

　ところで、深層意識の心的過程は又、ある種の説話によって象徴的に表現される※。それが日常的言語の意味喚起的あるいは意味指示的機能の埒外にあるからである。そこで次に、荘子のこの万物斉同の世界を最も典型的に、そして最も美しく伝える説話を分析し、その内容をまとめてみたい。

7．大鵬説話

　その説話は、いわゆる"大鵬説話"である。

※この点については、von Franz.M.L., *Shadow and Evil in Fairytales*(Spring Publications, 1974), *Interpretation of Fairytales-An Introduction to the Psychology of Fairytales*, (Spring Publications, 1975)等を参看。

第二編　中国古代の哲学思想Ⅱ　——戦国時代末期——

北冥有魚，其名為鯤，鯤之大，不知其幾千里也，化而為鳥，其名為鵬，鵬之背，不知其幾千里也，怒而飛，其翼若垂天之雲，是鳥也，海運則将徙於南冥，……鵬之徙於南冥也，水擊三千里，搏扶揺而上者九萬里，去以六月息者也，野馬也塵埃也，生物之以息相吹也，天之蒼蒼其正色邪，其遠而無所至極邪，其視下也，亦若是則已矣，（北冥に魚あり。その名を鯤と為す。鯤の大いさ，その幾千里なるかを知らず。化して鳥と為る。その名を鵬と為す。鵬の背，その幾千里なるかを知らず。怒して飛べば，その翼は垂天の雲の若し。この鳥や，海の運くとき則ち南冥に徙らんとす。……鵬の南冥に徙るや，水の擊すること三千里，扶揺※1を搏ちて上ること九萬里，去るに六月の息を以てする者なり。野馬や塵埃や，生物の息を以て相吹くなり。天の蒼蒼たるは，それ正色なるか。それ遠くして至極する所なきか。その下を視るや，赤かくの若くならんのみ。『荘子』，「逍遥遊篇」）

ここで，〈鯤〉となり〈鵬〉となって※2，九萬里の上空から〈野馬〉や〈塵埃〉等の区別なく，ただ青一色の地上を遥かに〈視下〉す万物斉同の体現者は，ほかならぬ荘子自身である。彼は日常的相対の世界を，おのが意識の深層において内面的に超克する。そこは時空を超えた，真に自由な世界である。〈鯤〉や〈鵬〉の大きさが〈その幾千里なるかを知らず〉といって，ほとんど無限大であるとされ，又，その〈鯤〉が突如として〈鵬〉となったりすると言われるのは，すべてこの万物斉同の世界が，深層意識の無時空的世界であることを示すものである。又，荘周たる"わたし"が〈鯤〉でもあり〈鵬〉でもあるという主客一体の境地も，この大鵬説話が荘子の深層意識の心的過程の象徴的表現であることを物語る。

※1　〈扶揺〉つむじ風。
※2　〈鯤〉や〈鵬〉すなわち「魚」や「鳥」が深層意識の心的過程の隠喩的象徴表現であることは，前頁注の諸文献を参看。

第三章　老子と荘子　——市中の隠者と山中の隠者——

　このように，荘子は，おのが深層意識の内奥に深く退行し，その無時空的・主客一体の世界に〈逍遙遊〉し，この日常的相対の世界を超克して万物斉同の世界をみずから体現するのであった。荘子のこの"体現"を，この大鵬説話は極めて切実に，そして明確に記述している。現存する『荘子』全篇中，これほどよく荘子のこの"境地"を表象する説話は，他に類を見ないのである※。

　以上の通り，荘子の哲学的思惟の根幹たる万物斉同の説は，ただ単に"無限"の概念を導入することによって，日常的相対の世界を論理的に超克しようとする，単なる"世界解釈"の一説ではなく，むしろ，おのが意識の深層に深く退行してゆくことによって，日常的相対を内面的に超克し，みずから現実に万物斉同の世界を体現してゆこうとする"世界実現"の記述なのであった。

　それは極めて実践的な修行の体験に基づくものであるがゆえに，我々の日常的言語によって説明することも，又，我々の日常的な思惟の脈絡において理論化することも，ともにかなわぬ，ひとつの"境地"であった。既に指摘したように，荘子のこの万物斉同の世界についての記述が，日常的世界の相対性——すなわち，その不真実性——の指摘と，一変して，万物斉同の世界の特性——すなわち，その真実性——の，ただひたすらなる記録にとどまり，その間の論理的な連関については，全く論究されないままに終っていたゆえんである。

※ 荘子における以上のような，日常的相対の世界の内面的超越によって体現される万物斉同の世界についての記述は，いささか不十分な形ではあるが，以下の如く『荘子』書中に散見する。すなわち，「人間世篇」の〈心斎〉説話，「大宗師篇」の〈自本自根〉なる，〈道〉，同，〈女偊〉の段階的な内面的超越の過程，同，〈方外に遊ぶ者〉たち，同，〈特り覚めたり〉と称せられる〈孟孫才〉，同，〈坐忘〉説話，「応帝王篇」の〈かの莽眇の鳥に乗りて，以て六極の外に出で，無可有の郷に遊び，壙埌の野に処らん〉と言われる〈無名人〉，同，〈不測に立ちて無有に遊ぶ者なり〉と言われる〈老聃〉，同，〈壺子〉の〈未だ始めより吾が宗を出でず〉，同，〈虚〉を体する〈至人〉，以上「内篇」，また「在宥篇」の〈心養〉説話，同，〈天地の友〉たる〈大人〉，「天地篇」の〈忘己〉説話，同，〈神人〉の〈混冥〉の境地，「秋水篇」に〈黄泉を蹈りて大皇に登る，……玄冥に始まり，大通に反る〉と言われる〈荘子〉，以上「外篇」，更に，「則養篇」に〈その環中を得て以て随い成す。物において終りなく始めなく幾なく時なし〉と言われる〈冉相氏〉，「列御寇篇」に，〈精神を無始に帰して，無可有の郷に甘瞑し，無形に水流して，大清を発泄す〉と言われる〈至人〉，以上「雑篇」等の記述である。

8. その人となり——山中の隠者——

　以上のように，荘子にとって，万物斉同の〈道〉の世界とは，彼みずからにおいて体現された現実の世界なのであった。そこで，更に注目すべき点は，彼がその〈道〉の世界に没入したきり，遂にこの日常的世界に戻って来なかったということである。すなわち，荘子は，内面的にも外面的にも，全くこの日常的世界を離れて生きた，文字通りの"山中の隠者"なのであった。

　以下に，荘子のこのような人物像を，最もよく伝える小話を紹介してみたい。

　　　　荘子釣於濮水，楚王使大夫二人往先焉，曰，願以竟内累矣，荘子持
　　　　竿不顧曰，吾聞楚有神亀，死已三千歳矣，王巾笥而蔵之廟堂之上，
　　　　此亀者，寧其死為留骨而貴乎，寧其生而曳尾於塗中乎，二大夫曰，
　　　　寧生而曳尾塗中，荘子曰，往矣，吾将曳尾於塗中，（荘子，濮水※1
　　　　に釣す。楚王，大夫二人をして往きて先んぜしむ。曰く，願わくは
　　　　竟内※2を以て累わさん，と。荘子，竿を持ち顧みずして曰く，吾
　　　　は聞く，楚に，神亀※3あり。死して已に三千歳。王は巾笥※4して
　　　　これを廟堂の上に蔵す，と。此の亀は，むしろそれ死して骨を留め
　　　　て貴ばるることを為さんか，むしろそれ生きて尾を塗中に曳かんか，
　　　　と。二大夫曰く，むしろ生きて尾を塗中に曳かん，と。荘子曰く，
　　　　往け。吾まさに尾を塗中に曳かんとす，と。『荘子』，「秋水篇」)

　国政を担当し，そこにおいて，みずからの〈道〉を体現しようとする——これは，むしろ，先に見た老子において顕著に見出せる特質であった——のではなく，むしろ，ひっそりと世間から身を退いて，みずから切り開いた万物斉同の〈道〉の世界に没入し，ひとり，その真に自由な"生"を全うするのである。

※1　〈濮水〉川の名。現在の河北省，濮陽県にある。
※2　〈竟内〉国内。
※3　〈神亀〉亀卜に使うため，鄭重に保管される亀。
※4　〈巾笥〉袱紗に包み箱に収める。

第三章 老子と荘子 ——市中の隠者と山中の隠者——

かの〈渾沌(こんとん)〉(『荘子』,「応帝王篇(おうていおうへん)」)を彷彿(ほうふつ)させる〈塗中(とちゅう)〉——すなわち "泥の中"——に尻尾を曳きずりながら自由に生きる〈亀〉の姿は,言うまでもなく,単なる例(たとえ)ではなく,かの万物斉同の〈道〉の世界に〈逍遥遊(しょうようゆう)〉する荘子自身の姿なのであった。

かくして,荘子は,日常的な相対の世界,言い換えれば,日常的な俗世間からすっかり身を退(ひ)いて山中に籠(こ)り,万物斉同の〈道〉の世界に没入したまま,そこに真に自由な"生"を全うし,再びこの日常的相対の世界に戻ることのない,文字通り「山中の隠者」なのであった。

この点において,荘子の個性をありありと看取することができるであろう。

第三節 老子と荘子の人物像——対比,市中の隠者と山中の隠者——

以上に概観してきた通り,老子にしても荘子にしても,その哲学的な意識の次元は,この日常的な経験の世界を遥(はる)か越えた,謂わば"非日常"の世界に展開されるものであった。従って,彼ら二人は,いずれも,世にいわゆる"隠者"なのではあった。

とはいえ,荘子が,その無限の〈道〉の世界に没入し,〈逍遥遊〉したまま,遂に——仕官の誘いをも断(ことわ)って——この日常的な経験の世界に戻ってこなかった,文字通り"山中の隠者"なのであったのに対して,老子は,その〈道〉を体得し,みずから〈道(わたし)〉としてこの〈天下(せかい)〉の中に実在し,その〈道〉を体現し,みずからを成就してゆこうとするのであった。

従って,この老子の姿は,外側から見ると,〈無為を為(な)し,無事を事とし,無味を味わう〉(『老子』,第六十三章)がごとき,不可思議で,ややもすれば,無意味な行為をなす者のごとくに映(うつ)りさえするのである。老子の,

　　　　　知者不言,言者不知,(知る者は言わず。言う者は知らず。『老子』,

— 125 —

第二編　中国古代の哲学思想Ⅱ　——戦国時代末期——

第五十六章）

という発言は，単なるアフォリズムではなく，彼の

> ……我独異於人，而貴食母，（……我ひとり人に異なりて，食母を貴ぶ。『老子』，第二十章）

という独白とも相俟って，言葉による説明を一切すべて排除する〈道〉の世界に生きる老子の，謂わば"知る者の孤独"を表現する記述であったと考えられるのである。

　但，それでもなお，老子は，この日常的経験の世界を離れない。この〈天下〉の中でこそ，〈その私を成す〉（『老子』，第七章）ことの本質的な意義があり，そして又，それこそが，老子の〈道〉だったのである。そこで，

> 吾言甚易知，甚易行，天下莫能知，莫能行，（吾が言は，甚だ知り易く，甚だ行ない易し。天下に能く知るはなく，能く行なうはなし。『老子』，第七十章）

と言われる。だれであれ，本気になって，真摯にその〈道〉に励めば，真の自己を体現し，みずから〈道〉となって，その〈徳〉を発揮し，〈無為〉を行なって，おのが本懐を遂げることができる（はず）なのである。

　日常的な経験の世界を越えつつ，それでもなお，そこを離れない。そこにおいてこそ，この〈道〉が，一箇の人間存在のあるべき姿として，確乎として体現されうるからなのである。

　そして，これこそ，既に再三に亘って指摘してきた，"市中の隠者"たる老子の真骨頂であり，又その妙所でもあった，と考えられるのである。

第三編　中国古代の哲学思想　Ⅲ
——先秦〜秦代——

第一章　〈勢(ちから)〉の理論
——韓非子の政治理論の哲学的本質——

1．韓非子の人物・生涯

　韓非子（B.C.272〜B.C.233）は，韓の国の諸公子であった。自分の祖国が，日に衰えてゆくのを嘆じ，富国強兵策・官僚主義による専制君主制，そして彼独自の〈刑名法術〉等を以(もっ)て，韓王に書を奉(たてまつ)って諌めようとしたが受け入れられず，遂に楚に行き荀子に学んだ。その後，楚から韓に帰り，天下統一直前の秦に使(つか)いし，自説を主張しようとしたが，李斯(りし)の謀略によって獄死した。

　その著書は『韓非子』五十五篇。中には後人による付加・竄入(ざんにゅう)もあるが，「孤憤篇(こふんへん)」・「五蠹篇(ごとへん)」・「内儲説篇(ないちょせつへん)」・「外儲説篇(がいちょせつへん)」・「説林篇(ぜいりんへん)」・「説難篇(ぜいなんへん)」等は，おおむね韓非子の自著であるとされている。その哲学思想の内容は，彼の冷酷な人柄をよく伝えるものであると考えられる。この点については，下文に詳論する。

　ところで又，いわゆる"政治理論"とは，あるひとつの哲学体系において，いわば"最終章"をなすべき，極めて重大な一要訣であると考えられる。哲学的思惟が，最終的に目指す，謂わば窮極的な課題が，いわゆる"実践論"であり，更に，その実践論の終極が，この政治理論において統合されると考えられるからである。すなわち，あるひとつの哲学体系が，この"現実"の中で実現すべき終極的な目標が，その政治理論において，極めて典型的に看取されるのである。

第三編　中国古代の哲学思想 Ⅲ　——先秦～秦代——

2．政治理論——その哲学的分析——

さて，そうであればこそ，あるひとつの政治理論の根底には，極めて深い哲学的思惟の裏付けがあり，この裏付けを的確に把握することこそ，逆に言えば，その政治理論の真の意義を明らかにしうるものであると考えられるのである。

そこで，本章においては，この韓非子の政治理論を哲学的に分析して，その理論的な内容を，できる限り明確にしてゆきたい。その政治理論の真の意味内容を的確に理解するためには，前述のような理由からして，その哲学的思惟の裏付けを明らかにしなければならないと考えるからである。

更に言えば，本章においては，韓非子の言葉を，ただ単に表面的・機械的に理解するのではなく，むしろ，その言葉の発せられる哲学的背景とでも言うべき，韓非子の哲学的思惟の理解に重点をおいて考察してゆきたいと思うのである。韓非子の言葉，延いては，その理論が，あまりにも周到にしたてあげられているがゆえに，その言葉に幻惑されてしまうようなことが，往々にしてあるように思われるからである。

3．韓非子の政治理論——その概要——

そこでまず，この韓非子の政治理論を，できる限り簡潔にまとめてみたい。そして，その上で，更にその裏付けとなっている，韓非子の哲学的思惟を明らかにしてゆこうと思うのである。

既に従来の諸家のだれもが指摘する通り，韓非子の政治理論を構成するところの，理論的な三支点は，韓非子のいわゆる〈法〉・〈術〉・〈勢〉の三概念である。

ここで，いわゆる〈法〉とは，政治を行なう場合のあるひとつの規準のこと。また〈術〉とは，その具体的な方法・やり方のこと。そして，〈勢〉とは，"権勢"，すなわち，いわゆる"政治的権力"のことである。厳密に言えば，更に詳細な定義をも与えようが，今ここでは必要ないであろう。

— 128 —

第一章 〈勢〉の理論 ――韓非子の政治理論の哲学的本質――

　それよりも，むしろ，韓非子の政治理論における，これら〈法〉・〈術〉・〈勢〉三概念の有機的な関連――つながり――の方こそが，より一層重要な，中心的課題であると言えるであろう。〈法〉・〈術〉・〈勢〉三概念の，それぞれの意味内容を分析するだけでは，決して，韓非子の政治理論の哲学的な本質を，体系的に，そして有機的に把握することはできないものと考えられるからである。

　そこで，これら三概念のうち，〈法〉と〈術〉については，いわゆる〈法術〉（『韓非子』，「孤憤篇」や「五蠹篇」など）という熟語もあるように，韓非子の政治理論において，あたかも盾の両面のごとくに，極めて密接な有機的関連があるように見受けられる。すなわち，これら〈法〉と〈術〉は，韓非子みずから

> 術者，……人主之所執也，法者，……臣之所師也，（術は，……人主の執るところなり。法は，……臣の師るところなり。『韓非子』，「定法篇」）

と言い，また，

> 凡術也者，主之所以執也，法也者，官之所以師也，（凡そ術なる者は，主の執る所以なり。法なる者は，官の師る所以なり。『韓非子』，「説疑篇」）

と言い，更に，

> 法者，編著之図籍，設之於官府，而布之於百姓者也，術者，蔵之於胸中，以偶衆端而潜御群臣者也，故法莫如顕，而術不欲見，（法は，これを図籍※1に編著し，これを官府に設けて，これを百姓に布く者なり。術は，これを胸中に蔵めて，以て衆端を偶して※2潜に群臣

※1 〈図籍〉文書。
※2 〈衆端を偶す〉臣下の行動をいろいろ比較照合する。

第三編　中国古代の哲学思想 III　──先秦〜秦代──

を御する者なり。故に法は顕かなるに如くはなく、而るに術は見るるを欲せざるなり。『韓非子』,「難三篇」)

と言う通り，両者があいまって，政治がとどこおりなく行なわれるに至るところの，ひとつの"とりきめ"であり，その"方途"である。すなわち，より具体的に言うならば，韓非子のいわゆる〈賞罰〉(『韓非子』,「五蠹篇」，あるいは，「顕学篇」など) を、一方では，君主の立場から見て，〈術〉と言い，また他方において，こんどは臣下の方から見て〈法〉という。あるいは，言い換えれば，これを上から見て〈術〉と言い，反対に下から見て，〈法〉と言うのである。

　従って，韓非子の政治理論において，そのいわゆる〈法〉・〈術〉・〈勢〉三概念のうち，〈法〉と〈術〉とは，たがいに表裏一体となって政治が行なわれてゆくところの中心的要素であると見なされていたのであり，更に言えば，要するに，これら〈法〉・〈術〉二概念は，韓非子の政治的理論において，事実上，全く同一の政治的意識の脈絡において使用されている語彙であったと思われるのである。

　ところが，それらに対して，〈勢〉の概念はいかがであろうか。いま，こころみに，〈勢〉についての韓非子の発言を，二，三引用してみたい。

　　彼民之所以為我用者，非以吾愛之為我用者也，以吾勢之為我用者也，(彼の民の我が用を為す所以の者は，吾のこれを愛するを以て我が用を為す者に非ざるなり。吾が勢を以て，我が用を為す者なり。『韓非子』,「外儲説右下篇」)

　　善任勢者，国安，不知因其勢者，国危，(善く勢に任ずる者は，国安く，その勢に因ることを知らざる者は，国危し。同，「姦劫弑臣篇」)

第一章 〈勢〉の理論 ——韓非子の政治理論の哲学的本質——

威勢者, 人主之筋力也, (威勢は, 人主の筋力なり。同,「人主篇」)

　これらの発言は, いずれも, いわゆる〈人主〉が, 政治を行ない, 国家を運営してゆく場合に, 〈勢〉, すなわち"勢力","政治的権力"——ひとことで言えば, 要するに"ちから"——を得て, これを十分に活用してゆかなければならない, という内容を記述するものであると考えられる。そこで, これらの発言において〈勢〉という語彙は, つねにそれ自体として単独で使用されている。あるいは, 『韓非子』,「人主篇」の一文においては, 〈威勢〉とも表記され, あるいはまた, 同書,「難勢篇」の一文においては, 〈勢位〉とも記述されてはいるが, 前者における〈威〉は, 単に〈勢〉という語彙の意味を強調するために添えられた一語であり, 又,〈位〉にしても, 〈勢〉という概念の現実的な次元における謂わば内包の諸相の一面を, 具体的に表現するための一語に過ぎない。すくなくとも, かの〈法術〉のように, それぞれの一語が, たがいに等価値で熟語になっている語彙とは違って, 〈威勢〉といい, 〈勢位〉という語彙は, 飽くまでも〈勢〉の諸相を表象するものであると思われる。韓非子の語彙の体系において, たしかに〈威〉という語彙は, ひとつの独立した意味を与えられた語彙ではあるが, それでもやはり, 極めて大きな意義をもっている〈勢〉に比べれば, 決して中心的な位置を占めるものではなかったと考えられるからである。

　そこで, この〈勢〉という語彙が, つねにその概念的な意味内容として単独で, 独立して使用されている, ということは, すなわち, この〈勢〉という概念が, そもそも韓非子の政治理論の体系において, ひとり独立した位置を占める概念であった, という事実を示すものであると思われるのである。言い換えれば, この〈勢〉の概念は, 韓非子の政治理論の中核をなすところの〈法〉・〈術〉・〈勢〉三概念のうちで, ただひとつ例外的な位置を占めている, 特殊な概念であった, と思われるのである。

第三編　中国古代の哲学思想 Ⅲ　——先秦〜秦代——

　そこで今，本節における結論をいささか先取りして言えば，韓非子はこの〈勢〉の概念を，〈法〉・〈術〉二概念の，そして更には，その政治理論の体系全体の可能性の本質的な制約であると考えていたと思われるのである。要するに，韓非子は，実際に政治を行なう上で，最も重要なことは，〈法〉・〈術〉あるいは〈法術〉を確実に行使することではあるが，それにもまして更に重要なことは，その君主がつねに〈勢〉を独占して，その臣下や人民を，おのが意のままに動かすことができるようにしておくことである，つまり，この〈勢〉こそすべてである，と考えていたと思われるのである。これが，本節の主題たる「〈勢〉の理論」である。

　そこで，以下において，ひきつづき，韓非子の，いわゆる〈勢〉という概念について簡潔にまとめ，しかるのち，本節における中心的課題であるところの，韓非子の政治理論の体系における哲学的本質の考察へと論及してゆきたい。

4．韓非子の〈勢〉について，概観

　既に諸家も指摘する通り，韓非子における〈勢〉の概念の淵源は，彼に先だつ慎到の（生没年不詳）政治思想にあると言えるであろう。韓非子自身が，慎到の言葉として，つぎのように記述している。

> 慎子曰，……吾以此知勢位之足恃，而賢智之不足慕也，……由此観之，賢智未足以服衆，而勢位足以詘賢者也，（慎子曰く，……吾，これを以て勢位の恃むに足り，賢智の慕うに足らざるを知るなり。……これに由りてこれを観るに，賢智は未だ以て衆を服するに足らず，而して勢位は以て賢者を詘※せしむるに足るなり，と。『韓非子』，「難勢篇」）

※〈詘〉頭を下げる。

第一章 〈勢〉の理論 ——韓非子の政治理論の哲学的本質——

要するに,〈賢智〉などは,民衆を服従させるのに十分な役を果たさない。むしろ,〈恃(たの)むに足る〉——あてになる——のは,ほかならぬこの〈勢位〉である,というのである。

そこで,韓非子自身の

> 彼民之所以為我用者,非以吾愛之為我用者也,以吾勢之為我用者也,
> (彼(か)の民の我が用を為(な)す所以(ゆえん)の者は,吾のこれを愛するを以(もっ)て我が用を為す者に非(あら)ざるなり。吾が勢を以て我が用を為す者なり。『韓非子』,「外儲説右下篇(がいちょせつうかへん)」)

という発言が導かれる。すなわち,民衆がその国の君主のために〈用(はたら)〉くのは,君主がその民衆に愛情をもって接するから,(民衆が,これを慕って)そうなるのではなく,その君主が,なにをおいても,この〈勢〉を持(ちから)っているからにほかならない,と言うのである。すなわち,まさに,

> 民者固服於勢,(民は固(もと)より勢に服す。『韓非子』,「五蠹篇(ごとへん)」)

と言われる通りである。

このように,韓非子の,いわゆる〈勢〉とは,基本的に,多くの民衆を一手に服従させてしまう,強大な"政治的権力"の謂いであり,かつそれは,かの慎到の政治思想に由来するものであったと考えられるのである。

ところが,このような〈勢〉の概念について,韓非子は,更に

> 人臣之於其君,非有骨肉之親也,縛於勢,而不得不事也,(人臣(じんしん)のその君におけるや,骨肉の親(したし)みあるに非ざるなり。勢に縛(ばく)せられて,事(つか)えざるを得(え)ざるなり。『韓非子』,「備内篇(びないへん)」)

と言うように,君主とその臣下との間の,謂わば"力関係"においても又,全く同様に認識している。すなわち,〈人臣〉と,その君主——この引用文の前

で，韓非子は〈人主〉と言っている——との間の関係には，いわゆる〈骨肉の親（情）〉などはない。ただ，〈人臣〉が，その〈人主〉の〈勢〉によって〈縛〉られて，服従せざるを得なくなっているに過ぎない，と言うのである。そして，

> 聖人不親細民，明主不躬小事，（聖人は細民※に親せず，明主は小事を躬せず。『韓非子』，「外儲説右下篇」）

と言って，結局のところ，君主たるもの，一般の民衆には直接の関係がない，と考えている韓非子にあっては，むしろ，この〈人主〉と〈人臣〉——つまり，君主と臣下——との間における"力関係"を表象する〈勢〉の方にこそ，重点が置かれていたと考えられるのである。

以上のように，本来は，広く国下の民衆全体（臣下も含めて）に対して言われていた〈勢〉という概念を，特に〈人主〉とその〈人臣〉との間での"力関係"において位置づけ，これを表象しなおしたところに韓非子の考え方の特色があると思われる。すなわち，韓非子の考え方は，あくまでも上に立つ者——〈人主〉——の立場に立って，その〈勢〉を第一に見据えるものであったと考えられるのである。

それゆえ，先に引いた，韓非子の

> 善任勢者，国安，不知因其勢者，国危，（善く勢に任ずる者は，国安く，その勢に因ることを知らざる者は，国危し。『韓非子』，「姦劫弑臣篇」）

という発言における〈国安〉・〈国危〉という言葉も，具体的には，君主が〈勢〉づくで，その臣下を押さえつけて，安定した政権を保つこと——〈国安〉——と，その否定——〈国危〉——とを意味するものであったと解釈すべきで

※〈細民〉下民。

第一章 〈勢〉の理論 ——韓非子の政治理論の哲学的本質——

あろう。
　そこで要するに

　　　　　威勢者人主之筋力也，（威勢は人主の筋力なり。『韓非子』,「人主篇」）

と言われる通り，韓非子のいわゆる〈勢〉とは，君主が臣下を押さえつけ，おのが国家を安泰にたもつための，文字通り〈筋力〉——ちから——なのであった。そして，この〈勢〉こそ，

　　　　　偏借其権勢則上下易位矣，此言人臣之不可借権勢也，（偏にその権勢を借さば，則ち上下位を易えん。これ人臣にこれ権勢を借すべからざるを言うなり。『韓非子』,「備内篇」）

と言われる通り，〈上〉のもの，すなわち，君主が，〈上〉のものたるゆえん，つまり，その可能性の本質的な制約なのであった。

5．〈勢〉の限界——韓非子の哲学的思惟の限界——

　ところで又，韓非子は，この〈勢〉について，つぎのようにも記述している。すなわち，

　　　　　夫勢者，名一而変無数者也，勢必於自然，則無為言於勢矣，吾所為言勢者，言人之所設也，……勢治者，則不可乱，而勢乱者，則不可治也，此自然之勢也，非人之所得設也，若吾所言，謂人之所得設也而已矣，（それ勢は，名，一にして，変無数なるものなり。勢は必ず自然においてすとすれば，則ち勢を言うを為すなし。吾が勢を言うを為す所の者は，人の設くる所を言うなり。……勢として治まる者は，則ち乱るべからず。而して勢として乱るる者は，則ち治むべからざるなり。これ自然の勢にして，人の設くるを得る所に非ざる

なり。吾が言う所の若きは，人の設くるを得る所を謂うのみ。『韓非子』,「難勢篇」)

　要するに，〈勢〉という語彙にも，さまざまな異なった意味の次元がある。いわゆる"自然必然の運命的趨勢"という意味での〈勢〉については，なんとも言いようがない。私（韓非子）のいわゆる〈勢〉とは，人知・人力の及ぶ範囲内での，いわゆる"政治的権力"に限っている。……もとから，一種，運命論的な次元で，必然的に治まると決まっているものは，どうにも乱しようがなく，もとから必然的に乱れると決まっているものは，どうにも治めようがない，といった事態は，いわゆる"自然必然の運命的趨勢"のことであり，それは，人知・人力の遙かに及ばない範囲の，全く違った次元の問題である。そうではなくて，私（韓非子）が問題にしているのは，人知・人力の及ぶ範囲内での〈勢〉のみに限っているのである，というのである。

　ここで"自然必然の運命的趨勢"——すなわち，韓非子自身の言葉で言うところの〈自然の勢〉——とは，現在の哲学的術語にいわゆる"宿命論"（前出，fatalism）の考え方である。たしかに，この"宿命論"の考え方を執るかぎり，政治的権力という意味での〈勢〉など，全く無意味な（そして又，"無力"な）概念になってしまう。"宿命"という強大な"力"の前には，政治的権力など，たかだか，卑小な人間の"小知"の産物に過ぎないからである。そこで，韓非子は，そのような〈自然の勢〉を〈勢を言うを為すなし〉として，極力避けようとするのである。

　そのような理論的工作は，畢竟するところ，韓非子の"〈勢〉の理論"の理論的整合性を高めるに過ぎない。"宿命論"の考え方に対して，哲学的に対決して，現実的な回答を与えることを避けているのである。このような考え方には，この"現実"を生きぬいてゆこうとする活力がない。むしろ，"宿命論"という現実から逃避しようとしている。

第一章 〈勢〉の理論 ――韓非子の政治理論の哲学的本質――

　韓非子のこのような考え方は，"占い"という哲学的実践を通じて，いわゆる〈楽天知命〉(『易経』,「繫辞上伝」)の境地を説くまでに至った，かの"易"の哲学体系とも異なり，また，いわゆる〈非命説〉を掲げて，強大なる"宿命"を相手に孤軍奮闘した墨子の思想とも異なり，かつまた，偉大なる〈天の道〉の"力"の中にあって，みずからの〈徳〉を修め，〈無為〉を実践して〈聖人〉となって，その〈私〉を成就しようと考えた老子の哲学的思惟の体系とも異なる，極めて矮小で非現実的な哲学的態度であると思われるのである。

6．〈勢〉の哲学的本質

　以上のように，韓非子のいわゆる〈勢〉とは，君主が，その臣下の言動を押さえつけ，おのが国家を安定させてゆくための，いわゆる"政治的権力"の謂いであった。このような〈勢〉を所有すればこそ，いわゆる〈法〉・〈術〉，あるいは〈法術〉という政治手段もとどこおりなく運用され，君主が君主たりうる，と言うのであった。
　それゆえに，韓非子の政治理論の体系は，ひとことで言えば，"〈勢〉の理論"なのであった。すなわち，韓非子においては，〈勢〉こそすべてなのであった。ところが，その反面において，韓非子は，いわゆる〈自然の勢〉(『韓非子』,「難勢篇」)――つまり，現在の哲学的術語にいわゆる"宿命論"的な"力"――という，謂わば〈勢〉以上の"ちから"については，これを，みずからの政治理論の体系から故意に排除し，かたくななまでにその政治理論の理論的整合性を保持しようとすることにこれ努めたのである。このように，日常的な経験の世界における現実の問題を捨象してまで，おのが理論の整合性を守ろうとする考え方は，いささか荀子の考え方にも似た，極めて非現実的で矮小なものであったと考えられるのである。
　このような考え方を採る韓非子は，その他の，活力にあふれずうずうしいまでに強靭な思惟をつらぬく"諸子"たちとはうってかわって，あまりに繊細で，

第三編　中国古代の哲学思想 III　——先秦〜秦代——

あまりに脆弱である。彼は，〈勢〉を求め，〈勢〉に酔いしれる，一介の哲学的"弱者"に過ぎないのであった。

　韓非子における，かくも特徴的なる考え方は，言うまでもなく，本質的にその哲学的な思惟に由来するものである。そこで今，以上における論述を踏まえつつ，韓非子の政治理論の体系における哲学的本質について，これを追究し，明らかにしてみたい。

7．韓非子の人間観——その政治理論の哲学的背景——

　韓非子の哲学的思惟における，最も顕著にして特徴的な考え方は，そのいわゆる"人間観"において，最も典型的に，そして明確に看取されうる。すなわち，韓非子は，我々人間をただ単に"本能的欲求に従って〈利〉を追及するだけの動物"としか見ていない。つまり，韓非子にとって"人間"とは，単なる"利益追求の動物"に過ぎないのであった。

　すなわち，

　　　　夫安利者就之，危害者去之，此人之情也，（それ安利なる者はこれに就き，危害なる者はこれを去る。これ人の情なり。『韓非子』，「姦劫弑臣篇」）

と言い，更に，

　　　　鱣似蛇，蠶似蠋，人見蛇則驚駭，見蠋則毛起，漁者持鱣，婦人拾蠶，利之所在，皆為貴諸，（鱣は蛇に似，蠶は蠋に似る。人は蛇を見れば則ち驚駭し，蠋を見れば則ち毛起す。漁者は鱣を持ち，婦人は蠶を拾う。利の在る所には，みな貴諸と為る。『韓非子』，「説林下篇」）

と言うのが，それである。

第一章 〈勢〉の理論 ――韓非子の政治理論の哲学的本質――

ここで，〈鱣〉とは"はも"。また〈蠋〉とは，なにか"いもむし"の類らしい。〈鱣〉は〈蛇〉に似ており，〈蠶〉は〈蠋〉に似ている。人は，〈蛇〉を見れば〈驚駭〉し，〈蠋〉を見れば〈毛起〉する，つまり，身の毛がよだつ。それなのに，〈漁者〉は，平気で〈鱣〉をにぎるし，〈婦人〉たちも，やはり平気で〈蠶〉をつまむ。このように，いったん"利益"の上がることとなれば，人はみな，衛の孟賁や呉の専諸のような勇者になる，と言うのである。

たしかに，我々人間は，ほとんど本能的に〈安利〉を求め，〈危害〉を避ける。それはまさに，我々人間の"生"の本質である。そこを哲学的に追究しなければならない。そして又，一方，それと同時に我々は，むしろ〈安利〉を捨てて，〈危害〉のまっただ中に我が身を投げうつこともある。そこに，我々は，弱い人間の，しかし強靭な意志を看取するのである。それにもかかわらず，韓非子は，我々人間が一種本能的に〈安利〉を求める，という限られた一面だけを取り上げ，なおかつ，これを哲学的に再考し深化させることもなく，極めて皮相に，そして狭い範囲で"人間"を理解しようとしている。

そのような"人間観"からは，いわゆる"人間不信"しか生じては来るまい。果して，韓非子は，先ず君主と臣下とのあいだの関係を，単なる"利害関係"に過ぎないとして，つぎのように言う。すなわち，

> 夫君臣非有骨肉之親，正直之道，可以得利，則臣尽力以事主，正直之道，不可以得安，則臣行私以干上，（それ君臣には骨肉の親あるに非ず。正直の道，以て利を得べくば，則ち臣は力を尽くして以て主に事えん。正直の道，以て安きを得べからずば，則ち臣は私を行ないて，以て上に干めん。『韓非子』，「姦劫弑臣篇」）

要するに，〈君臣〉の間には，肉親の情のような"親愛の情"などありはしない。臣下は，ただ自分の〈安〉〈利〉を求めて〈正直の道〉――外見上そう見えるだけのそれ――を行なうに過ぎないのだ，と言うのである。

第三編　中国古代の哲学思想 III　——先秦～秦代——

このことは，また，

> 臣主之間，非兄弟之親也，劫殺之功，制万乗而享大利，則群臣孰非陽虎也，（臣主の間には，兄弟の親あるに非ざるなり。劫殺の功，万乗※を制して大利を享くべくんば，則ち群臣たれか陽虎に非ざらん。『韓非子』，「難四篇」）

と，すなわち，〈臣主〉の間には，〈兄弟〉のような親愛の情があるわけではない。その君主を〈劫〉したり，あるいは〈殺〉したりした結果，〈万乗〉の天子を制して，〈大利〉を享受できるというのであれば，だれでも，魯の〈陽虎〉のように，その君主を弑するようになるのである，とも記述され，あげくのはては，

> 人主患在於信人，信人，則制於人，（人主の患は人を信ずるに在り。人を信ずれば，則ち人に制せらる。『韓非子』，「備内篇」）

と，すなわち，"他人を信用すること"は，〈人主〉にとっての〈患〉である。他人を信用したら，結局は，その人間の統制を受けるハメになる，とまで言うのである。

　要するに，韓非子は，我々"人間"存在を，単なる"利益追求の動物"として理解するがゆえに，その政治理論の展開においても，やはり君主とその臣下との間の関係は，ただひたすら"利害関係"のみであり，そこにはいわゆる"親愛の情"とか，あるいは"信頼関係"などといった，人間存在の本質に根差すところの，"人"と"人"とのつながりの深層に至る要件についての哲学的思惟は全く見られない。まさに"完璧"なる"人間不信"に由来する，理路整然たる政治理論の体系なのであったわけである。

　ところが，韓非子の，このような"人間不信"は，ひとり君臣の間のみにお

※〈万乗〉大国のこと。

第一章 〈勢〉の理論 ――韓非子の政治理論の哲学的本質――

いて認められているのではなく，

> 夫妻者，非有骨肉之恩也，愛則親，不愛則疏，（それ妻は，骨肉の恩あるに非ざるなり。愛すれば則ち親しみ，愛せざれば則ち疏んず。『韓非子』，「備内篇」）

とも言われる通り，韓非子は，夫婦の間すらも，本来，親愛の恩情などはなく，信用のおけないものである，と考えていたのである。

　要するに，韓非子においては，親子兄弟，すなわち，いわゆる"肉親"以外の人間関係は，すべてこれ本質的に利害関係のみであり，そこには，"愛情"とか"信頼"といった，人間存在の本質に根差す，人間の"現実"は，全く認められていない。なぜならば，"人間"とは，本質的に"利益追求の動物"に過ぎないからである，と言うのである。

　そこで，このような"人間観"を基盤とする"人間不信"から導かれる政治理論の体系が，本節の主題たる「〈勢〉の理論」でしかありえないことは，既に言を俟たないところであろう。

　すなわち，

> 聖人之治国也，固有使人不得不為我之道，而不恃人之以愛為我也，恃人之以愛為我者危矣，恃吾不可不為者安矣，（聖人の国を治むるや，固り人をして我が為にせざるを得ざらしむの道ありて，而して人の愛するを以て我が為にするを恃まざるなり。人の愛するを以て我が為にするを恃む者は危し。吾の為さざるべからざるを恃む者は安し。『韓非子』，「姦劫弑臣篇」）

と，要するに，〈国を治める〉際には，〈人〉の親愛の情などを〈恃〉にしてはならない。〈人〉の親愛の情などを〈恃〉にしていては危険である。そうではなくて，〈人〉が，どうしても〈我〉のために働かざるを得ないようにしむけ

― 141 ―

る〈道〉を身に付けなければならない、というのである。
　つまり、

　　　　有術之君、不随適然之善、而行必然之道、（術あるの君は、適然の善に随わず。而して必然の道を行なう。『韓非子』、「顕学篇」）

と言われる通り、〈適然〉——適々然る、つまり"偶然"——の〈善〉をあてにしないで、より確実な〈術〉——すなわち、ここにいわゆる〈必然の道〉——を実行せよ、と主張するのである。
　そこで、これらの引用文にいわゆる〈人をして我が為にせざるを得ざらしむの道〉（『韓非子』、「姦劫弑臣篇」）、あるいは、〈必然の道〉（同、「顕学篇」）を行使することのできる"権力"、"ちから"が、韓非子のいわゆる〈勢〉であることは、既に言を俟たないところであろう。言うまでもなく、韓非子の政治理論においては、このような、いわゆる〈勢〉こそが、君主の君主たる、第一の要件なのであった。
　それでは、そのいわゆる〈人をして我が為にせざるを得ざらしむの道〉とか、あるいは、〈必然の道〉と表現されるところの、いわゆる〈勢〉の具体的な内容とは、一体いかなるものであったのだろうか。
　それは、我々人間を一箇の"利益追求の動物"であると見做す韓非子の"人間観"に導かれるところの、いわゆる〈賞罰〉（『韓非子』、「五蠹篇」・「顕学篇」など）の運営権を、ひとりおのが掌中において一手に掌握できる"ちから"であった。
　それは、いうまでもなく、まず第一に、

　　　　明主之道、……設民所欲以求其功、故為爵禄以勧之、設民所悪、以禁其姦、故為刑罰以威之、慶賞信而刑罰必、（明主の道は、……民の欲する所を設けて、以てその功を求む。故に爵禄を為して以てこれ

第一章 〈勢〉の理論 ——韓非子の政治理論の哲学的本質——

> を勧め，民の悪む所を設けて，以てその姦※1を禁ず。故に刑罰を為して以てこれを威す。慶賞信にして刑罰必す。『韓非子』，「難一篇」)

と言い，かつまた，

> 明君，求善而賞之，求姦而誅之，(明君は，善を求めてこれを賞し，姦を求めてこれを誅す。『韓非子』，「難三篇」)

とも言われるように，民衆や臣下の欲求を見越した上で，その〈賞罰〉を寸分の差違もなく行使できるように確立することを，極めて重要なる基礎的要件とするのではあるが，しかし，それだけではいまだ，韓非子の政治理論の中核であるとは言いがたい。

そうではなく，そのように厳密な〈賞罰〉を行使する"権力"，"ちから"——すなわち，韓非子のいわゆる〈勢〉——を，おのが掌中において一手に把持していることこそが，むしろ，君主の君主たる第一の要件なのであった。

それゆえにこそ，

> 明主之所導制其臣者，二柄而已矣，二柄者刑徳也，……夫虎之所以能服狗者爪牙也，使虎釈其爪牙，而使狗用之，則虎反服於狗矣，人主者以刑徳制臣者也，今君人者，釈其刑徳，而使臣用之，則君反制於臣矣，(明主のその臣を導制する所の者は，二柄のみ。二柄とは刑徳なり。……かの虎の能く狗※2を服する所以の者は爪牙なり。虎をしてその爪牙を釈てしめ，而して狗をしてこれを用いしめば，則ち虎かえって狗に服せん。人主は刑徳を以て臣を制する者なり。いま人に君たる者，その刑徳を釈て，而して臣をしてこれを用いしめば，則ち君かえって臣に制せられん。『韓非子』，「二柄篇」)

※1 〈姦〉悪事。
※2 〈狗〉犬。

第三編　中国古代の哲学思想 Ⅲ ——先秦～秦代——

と，すなわち，〈虎〉に〈爪牙〉があるように，〈人主〉にも〈二柄〉，より具体的には〈刑徳〉——すなわち，いわゆる〈賞罰〉を行使する実権——がある。この"ちから"があればこそ，〈人主〉が〈人主〉たりうるのであるから，ゆめゆめその"ちから"を臣下に握らせるなどということがないよう，十分に注意しなければならない，と言うのである。

　このように，一国に君主となって政治を行なおうとする者は，何よりも先ず第一に，我々人間が，本質的に，

　　　利之所在民帰之，名之所彰士死之，（利の在る所は民これに帰し，名の彰るる所は士これに死す。『韓非子』，「外儲説左上篇」）

と言われる通り，存在として，単なる"欲望"に過ぎないのであり，それゆえに，決して信用のおけない"利益追求の動物"なのであることをよくよくわきまえて，その上で，その利害に沿って〈賞罰〉を設け，その〈賞罰〉を行使する"ちから"を，おのが掌中において一手に把持していなければならない。そのようにしてこそ，その君主自身に〈利〉がもたらされる。すなわち，

　　　先王所期者利也，所用者力也，（先王の期する所の者は利なり。用うる所の者は力なり。『韓非子』，「外儲説左上篇」）

と言うのが，韓非子の政治理論の，延いては，その哲学的思惟の本質的な概観であったと考えられるのである。

8. 人主の孤独

　韓非子は，我々人間存在を，ただひたすら"欲望"において表象した。言い換えれば，韓非子において，我々人間とは，謂わば"欲望的存在"なのであった。このように——本来は，極めて複雑であり，更に千変万化する——我々人間存在を，いとも簡単に，ただひたすら"欲望的存在"であるとして割り切っ

第一章 〈勢〉の理論 ――韓非子の政治理論の哲学的本質――

てしまえば，我々人間の言動も，極めて容易に予想し，しかも完璧に制御することができるとされるようになるのも，実に当然の帰結であると言えるであろう。先に，君主がその臣下を操縦する方法として〈必然の道〉（『韓非子』，「顕学篇」）という表現が使用されたゆえんである。

また，君主たる者は，その臣下や国民，更にはその妻をも，決して信用してはならない，とされていた。

> 申子曰，独視者謂明，独聴者謂聡，能独断者，故可以為天下主，（申子※曰く，独り視る者を明と謂い，独り聴く者を聡と謂う。能く独り断ずる者は，まことに以て天下の主と為るべし，と。『韓非子』，「外儲説右上篇」）

と言い，また，

> 人主，又安能与其臣共勢，以成功乎，（人主は又，安んぞ能くその臣と勢を与にして，以て功を成さんや。『韓非子』，「外儲説右下篇」）

と言い，更に，

> 明主観人，不使人観己，（明主は人を観る。人をして己を観せしめず。『韓非子』，「観行篇」）

と言って，ひたすらに，君主たる者の"孤独"を記述するゆえんであった。

9．韓非子――その政治理論の哲学的本質から見た人物像――

韓非子の，以上のごとき考え方は，極めて安易であり，非哲学的であると考えられる。初めから，〈勢〉の概念を，全く無条件・無前提に導入して，韓非子は，その政治理論を展開しているが，そうではなく，そもそもその〈勢〉の

※〈申子〉申不害（？～B.C.337）法家思想の先駆者。

第三編　中国古代の哲学思想 Ⅲ　──先秦〜秦代──

本質を見極め，その日常的経験の世界における現実的な意義を検討し，その上で，それを基礎にして政治理論を展開してゆく，という手順を踏んでこそ"哲学的"であると言いうると思われるからである。中国最古の"正史"たる『史記』の中の，韓非子の伝記の末尾において，その著者である司馬遷（B.C.145〜？）は，

> 申子，韓子皆著書伝於後世，学者多有，余独悲韓子為説難，而不能自脱耳，（申子・韓子みな書を著して後世に伝わる。学者あること多し。われ独り，韓子説難※を為るも，みずから脱する能わざりしを悲しむのみ。『史記』，「老荘申韓列伝」）

と，極めて冷静に，韓非子の（非）哲学的な態度を批判している。すなわち，申不害も韓非子も，いずれもその著書が後世にまで伝わっており，その思想を学ぶ者も大勢いるが，私（司馬遷）は，やはり，その韓非子がせっかくみずから『韓非子』中の「説難篇」を書いて，君主に自説を納得させることの困難さを指摘していながら，結局は全く受け入れられず，そればかりかみずから災禍を〈脱〉れることができず，秦の国の獄中で，あのような非業の死を遂げたことを悲しく思う，と言うのである。

　みずから，「説難篇」を初めとする，『韓非子』の諸篇を著し，その政治理論を提唱しながら，かえって秦の宰相の李斯らの策略によって非業の死を遂げざるを得なかったのは，やはり，その考え方が本質的に非哲学的であり，あまりにその理論的整合性を追求した結果，現実的な内容が乏しいものになってしまったからにほかならない。

　まさに司馬遷が，

> 韓子引縄墨，切事情，明是非，其極惨礉少恩，（韓子は縄墨を引き，

※〈説難〉『韓非子』の「説難篇」のこと。

— 146 —

第一章 〈勢〉の理論 ——韓非子の政治理論の哲学的本質——

事情を切り，是非(ぜひ)を明らかにす。それ極めて惨礉(さんかく)※にして恩すくなし。『史記』，「老荘申韓列伝(ろうそうしんかんれつでん)」）

と，すなわち，韓非子の考え方は，四角四面に，まるで定規で計ったように物事を割り切って考える。世事人情に切迫し，是非(ぜひ)を明確にしようとして，そのあまり，かえって残忍で恩愛の情に欠けている，と指摘する通りである。

同時にまた，同じくこの『史記』の「老荘申韓列伝(ろうそうしんかんれつでん)」によると，韓非子は〈韓の諸公子〉すなわち，韓の国の貴族の出身であると言われている。

韓非子の理論的思惟の，あの"脆弱さ"，そして「聖人は，細民・小事にはこだわらないものだ。」（『韓非子』，「外儲説右下篇(がいちょせつうかへん)」）という鷹揚さ，そして更には，臣下や妻さえをも信用しないのにもかかわらず，親子兄弟には全く疑惑をいだかない，あの家族主義などは，すべてこれ韓非子が生まれ育った貴族社会の生活環境のなさしむるところであったと言えるであろう。

同様にまた，この『史記』の「韓世家」によれば，韓の国は東西と南北の交通の要所であり，古くから商業がさかんな土地柄であったということ，そしてまた，つねに周囲の大国である秦・楚・趙(ちょう)・魏(ぎ)・斉(せい)などの国々の圧迫に悩まされていたということなどが知られる。

韓非子が世知辛い人間観を持ち，人間を単なる"利益追求の動物"とみなし，常に強大なる〈勢〉(ちから)にあこがれたことなどは，すべてこれ，韓非子をとりまく，このような境遇のなさしむるところであったと考えられるのである。

畢竟するところ，韓非子もひとりの"時代の子"であり，他のいわゆる"諸子"たちとの間の，あのように顕著なる思想的差違も，実際のところは，要するに，他の"諸子"たちと韓非子との，それぞれの生まれ育った環境の相違に由来するものであったと言えるようではある。

とはいえ，このような角度からの考究は，本来，本書の目指すところではな

※〈惨礉〉残忍。

第三編　中国古代の哲学思想 Ⅲ　──先秦〜秦代──

かった。そこでいま、ここではまず、韓非子のいわゆる"〈勢〉の理論"の哲学的本質が、我々人間を"利益追求の動物"であるとして捉える、韓非子独特の"人間観"にあるということ、そして更にひとこと付け加えるならば、そもそも、その韓非子自身が、強大なる〈勢〉にあこがれる、孤独な弱者であったという、この事実こそが、彼のこのような哲学的思惟──延いては、その政治理論の体系──を生ずるゆえんであったこと、を指摘するに止めておきたいと思う。

10. 韓非子における道家言──特にその〈無為〉を中心に──

ところで、先に引用した『史記』中に見える韓非子の伝記には、彼について、

> 韓非者韓之諸公子也、喜刑名法術之学、而其帰本於黄老、（韓非は韓の諸公子なり。刑名法術の学を喜ぶも、その帰するところは、黄老[※1]に本づく。『史記』、「老荘申韓列伝」）

とある。『史記』のこの記述は、いわゆる"黄老思想"が流行した漢の時代（前漢 B.C.206〜A.D.8、および、後漢 A.D.25〜A.D.220）になってからのものであり、必ずしも、韓非子がみずからの政治理論を漢代流行の"黄老思想"に本源づけた、とは断言できまいが、それでもなお現在伝わる『韓非子』には、「解老篇」や「喩老篇」などといった、老子の言葉を下地として、韓非子が、みずからの政治理論の体系を説明しようとしている内容の記述をつらねた諸篇が見うけられることもまた、周知の事実ではある。

特に、

> 虚静無為、道之情也、参伍比物、事之形也、（虚静無為は、道の情なり。参伍比物[※2]は、事の形なり。『韓非子』、「揚権篇」）

[※1] 〈黄老〉黄帝と老子。いわゆる"道家"の代表的人物。
[※2] 〈参伍比物〉ものごとを比較対照して明らかにする。

第一章 〈勢〉の理論 ── 韓非子の政治理論の哲学的本質 ──

とか, あるいは,

> 道者万物之始, 是非之紀也, 是以明君守始以知万物之源, 治紀以知善敗之端, 故虚静以待令, 令名自命也, 令事自定也, 虚則知実之情, 静則知動之正, ……故曰, 去好去悪, 臣乃見素, 去旧去智, 臣乃自備, (道は万物の始にして, 是非の紀なり。ここを以て明君は, 始を守り以て万物の源を知り, 紀を治めて以て善敗の端を知る。故に虚静にして以て待ち, 名をしてみずから命らしめ, 事をしてみずから定めしむ。虚ならば則ち実の情を知り, 静ならば則ち動の正を知る。……故に曰く, 好を去り悪を去らば, 臣すなわち素を見し, 旧を去り智を去らば, 臣すなわちみずから備えん, と。『韓非子』, 「主道篇」)

とか, あるいは, 更に,

> 是故去智而有明, 去賢而有功, 去勇而有強, 群臣守職, 百官有常, 因能而使之, 是謂習常, 故曰, 寂乎其無位而処, 漻乎莫得其所, 明君無為於上, 群臣竦懼乎下, (この故に智を去りて明あり。賢を去りて功あり。勇を去りて強あり。群臣その職を守りて, 百官に常あり, 能に因りてこれを使う。これを習常と謂う。故に曰く, 寂としてそれ位なく処し, 漻としてその所を得るなし。明君は上において無為なれば, 群臣は下に竦懼※す, と。『韓非子』, 「主道篇」)

などと言われるような, いわゆる〈道〉とか〈無為〉は, 韓非子が好んで使用する『老子』起源の語彙であった。

そこで, 韓非子の政治理論における, いわゆる〈無為〉の概念については, 既に諸家も指摘する通り, 少なくとも理論的には, この〈無為〉こそが, その

※ 〈竦懼〉おそれ仕える。

第三編　中国古代の哲学思想 III　——先秦〜秦代——

政治理論の体系を裏から支える，謂わば基礎的な概念ではあったであろう。

　たしかに，本節においても既に概観した通り，韓非子の政治理論の体系において，理論的な中核をなす三支点は，そのいわゆる〈法〉・〈術〉・〈勢〉であり，更にまた，それら三支点——〈法〉・〈術〉・〈勢〉——を，理論的に——あくまで理論のうえで——根拠づけているのが，いわゆる〈無為〉の〈道〉ではあった。

　しかし，韓非子のいわゆる〈無為〉とは，韓非子自身の

　　　惟無為可以規之，（ただ無為にして以てこれを規うべし。『韓非子』，「外儲説右上篇」）

といった発言から見ても十分に理解できるように，文字通り"なにもしない"という意味で用いられているのである。

　あるいは又，先に引用した『韓非子』，「主道篇」における，彼の

　　　去好去悪，臣乃見素，去智去旧，臣乃自備，（好を去り悪を去れば，臣すなわち素を見し，智を去り旧を去れば，臣すなわちみずから備えん。『韓非子』，「主道篇」）

という発言における，〈好を去り悪を去る〉および〈智を去り旧を去る〉といった類の〈無為〉（らしき記述）も，前述（100頁〜）した老子のいわゆる（真の）〈無為〉のように，目先の〈好〉〈悪〉にとらわれることなく，虚心に真の〈好〉〈悪〉を体認し，かつ，さかしらな〈智〉〈旧〉に固執せず，むしろ，みずからの"知"の不備を徹底的に反省して，真の〈知〉——〈道〉の〈知〉——を体得する，という内容で発言されているのではなく，ただ単に，

　　　去好去悪，群臣見素，群臣見素，則大君不蔽矣，（好を去り悪を去れば，群臣も素を見さん。群臣の素を見せば，則ち大君も蔽われざ

第一章 〈勢〉の理論 ――韓非子の政治理論の哲学的本質――

らん。(『韓非子』,「二柄篇」)

と言われるように,〈人君〉の〈好を去り悪を去る〉・〈智を去り旧を去る〉という優柔不断な,謂わば陰湿な態度が,結果的に,臣下の〈素を見す〉――つまり,いわゆる"本心"あるいは"本音"があらわになる――という効果をもたらす,といういとも単純な理論のひとつとして記述されているに過ぎないのである。

それは,単なる"見せかけ"に過ぎない。要するに,韓非子自身の"本心",また"本音"としては,畢竟するところ,

上掌好悪,以御民力,事実不宜失矣,(上は好悪を掌りて,以て民力を御し,事実は宜しく失すべからず。『韓非子』,「制分篇」)

と言われるように,下位の者たちの〈好悪〉を,おのが掌中に一手に掌握して,下位の者たちを自由自在に制御し,同時に,下位の者たちには,こちらにつけいるスキを与えない,という,あくまでも外見的・表面的な〈好を去り悪を去る〉あるいは〈智を去り旧を去る〉態度を(これ見よがしに)取ることが第一の要訣である,とされているのであった。

それは,まさに目先の〈好悪〉のみを問題として,その目先の〈好悪〉にたいして無関心の(ような)態度を示せ,という,謂わば"見せかけ"だけの〈無為〉であり,結局のところ,韓非子は全く〈好悪〉を〈去〉るには至っておらず,むしろ,みずからそこに拘泥しているのである。

11. 老子の〈無為〉と韓非子の〈無為〉

老子のいわゆる〈無為〉とは,要するに,ある目標を目指しつつも,その目標に拘泥することなく,ときには,一見するとその目標に逆行するかのごとき行為をも要求しつつ,かえって無理なく自然に,そして最も大きな功果をもっ

て，その目標を完遂するという，さかしらなる〈賢〉〈智〉によっては理解することができない，偉大なる〈天の道〉にかなった"行為ならざる行為"の謂いであった※。

それゆえ，老子のいわゆる〈無為〉は，"外見"あるいは"体裁"を問題にしない。また，目先の〈好悪〉に固執せず，更に進んで，真の〈好悪〉を体認しようとする，飽くまでも前向きな精神に裏づけられている。

ところが，以上において検討したように，韓非子のいわゆる〈無為〉は，ただ単に"なにもしない"あるいは，"なにもしないように見せかける"という意味で，数多くの政治的工作のうちのひとつとして挙げられているに過ぎないものであった。

たしかに，韓非子のいわゆる〈無為〉は，その政治理論の体系において，〈法〉・〈術〉・〈勢〉の三支点を支えるところの，理論的な――飽くまでも，理窟の上での――裏付けではあるだろう。しかし，それはいかにも空虚で，哲学的には，ほとんど無内容である。いかに整合性の高い完璧な理論であろうとも，哲学的に見てほとんど無内容なものであれば，我々人間存在の"生"の現実に対しても又，ほとんど価値なきに等しい，と言わねばなるまい。

そこで，韓非子のいわゆる〈無為〉は，畢竟するところ，単なる政治的な"一工作"に過ぎないものであった。ただ単に，"なにもしない"，あるいは，"なにもしないように見せかける"という，全く外見的な課題に過ぎなかったのである。

このような，いわゆる〈無為〉が，韓非子の政治理論の体系中において占めている有機的な位置づけは，つまるところ，つぎのようなものであるに過ぎない。

すなわち，そもそも，韓非子の政治理論の体系は，君主がひとりで強大な〈勢〉を独占し，その〈勢〉によって，意のままに国家をあやつり，その秩序

※ 以上，前述100頁〜を参看。

第一章　〈勢〉の理論　——韓非子の政治理論の哲学的本質——

を保持してゆこうという、いわゆる"〈勢〉の理論"であった。

そこで、ここにいわゆる〈勢〉とは、あたかも〈虎〉が、その〈爪牙〉によって〈狗〉を服従させるように、君主が臣下を統制し服従させる場合の、いわゆる〈刑徳〉——あるいは又、〈賞罰〉——を行使する実権を、ひとり、おのが掌中に独占していること、そのことであった。従って、君主たるもの、その、謂わば"〈刑徳〉権"をみだりに臣下に手渡すようなことがあってはならない。もしもそのようなことがあったならば、臣下は、反対に、君主を支配するような事態をきたすことになる※、というのであった。

すなわち、

> 偏借其権勢，則上下易位矣，（偏にその権勢を借さば、則ち上下その位を易えん。『韓非子』、「備内篇」）

と言われる通り、この〈勢〉こそが、君主の君主たるゆえんの、まさに現実的なる根拠なのであった。それゆえに、

> 権勢不可以借人，（権勢は以て人に借すべからず。『韓非子』、「内儲説下篇」）

と言われる通り、君主たるもの、決してこの〈勢〉を他人（特に臣下）の手に委ねるようなことがあってはならないのである。

そして、そのためにこそ、

> 明主観人，不使人観己，（明主は人を観る。人をして己を観せしめず。『韓非子』、「観行篇」）

と言われる通り、他人の"本心"はあらわにさせて、その心理を掌握する一方で、自分の心の内は、決して表に出して、他人に覚らせてはならない。他人が

※ 以上、前述130頁〜を参看。

第三編　中国古代の哲学思想 III　――先秦～秦代――

おのれにつけ入るスキを与えてはならない。このようにして，極めて厳重に自分の〈勢(ちから)〉を保持し独占して政治を行なう，と言うのである。

　そこで，この，いわゆる〈人を観(み)る〉あるいは〈人をして己(おのれ)を観(み)せしめず〉ということの，具体的な方策のひとつが，〈好を去り悪を去る〉あるいは〈智を去り旧を去る〉という〈無為(むい)〉なのであった。これこそ，韓非子の，いわゆる〈無為(むい)〉の実際であり，従って又，文字通り，韓非子の"本音"なのであった。

　このように，韓非子は，〈無為(むい)〉とか，あるいは〈道〉といった，いわゆる"老子起源"の語彙を，文字通り換骨奪胎して，おのが政治理論の体系を整合的に説明し尽そうと試みている。その"試み"自体は，理論的にはいちおう成功していると言えるであろう。しかし，既に指摘した通り，韓非子の政治理論は単なる"理窟"に過ぎず，更に，本来ならばその理論を基礎づけるべき"哲学"も，むしろ非哲学的であるとさえ言いうるような，全く無内容なものであった。それゆえ，〈無為(むい)〉と言い〈道〉と言っても所詮は"借りもの"に過ぎず，その哲学的な本質を現実的に息づかせるには全く機能していないのであった。

12. むすび――〈勢(ちから)〉の理論――

　畢竟するところ，韓非子の政治理論の体系を裏付けるものは，本質的に――すなわち，これを哲学的に分析するならば――〈勢(ちから)〉のひとことであった。この〈勢(ちから)〉を保持していればこそ，

　　　　明君無為於上，群臣竦懼乎下，（明君は上(かみ)において無為(むい)なれば，群臣は下(しも)に竦懼(しょうく)す。『韓非子』,「主道篇」）

などと言って，かたちばかりの〈無為(むい)〉を装(よそお)っていることができるのである。

　しかし，そこには深く豊かな哲学的思惟など全くなく，ただ単に〈勢(ちから)〉のみを頼りとして，さかしらなる換骨奪胎を繰り返している弱者――韓非子――の

第一章 〈勢〉の理論 ——韓非子の政治理論の哲学的本質——

姿が目に映(うつ)るのみなのである。
　本節において,再三に亘(わた)って引用した『史記』中の韓非子の伝記の最後部において,司馬遷は,韓非子が,その主張——すなわち〈説難(ぜいなん)〉——とはうらはらに,結局はいずこにおいても全く受け入れられることもなく,みずから〈禍〉を蒙って秦において非業の死を遂げたことを記述し,更にその後に続けて,

　　……皆原於道徳之意,而老子深遠矣。(……みな道徳の意※に原(もと)づく。而(しか)れども老子は深遠なり。『史記』,「老荘申韓列伝」)

と,すなわち,韓非子や申不害らはおのが政治理論の体系を,老子のいわゆる〈道徳〉の哲学的主張に本源づけようとはしているが,やはり老子の方が〈深遠〉である,と述べている。司馬遷は,韓非子の,いわゆる"換骨奪胎"を,するどく見抜いていたのであった。誠に正当な見解であると考えられるのである。

――――――――――――
※〈道徳の意〉老子の哲学的主張のこと。

第三編　中国古代の哲学思想 Ⅲ　——先秦～秦代——

第二章　秦代哲学思想概観
——『呂氏春秋』における運命論の諸相，その基礎的理論の概観——

1．『呂氏春秋』——その成書と背景——

　『呂氏春秋』は，秦の始皇帝の丞相として秦の建国に力を尽くした呂不韋（？～B.C.235）が，その財力と権力のかぎりを尽くして諸学派の学者たちを集め，おのおのその主張を記述させ，これを編集したものである。いわゆる「十二紀」・「八覧」・「六論」の三部に分かれ，合計二十余万言に達する大部の著作である。

　多数の作者の手になる大部の著作であるがゆえに，内容的にはいささか雑駁の感を免れず，それゆえに又，一貫した有機的な哲学体系などは見られないが，その諸篇ひとつひとつは，戦国時代末期から秦代にかけての哲学思想の諸相を今に伝える，好箇の"資料集"となっている。

　そこで今ふたたび，問題を運命論に絞って，この『呂氏春秋』に見える諸家の哲学思想を垣間見て，もって秦代哲学思想の概観としてみたい。

2．問題の所在

　既に概観した通り，中国古代の思想界において，いわゆる"運命"の問題は，広く活発に議論されていた。それが，我々人間存在にとって，極めて切実な，謂わば，存在論的な問題を契機とする，ひとつの哲学的課題であると考えられるからである。

　すなわち，既に観た通り，孔子や孟子，あるいは墨子らは，この運命の問題を，それぞれ独自の哲学的立場から議論し，解決してゆこうとする。一方で，徳と福の一致を定命論（determinism）的に確信し，これを冀求しながらも，実際のところ，人知・人力の遥かに及ばない宿命論（fatalism）的現実に苛ま

第二章　秦代哲学思想概観　──『呂氏春秋』における運命論の諸相，その基礎的理論の概観──

れ，ついに，運命の問題については，一切，口を閉ざす，という一種の判断中止の英断下すに至った孔子。又一方で，その孔子の学問を受け継ぎながら，更に深く人間存在の深層の次元にまで踏み入って，独自の宿命論を唱(とな)えた孟子。そして又，これ又，独自の〈天〉を立て，理論の形態としては，孔子とよく似た定命論を主張した墨子。彼ら三人は，それぞれに，中国古代における運命論の，謂わば"旗頭"たちであった。

　このような運命論の問題も，戦国時代の末期に至ると，思想界の全体に統合の気運が見え始めたのを機に，先ずは荀子の定命論的な〈礼〉の理論体系によって，極めて整然とまとめられ，更に『易経』の一部分において，哲学的な真骨頂を呈示するに至ったのである。

　すなわち，荀子は，この日常的経験の世界において生成消滅を繰り返す雑多の現象を，人事・自然のいかんを問わず隈(くま)なく列挙し，それを科学的に分析・帰納して，そこに普遍的な根本原理を抽象する。それは，いわゆる因果律の実現を，その可能性の必然的な契機とする，極めて整然たる定命論的な理論体系であった。荀子は，その理論体系を〈礼〉の一語を中心に再構成し──ここにこそ，荀子の〈礼〉の，思想史的に見た，一大特質があると思われる──それに従って，演繹的にこの"世界"の全体を秩序づけ体系化して，儒家のいわゆる〈治国平天下〉──国を治め，天下を平(たいらか)にする──という理念を実現しようとしたのである。要するに，荀子の〈礼〉の体系は，彼にとって，そのまま〈命〉──運命──の原理でもあったわけである。

　この荀子は，彼のその定命論的礼理論にみずから絶対の自信を持ち，その理論体系の整合性を豪語した。とはいえ，この荀子も，ときにこの日常的な経験の世界の中で，おのが理論の全く通用しない宿命的な現実に直面し，この謂わば"宿命の壁"に，苛(さいな)まれついに，この宿命の問題を不問に付し，ただひたすらおのが理論を固守する，という態度を貫い（固執し）たのである。

　かくして，荀子は，中国古代の運命論全体の流れの中にあって，その理論的

− 157 −

第三編 中国古代の哲学思想 Ⅲ ——先秦～秦代——

な面での功績は十分に多大であると認められはするが，結局のところ，その"理窟"だけでは，"宿命の壁"を打ち破ることができなかったのである。それは，彼があまりにもその理性的思惟を貫き，定命論的礼理論に固執したため，あの孟子のような，謂わば"人間存在の深層"に目を向けることができなかったからにほかあるまい。このような問題点をも網羅し，宿命の問題をも正しく超克しうる運命論を説くのが，かの『易経』（の一部分）において展開される，謂わば真に完成された運命論であり，この『易経』の主張こそ，戦国時代末期の運命論を，その卓越した哲学的慧眼によって，一手に統合する窮極の運命論であったと考えられるのである。

　すなわち，この『易経』においては，あの荀子が，その理性的思惟の次元において断乎として定命論的礼理論を主張するあまり，ついに不問に付したままになっていた"宿命"をも含めた"運命"の全体が，〈神〉的次元に属する〈知〉——人間存在の深層に退行する"行（ぎょう）"を積むことによってもたらされる，一種の神秘的な英知，すなわち，いわゆる"占断"によって——極めて明確に察知され，それを〈楽〉しむ境地が主張される。『易経』の「繫辞上伝（けいじじょうでん）」にいわゆる〈楽天知命〉——天を楽しみ命を知る——の境地である。そして更に，この『易経』では，いわゆる儒家の伝統に従って，この"神秘的な英知によって察知された宿命を，理性的思惟の次元で定命論的に応用して，儒家のいわゆる〈治国平天下〉の理念を実現しようとする，謂わば（思想的に見れば，一種の）"おまけ"まで付加されているのである。

　かくして，中国古代における運命論の系譜は，荀子を経て『易経』において，儒家的な立場から全体的に統合されるに至ったのである。とはいえ，『易経』において展開されるこのような運命論は，我々人間存在の深層を切り開いてゆく"行（ぎょう）"を行うための高度な技術と厳しい実践に裏付けられた，極めて深淵な哲学的思惟のもたらすものであり，広く一般の"諸子"たちには，容易に理解され，受け入れられるものではなかったように思われるのである。

第二章　秦代哲学思想概観　――『呂氏春秋』における運命論の諸相，その基礎的理論の概観――

　要するに，『易経』において展開される運命論は，たしかに卓越した哲学的成果であり，そこにおいて，ある意味では，この運命の問題は結着がつけられていると言っても過言でないのではあるが，それと同時に，戦国時代の末期から秦代にかけて，広く一般の思想界では，荀子の定命論的礼理論を受けて，一般の諸子たちが，それぞれに，それぞれの立場から，この運命の問題に取り組み，それなりの回答を残しており，それが漢代のいわゆる"天人相関説"に連なるものとも思われ，思想史の上から鑑(かんが)みて，極めて重要なる一コマをなすものと思われるのである。

　そこで今，以下において，戦国時代の末期から秦代に至る，一般の諸子たちの運命論の実際を，『呂氏春秋』を中心的資料として概観してゆくのであるが，ここでは先ず，その最も基本的な考え方を概観し，しかるのちにこの『呂氏春秋』に見える，戦国末～秦代の諸子たちの運命論のさまざまな相様を概観してゆきたいと思われるのである。

3．最も基本的な考え方――荀子流の定命論的理論――

　哲学的に分析してみた場合，この『呂氏春秋』において見られるところの，明確な"理論"としての運命論の，最も根幹をなす典型的な形態は，理論的には荀子のそれと全く同一の，いわゆる定命論の考え方であったと考えられる。荀子のその極めて理論的な哲学体系が，戦国時代の末期において最も整備された壮大な理論体系であり，それゆえに，多くの諸子たちが，これに範を取ってみずからの運命論を形成したであろうことは，むしろ容易に理解されることであろう。そして又，『易経』に連なるような，一種独特の，謂わば理想的な，人間存在の深層を切り開いてゆくような深い境地が要請されるような哲学体系は，残念ながら，おいそれとは一般化されうるものではなかったものと思われるのである。

　以下，諸例を引用して，この点を例証してみたい。

第三編　中国古代の哲学思想 Ⅲ　——先秦〜秦代——

湯問於伊尹曰，欲取天下若何，伊尹対曰，欲取天下，天下不可取，可取身将先取，……昔者先聖王，成其身而天下成，治其身而天下治，故善響者，不於響於声，善影者，不於影於形，為天下者，不於天下於身，詩曰，淑人君子，其儀不忒，其儀不忒，正是四国，言正諸身也，故反其道而身善矣，行義則人善矣，楽備君道，而百官已治矣，万民已利矣，三者之成也，在於無為，無為之道曰勝天，義曰利身，君曰勿身，勿身督聴，利身平静，勝天順性，順性則聡明寿長，平静則業進楽郷，督聴則姦塞不皇，故上失其道，則辺侵於敵，内失其行，名声堕於外，是故百仞之松，本傷於下，而末槁於上，(湯※1，伊尹※2に問いて曰く，天下を取らんと欲すればいかにせん，と。伊尹対えて曰く，天下を取らんと欲すれば，天下は取るべからず。取るべきは，その身こそ将に先ず取らんとせん，と。……むかし先聖王は，その身を成して天下成り，その身を治めて天下治まれり。故に善く響するものは，響においてせずして声においてし，善く影するものは影においてせずして形においてし，天下を為むるものは，天下においてせずして，身においてす。詩※3に曰く，淑人君子，その儀忒わず，その儀忒わず，この四国を正す，と。これを身に正しうするものを言うなり。故に，その道に反りて身善く，義を行なえば則ち人善く，楽の君道に備りて，百官已に治り，万民すでに利あり。三者の成るや，無為に在り。無為の道なるを，天に勝すと曰い，義なるを，身を利すと曰い，君なるを，身を勿くすと曰う。身を勿くすれば，聴を督しうす。身を利すれば平静なり。天に勝せば，性に順う。性に順えば，則ち聡明寿長なり。平静なれば，則ち業は進

※1 〈湯〉中国古代の聖王。
※2 〈伊尹〉その宰相。
※3 〈詩〉『詩経』，曹風，鳲鳩。

第二章 秦代哲学思想概観 ——『呂氏春秋』における運命論の諸相,その基礎的理論の概観——

み楽郷たり。聴を督しうすれば,則ち姦も塞りて皇あらず。故に,上その道を失えば,則ち辺は敵に侵され,内にその行を失えば,名声は外に堕つ。この故に,百仞の松も,本の下に傷れて,末は上に槁る。『呂氏春秋』※,「先己篇」)

　以上,国を治めることの基本が,先ずこの我が身を正し治めることにあることを主張する,『呂氏春秋』,「先己篇」冒頭の一文である。言うまでもなく,儒家の〈修身正家〉——身を修め家を正しうす——を基本として〈治国平天下〉——国を治め天下を平にする——を実現する理念を踏襲する主張の記述であると思われる。

　とはいえ,〈その道に反〉ればこの〈身〉が〈善〉くなり,〈義を行なえば〉他人も〈善〉くなる,と言い,また,〈天に勝〉せその〈性に順〉えば,その人の性命も〈聡明寿長〉となり,また〈平静〉であればその日常的な生活も〈業は進み楽郷たり〉となり,更に〈聴を督〉せばその仕事においても〈姦も塞りて皇あらず〉となる,等々と言われるのは,善因善果の応報の顕現をこと細かに列挙して指摘する,典型的な定命論的思惟の記述であると考えられる。

　それは,かつてあの荀子が主張した定命論的礼理論の考え方と,理論的には全く同一の形態を有する記述であると考えられる。このことは,これに続く四

※ 思想資料としての『呂氏春秋』一書の最大の問題点は,主にその成立状況に関するものであると思われる。果たして,この問題に関しては,諸説紛々たるものがあり,いまだに決着がつけられていないような現状にあるとさえ言えるであろう。但し,その思想的内容を見る限り,この『呂氏春秋』が,戦国時代末期から秦漢に至る諸子の主張を載せるものであることは,ほぼ問題なく,万人が認めるところであろう。戦国末から秦漢に至る運命論の諸相を概観することを主たる目標に掲げる本書において,その中心的資料として『呂氏春秋』を採用するゆえんである。そしてなによりも,本書の,このような主旨からして,『呂氏春秋』の成立状況について,ここで屋上屋を重ねる必要は皆無であると思われる。(いわゆる「十二紀」首章の成立についての,島邦男の独創的な見解(『五行思想と礼記月令の研究』,1971年,東京,汲古書院,第三章および第四章)も,本書のこのような主旨から見て,全く問題ないものと考えられるのである。)

以上の通り,本書において,この『呂氏春秋』は,資料として十分なものと認められる。

第三編　中国古代の哲学思想 III　——先秦〜秦代——

つの説話によって具体的に敷衍される思惟の内容を見ても，極めて明確に看取されるものであると考えられる。

　　商周之国，謀失於胸，令困於彼，故心得而聴得，聴得而事得，事得而功名得，五帝先道而後聴，故徳莫盛焉，三王，先教而後殺，故事莫功焉，五伯，先事而後兵，故兵莫強焉，当今之世，巧謀並行，詐術遞用，攻戦不休，亡国辱主愈衆，所事者末也，（商※1・周の国，その謀(はかりごと)の胸に失えば，令(れい)は彼に困(くる)しめり。故(ゆえ)に心得(こころえ)て聴得(ちょうえ)，聴得(ちょうえ)て事得(ことえ)，事得て功名得たり。五帝※2は，道を先にして徳を後にせり。故に徳これより盛んなるはなかりき。三王※3は，教を先にして殺※4を後にせり。故に事これより功なるはなかりき。五伯(ごは)※5は，事を先にして兵を後にせり。故に兵これより強きはなかりき。当今の世，巧謀ならび行なわれ，詐術遞(たが)い※6に用いられ，攻戦休(す)まず。亡国の辱主いよいよ衆(おお)し。事とする所のもの末なればなり。『呂氏春秋』，「先己篇(せんきへん)」）

　　夏后伯啓，与有扈戦於甘沢而不勝，六卿請復之，夏后伯啓曰，不可，吾地不浅，吾民不寡，戦而不勝，是吾徳薄而教不善也，於是乎，処不重席，食不貳味，琴瑟不張，鍾鼓不修，子女不飭，親親長長，尊賢使能，期年而有扈氏服，故欲勝人者，必先自勝，欲論人者，必先自論，欲知人者，必先自知，（夏后伯啓(かこうはくけい)※7が，有扈(ゆうこ)※8と甘沢(かんたく)に戦い

※1　〈商〉殷の本号。
※2　〈五帝〉中国古代の伝説的な帝王。黄帝・顓頊・帝嚳・堯・舜。
※3　〈三王〉夏・殷・周三代の王。
※4　〈殺〉殺戮。
※5　〈五伯〉春秋戦国時代の五人の覇者。斉の桓公・晋の文公・楚の荘公，あとの二人は諸説がある。
※6　〈遞〉代々・世々。
※7　〈夏后伯啓〉夏の国王の伯啓。
※8　〈有扈〉夏と同姓の諸侯。

— 162 —

第二章　秦代哲学思想概観　——『呂氏春秋』における運命論の諸相，その基礎的理論の概観——

て勝たざりしときに，六卿これを復(ふたたび)せんことを請えり。夏后伯啓(かこうはくけい)曰(いわ)く，不可なり。わが地浅※1ならず，わが民寡(すくな)からず。戦いて勝ざるは，これわが徳の薄(うす)くして，教の善からざればなり，と。ここにおいてか，処(お)るには，席を重ねず，食するには，味(あじわい)を貳(じ)にせず，琴瑟(きんしつ)張らず，鐘鼓(しょうこ)修めず，子女は飾(かざ)らず，親に親(しん)しみ長を長(うやま)い，賢を尊び能を使いしかば，期年(きねん)※2にして有扈氏(ゆうこし)服せり。故に人に勝たんと欲するものは，必ず先ずみずから勝ち，人を論ぜんと欲するものは，必ず先ずみずから論じ，人を知らんと欲するものは，必ず先ずみずから知るなり。同前）

詩曰，執轡如組，孔子曰，審此言也，可以為天下，子貢曰，何其躁也，孔子曰，非謂其躁也，謂其為之於此，而成文於彼也，聖人，組修其身，而成文於天下矣，故子華子曰，丘陵成而穴者安矣，大水深淵成而魚鼈安矣，松柏成而塗之人已蔭矣，（詩※3に曰(いわ)く，轡(くつわ)を執(と)ること組(くみ)の如(ごと)し，と。孔子曰く，この言を審(つまびらか)にすれば，以(もっ)て天下を為(おさ)むべし，と。子貢曰(いわ)く，何ぞそれ躁※4なるや，と。孔子曰(いわ)く，その躁(そう)なるを謂(い)うに非(あら)ざるなり。そのこれを此(ここ)に為(おさ)めて，文を彼(かれ)に成す(い)えるなり，と。聖人は，その身を組修(そしゅう)して，文を天下に成せばなり。故(ゆえ)に子華子曰く，丘(きゅう)陵(りょう)成(な)りて穴者安んじ，大水深淵(たいすいしんえん)成りて魚鼈(ぎょべつ)安んじ，松柏(しょうはくしげ)成りて塗(と)の人すでに蔭(かげ)す，と。同前）

孔子，見魯哀公，哀公曰，有語寡人，曰，為国家者，為之堂上而已矣，寡人以為，迂言也，孔子曰，此非迂言也，丘聞之，得之於身者，得之人，失之於身者，失之人，不出於門戸而天下治者，其惟知反於

※1 〈浅〉褊・小。
※2 〈期年〉満一年。
※3 〈詩〉『詩経』，邶風，簡兮，又，鄭風，大叔于田。
※4 〈躁〉さわがしい。又，あわてる。

己身者乎，(孔子，魯の哀公に見ゆ。哀公曰く，寡人に語ぐるものあり。曰く，国家を為むるものは，これを堂上に為むるのみ，と。寡人以為えらく，迂言なり，と。孔子曰く，これ迂言に非ざるなり。丘これを聞く，これを身に得るものは，これを人に得，これを身に失うものは，これを人に失う，と。門戸を出でずして天下の治まるものは，それただ己が身に反るを知るものか，と。同前)

　以上の四例は，いずれも政治論的思惟の脈絡の次元における定命論的思惟の記述であると考えられる。

4．荀子の定命論的思惟

　上記の引例は，既にいささか言及した通り，二重の意味で，"荀子的"であると思われる。すなわち，ここにおける〈その謀の胸に失えば，令は彼に困めり。故に心得て聴得，聴得て事得，事得て功名得たり。〉・〈わが地浅ならず。わが民寡からず。戦いて勝たざるは，これわが徳の薄くして，教の善からざればなり。……処るには席を重ねず，食するには味を貳にせず，琴瑟張らず，鐘鼓修めず，子女は飾らず，親に親しみ長を長い，賢を尊び能を使いしかば，期年にして有扈氏服せり。故に人に勝たんと欲するものは，必ず先ずみずから勝ち，人を論ぜんと欲するものは，必ず先ずみずから論じ，人を知らんと欲するものは，必ず先ずみずから知るなり。〉〈そのこれを此に為めて，文を彼に成すを謂えるなり。聖人は，その身を組修して，文を天下に成せばなり。〉・〈これを身に得るものは，これを人に得，これを身に失うものは，これを人に失う。門戸を出でずして天下の治まるものは，それただ己が身に反るを知るものか。〉等々という演繹的推論の論理の形式とその表現の形態とは，まさしく，荀子の

　　　　物類之起，必有所始，栄辱之来，必象其徳，……無冥冥之志者，無
　　　　昭昭之明，無惛惛之事者，無赫赫之功，……故有君子結於一也，

－ 164 －

第二章　秦代哲学思想概観 ——『呂氏春秋』における運命論の諸相，その基礎的理論の概観——

(※物類の起こるや，必ず始まる所あり，栄辱の来たるや，必ずその徳に象る。……冥冥の志なき者は，昭昭の明なく，惛惛の事なき者は，赫赫の功なし。……故に君子は一に結ばる。『荀子』，「勧学篇」)

以類行雑，以一行万，……故葬祭朝聘師旅一也，貴賎殺生与奪一也，(類を以て雑を行ない，一を以て万を行なう。……故に喪祭朝聘師旅は一なり。貴賎殺生与奪は，一なり。同，「王制篇」)

観国之治乱臧否，至於強易而端已見矣，……観国之強弱貧富有徴，(国の治乱臧否を観るに，強易に至れば，端すでに見わる。……国の強弱貧富を観るに徴あり。同，「富国篇」)

順其類者謂之福，逆其類者謂之禍，(その類に順う者はこれを福と謂い，その類に逆う者はこれを禍と謂う。同，「天論篇」)

等々という記述と軌を一にする。荀子の整然たる哲学理論の体系が，広く一般の諸子たちにも取り入れられ，その主張の根幹をなす論理形式・表現形態を形成していたのであろう。

5．定命論的理論の展開

かくして，この『呂氏春秋』における運命論は，理論的には，荀子の定命論的理論を基本として，それを踏襲するものであったと考えられるのである。そこで，以下において，更にこの『呂氏春秋』中において看取されるところの，定命論的思惟を列挙してゆきたい。

　　　　欲偃天下之兵悖，夫兵不可偃也，譬之，若水火然，善用之，則為

※ これ以下，『荀子』からの引用文およびその思想については，前述（45頁～）を参看。

第三編　中国古代の哲学思想Ⅲ ──先秦〜秦代──

福，不能用之，則為禍，若用薬者然，得良薬，則活人，得悪薬，則殺人，義兵之為天下良薬，亦然矣，（天下の兵を偃めんと欲するは悖えり。それ兵は偃むべからざるなり。これを譬うれば，水火の若く然り。善くこれを用うれば，則ち福を為し，これを用うること能わざれば，則ち禍を為す。薬を用うるものの若く然り。良薬を得れば，則ち人を活かし，悪薬を得れば，則ち人を殺す。義兵の天下に良薬たるや，また然り。『呂氏春秋』，「蕩兵篇」）

上は，いわゆる〈義兵〉※の説を主張する，『呂氏春秋』，「蕩兵篇」の一文

※『呂氏春秋』の「孟秋紀」や「仲秋紀」中の諸篇に散見する，いわゆる〈義兵〉の説とは，……故古之聖王有義兵，而無有偃兵，兵誠義，以誅暴君而振苦民，民之説也，若孝子之見慈親也，若饑者之見美食也，（……故に古の聖王には義兵ありて，偃兵あることなし。兵の誠に義して，以て暴君を誅して苦民を振わば，民の説ぶこと，孝子の慈親を見るが若く，饑者の美食を見るが若し。『呂氏春秋』，「蕩兵篇」）

という記述に代表される通り，いわゆる，悪を誅する正義の戦い，の謂いであると考えられる。
従って，この〈義兵〉の主張は，あの荀子の，
　　王者有誅而無戦，城守不攻，兵格不撃，上下相喜則慶之，不屠城，不潜軍，不留衆，師不越時，……彼兵者，所以禁暴除害也，非争奪也，（王者には誅あるも戦なし。城の守りたるは攻めず，兵の格うは撃たず。上下の相喜べば則ちこれを慶し，城を屠らず，軍を潜にせず，衆を留めず，師は時を越えず。……彼の兵なる者は，暴を禁じて害を除く所なり。争奪するに非ざるなり。『荀子』，「議兵篇」）
という理論を全面的に踏襲するものであり，ここにおいても又，この『呂氏春秋』における荀子の影響が看取されるものであると考えられるのである。
但し，このような考え方は，『墨子』においても又，その哲学的思惟の次元にいささかの差違はあるものの，
　　今蘭夫好攻伐之君，又飾其説，以非子墨子曰，子以攻伐為不義，非利物与，昔者禹征有苗，湯伐桀，武王伐紂，此皆立為聖王，是何故也，子墨子曰，子未察吾言之類，未明其故者也，彼非所謂攻，所謂誅也，（今かの攻伐を好むの君に蘭びては，又その説を飾りて以て子墨子を非として曰く，子は攻伐を以て不義にして物を利するに非ずと為すか。昔者，禹は有苗を征し，湯は桀を伐ち，武王は紂を伐つ。これみな立ちて聖王と為れり。これ何の故ぞや，と。子墨子曰く，子は未だ吾が言の類を察せず，未だその故を明らかにせざる者なり。彼は謂わゆる攻に非ず。謂わゆる誅なり，と。『墨子』，「非攻下篇」）
と看取され，戦後末期から秦漢の際における，荀子と墨子（家）との思想的接近を窺わせる。この思想的接近こそが，とりもなおさず運命論の領域においても又，極めて重要な要素となってくるものと思われる。この点については，更に後述する。

第二章　秦代哲学思想概観　——『呂氏春秋』における運命論の諸相，その基礎的理論の概観——

である。〈善用〉→〈為福〉・〈悪用〉→〈為禍〉という定命論的理論が，極めて典型的に看取されよう。

以下に続いて，更に例証し，敷衍してみたい。

> 三代所宝，莫如因，因則無敵，禹，通三江五湖，決伊闕溝，廻陸注之東海，因水之力也，舜，一徙成邑，再徙成都，三徙成国，而堯授之禅位，因人之心也，湯武以千乗制夏商，因民之欲也，如秦者立而至，有車也，適越者，坐而至，有舟也，秦越遠塗也，竫立安坐而至者，因其械也，(三代[※1]の宝とする所は，因に如くはなし。因なれば則ち敵なし。禹は，三江五湖を通じ，伊闕の溝を決し，陸を廻りてこれを東海に注ぎしは，水の力に因れるなり。舜は，一たび徙りて邑を成し，再び徙りて都を成し，三たび徙りて国を成せり。而して堯のこれに禅位を授けしは，人の心に因れるなり。湯・武の，千乗を以て夏・商を制せしは，民の欲するところに因れるなり。秦に如くものの立ちて至るは，車あればなり。越に適くものの，坐して至るは，舟あればなり。秦越は遠塗なり。竫立[※2]安坐して至るは，その械に因るなり。『呂氏春秋』，「貴因篇」)

上は，何ごとにつけて既存の便に〈因〉ることを〈貴〉ぶことを主張する。『呂氏春秋』，「貴因篇」の一文である。明らかに，荀子の

> 吾嘗終日而思矣，不如須臾之所学也，吾嘗跂而望矣，不如登高之博見也，登高而招，臂非加長也，而見者遠，順風而呼，声非加疾也，而聞者彰，仮輿馬者，非利足也，而致千里，仮舟楫者，非能水也，而絶江河，君子生非異也，善仮於物也，(吾かつて終日にして思えり。須臾の学ぶ所に如かざるなり。吾かつて跂ちて望む。高きに登るの博く見

[※1]〈三代〉中国古代，夏・殷・周　三代の王朝。
[※2]〈竫立〉〈竫〉は〈静〉また〈安〉の意。

第三編　中国古代の哲学思想 III ──先秦〜秦代──

> ゆるに如かざるなり。高きに登りて招けば、臂に長きを加うるに非ざるなり。而るに見ゆる者は遠し。風に順いて呼べば、声に疾きを加うるに非ざるなり。而るに聞ゆる者は彰かなり。輿馬を仮る者は、足を利するに非るなり。而るに千里を致す。舟楫を仮る者は、水に能うるに非ざるなり。而るに江河を絶る。君子は生の異るに非ざるなり。善く物に仮るなり。『荀子』、「勧学篇」)

> 君子……其於天地万物也、不務説其所以然、而致善用其材、……
> (君子は…その天地万物におけるや、その然る所以を説くことに務めずして、善くその材を用うることを致す。……。同、「君道篇」)

という定命論的理論を踏襲するものであると考えられる。

　つぎに引用する、この『呂氏春秋』、「貴因篇」末尾の一文は、何よりも明確に、このことを物語るものである。

> 夫審天者、察列星而知四時、因也、推歴者、視月行而知晦朔、因也、禹之裸国、裸入衣出、因也、墨子見荊王、錦衣吹笙、因也、孔子道彌子瑕、見釐夫人、因也、湯武遭乱世、臨苦民、揚其義、成其功、因也、故因則功、専則拙、因者、無敵、国雖大、民雖衆、何益、
> (それ天を審らかにするものの、列星を察して四時を知るは、因なり。歴※1を推するものの、月行を視て晦朔※2を知るは、因なり。禹の裸国に之く。裸して入り衣して出でしは、因なり。※3墨子の荊王に見ゆ。錦衣して笙を吹きしは、因なり。※4孔子の彌子瑕に道り

※1 〈歴〉いわゆる〈歴算〉。カレンダー。
※2 〈晦〉三十日、みそか。〈朔〉一日、ついたち。
※3 〈墨子…〉墨子は本来、倹約を尊び、非楽を主張した。〈錦衣〉〈吹笙〉はいずれも、その主張に反するが、荊王の好みに因ったのである。
※4 〈孔子…〉彌子瑕は、衛の霊公が寵愛した臣下。孔子はこの者の導きで霊公夫人の南子に会見した。『論語』、「雍也篇」参看。

第二章　秦代哲学思想概観　——『呂氏春秋』における運命論の諸相，その基礎的理論の概観——

て，鰲夫人を見しは，因なり。湯・武は乱世に遭い，苦民に臨み，その義を揚げ，その功を成せるは，因なり。故に因なれば則ち功あり。専なれば則ち拙なり。因なる者は，敵なし。国の大なりと雖も，民の衆しと雖も，何ぞ益せん。『呂氏春秋』，「貴因篇」）

以上，すべてこれ，荀子と同じ形式の演繹的推論，そして，同じ形態の表現を用いた定命論的理論の記述の数々であった。

6．更なる展開

以下，更に引用してみる。

> 使治乱存亡，若高山之与深谿，若白堊之与黒漆，則無所用智，雖愚猶可矣，……故治乱存亡，其始若秋毫，察其秋毫，則大物不過矣，（治乱存亡をして，高山の深谿におけるが若く，白堊の黒漆におけるが若くならしむれば，則ち智を用うる所なし。愚なりと雖もなお可なり。……故に治乱存亡は，その始は秋毫の若し。その秋毫を察すれば，則ち大物は過たず。『呂氏春秋』，「察微篇」）

上は，わずかな兆候——〈微〉——を機敏に察して事に当り，ついに治世をもたらすべきことを説いた，『呂氏春秋』，「察微篇」冒頭の一文である。一国の〈治乱存亡〉も，荀子のいわゆる〈類を以て雑を行ない，一を以て万を行なう〉（『荀子』，「王制篇」）といった演繹的推論の形式によって的確に察知でき，これを応用すれば確実に目的を達成することができる，という，誠に典型的なる定命論的理論の記述であると考えられる。

この一文に続いて，この『呂氏春秋』，「察微篇」には，四つの説話を載せて，冒頭のこの命題を敷衍せんとしているようであるが，そのうち二つは，さして適切な例話となっているようには思われない。そこで今，残りの二つを引用し

第三編　中国古代の哲学思想 III ──先秦～秦代──

てみる。

　　魯国之法，魯人，為人臣妾於諸侯，有能贖之者，取其金於府，子貢，贖魯人於諸侯，来而譲，不取其金，孔子曰，賜失之矣，自今以往，魯人不贖人矣，取其金，則無損於行，不取其金，則不復贖人矣，子路，拯溺者，其人拝之以牛，子路受之，孔子曰，魯人必拯溺者矣，孔子見之，以細観化遠也，（魯国の法に，魯人，人の為に諸侯に臣妾たり，能くこれを贖うものあらば，その金を府に取る，と。子貢，魯人を諸侯に贖えり。来たりて譲り，その金を取らず。孔子曰く，賜[※1]はこれを失てり。自今以往，魯人は人を贖わじ，と。その金を取れば，則ち行ないに損するなく，その金を取らざれば，則ち復た人を贖わず。子路，溺者を拯う。その人のこれに拝するに牛を以てせり。子路これを受く。孔子曰く，魯人は必ず溺者を拯わん，と。孔子はこれを見て，以て細やかに化遠[※2]を観しなり。『呂氏春秋』，「察微篇」）

　　楚之辺邑曰卑梁，其処女与呉之辺邑処女，桑於境上，戯而傷卑梁之処女，卑梁人操其傷子，以譲呉人，呉人応之不恭，怒，殺而去之，呉人往報之，尽屠其家，卑梁公怒，曰，呉人焉敢攻吾邑，挙兵反攻之，老弱尽殺之矣，呉王夷昧，聞之怒，使人挙兵，侵楚之辺邑，克夷而後去之，呉楚以此大隆，呉公子光，又率師与楚人戦於鶏父，大敗楚人，獲其帥潘子臣，小帷子，陳夏齧，又反伐郹，得荊平王之夫人以帰，実為鶏父之戦，凡持国太上知始其次知終，其次知中，三者不能，国必危，身必窮，孝経曰，高而不危，所以，長守貴也，満而不溢，所以長守富也，富貴不離其身，然後能保其社稷，而和其民人，

[※1] 〈賜〉子貢の名。
[※2] 〈化遠〉将来の変化。

第二章 秦代哲学思想概観 ——『呂氏春秋』における運命論の諸相，その基礎的理論の概観——

楚不能之也，(楚の辺邑を卑梁と曰う。その処女と呉の辺邑の処女と，境上に桑す。戯れて卑梁の処女を傷つく。卑梁の人，その傷子を操りて，以て呉人を譲む。呉人のこれに応ること恭ならず。怒る。殺してこれを去る。呉人，往きてこれに報い，尽くその家を屠る。卑梁公怒る。曰く，呉人なんすれぞ敢えてわが邑を攻めん，と。兵を挙げて反りてこれを攻む。老弱尽くこれを殺せり。呉王夷眛，これを聞きて怒り，人をして兵を挙げしめ，楚の辺邑を侵し，克夷※して後にこれを去る。呉，楚これを以て大いに隆う。呉の公子光，また師を率いて，楚人と鶏父に戦い，大いに楚人を敗り，その帥の潘子臣・小帷子・陳の夏齧を獲たり。また反りて郢を伐ち，荊の平王の夫人を得て以て帰れり。実に鶏父の戦いと為す。凡そ国を持つに，太上は始を知り，その次は終を知り，その次は中を知る。三つのもの能わざれば，国は必ず危うく，身も必ず窮す。孝経に曰く，高くして危うからざるは，長く貴を守る所以なり。満ちて溢れざるは，長く富を守る所以なり。富貴その身を離れず。然して後能くその社稷を保ちて，その民人を和す，と。楚はこれを能くせざるなり。同前)

以上，『呂氏春秋』，「察微篇」中の説話二つであった。いずれも，いわゆる〈察微〉の定命論的理論を着実に敷衍するものであったと言えるであろう。

更に引例を続けてゆく。

楚王，問為国於詹子，詹子対曰，何聞為身，不聞為国，詹子，豈以国可無為哉，以為，為国之本，在於為身，身為而家為，家為而国為，国為而天下為，故曰，以身為家，以家為国，以国為天下，此四者，異位，同本，故聖人之事，広之則極宇宙窮日月，約之，則無出乎身也，(楚王，国を為むることを詹子に問う。詹子，対えて曰く，

※〈克夷〉かちたいらげる。

第三編　中国古代の哲学思想 Ⅲ　──先秦～秦代──

何※は身を為むるを聞くも，国を為むるを聞かず，と。詹子は，豈に国を以て為むることなかるべけんや。以為らく，国を為むるの本は，身を為むるに在り。身の為まりて家の為まり，家の為まりて国の為まり，国の為まりて天下の為まる，と。故に曰く，身を以て家を為め，家を以て国を為め，国を以て天下を為む，と。この四つのものは，位を異にし，本を同じくす。故に聖人の事は，これを広むれば，則ち宇宙を極めて日月を窮む。これを約すれば，則ち身を出ずるものなきなり。『呂氏春秋』，「執一篇」)

　上は，〈天下に必ず天子あり。之を一にする所以なり。天子は必ず一を執る。〉という，いわゆる〈執一〉──一を執る──ことを主張するところの，『呂氏春秋』，「執一篇」の一文であるが，全体の内容は，むしろ，先に引用した『呂氏春秋』，「先己篇」のそれに類するもののように思われる。(『呂氏春秋』の中には，このように，その篇の主題と，その例証として挙げられる説話の内容との不一致がしばしばみられる) いずれにせよ，この篇の内容は，〈身を為む〉→〈家を為む〉→〈天下を為む〉という定命論的政治理論そのものであったと思われるのである。
　つぎに引用するのは，同篇中に見られる説話である。明確に宿命論的な意味での〈命〉を否定して，定命論的理論を展開するものである。

　　呉起，謂商文曰，事君，果有命矣夫，商文曰，何謂也，呉起曰，治四境之内，成訓教，変習俗，使君臣有義，父子有序，子与我孰賢，商文曰，吾不若子，曰，今日置質為臣，其主安重，今日釈璽辞官，其主安軽，子与我孰賢，商文曰，吾不若子，曰，士馬成列，馬与人敵，人，在馬前，援枹一鼓，使三軍之士，楽死若生，子与我孰賢，商文曰，吾不若子，呉起曰，三者，子皆不吾若也，位則在吾上，命

※　〈何〉詹子の名。

第二章 秦代哲学思想概観 ——『呂氏春秋』における運命論の諸相,その基礎的理論の概観——

也夫,事君,商文曰,善,子問我,我亦問子,世変主少,群臣相疑,黔首不定,属之子乎,属之我乎,呉起黙然不対,少選曰,与子,商文曰,是吾所以加於子之上已,呉起,見其所以長,而不見其所以短,知其所以賢,而不知其所以不肖,故勝於西河,而困於王錯,傾造大難,身不得死焉,夫呉勝於斉,而不勝於越,斉勝於宋,而不勝於燕,故凡能全国完身者,其唯知長短贏絀之化邪,(呉起,商文に謂いて曰く,君に事うるに,果して命あるか,と。商文曰く,何の謂いぞや,と。呉起曰く,四境の内を治め,訓教を成し,習俗を変じ,君臣をして義あり,父子をして序あらしむに,子と我といずれか賢れるか,と。商文曰く,吾は子に若かず,と。曰く,今日,質を置きて※1臣と為るに,その主は安重たり,今日,璽を釈きて※2官を辞するに,その主は安軽なるは,子と我といずれか賢れるか,と。商文曰く,吾は子に若かず,と。曰く,士馬の列を成し,馬と人と敵す。人,馬前に在り,桴※3を援きて一鼓し,三軍の士をして,死を楽しむこと生の若くならしむるは,子と我といずれか賢れるか,と。商文曰く,吾は子に若かず,と。呉起曰く,三つのもの,子みな吾に若かざるなり。位は則ち吾が上に在り。命なるかな,君に事うること,と。商文曰く,善し。子は我に問う。我また子に問わん。世変わり主少く,群臣相疑い,黔主定まらず。これを子に属※4せんか,これを我に属せんか,と。呉起黙然として対えず。少選ありて曰く,子に与えん,と。商文曰く,これ吾の子の上に加わる所以のみ,と。呉起は,その長ずる所以を見て,その

※1 〈質を置きて〉〈質〉とは,君主や師に初めて仕えるときにさし出す礼物。従ってここは,初めて官に仕えることを言う。
※2 〈璽を釈きて〉,〈璽〉は印璽。官を辞すること。
※3 〈桴〉ばち=枹。
※4 〈属〉委嘱する。任せる。

第三編　中国古代の哲学思想 III ——先秦〜秦代——

短なる所以を見ず，その賢れる所以を知りて，その不肖なる所以を知らず。故に西河に勝ちて，※1王錯に困められ，大難に傾造して，身死を得ざりきなり。それ呉は斉に勝ちて，越には勝たず。斉は宋に勝ちて，燕には勝たず。故に凡そ能く国を全うし身を完うする者は，それただ長短贏絀※2の化を知るか。『呂氏春秋』，「執一篇」)

更に引用してみる。

今有羿 蠭蒙, 繁弱於此而無弦, 則必不能中也, 中非独弦也, 而弦為弓中之具也, 夫立功名, 亦有具, 不得其具, 賢雖過湯武, 則労而無功矣, 湯嘗約於郼薄矣, 武王嘗窮於畢裎矣, 伊尹嘗居於庖廚矣, 太公嘗隠於釣魚矣, 賢非衰也, 智非愚也, 皆無其具也, 故凡立功名, 雖賢, 必有其具, 然後可成, (今，羿※3・蠭蒙※4あり。ここに繁弱※5あるも弦なくんば，則ち必ずや中つること能わざるなり。中つるは独り弦のみに非ざるなり。而して弦は弓中の具たるなり。それ功名を立つるも，また具あり。その具を得ずんば，賢なること湯・武に過ぐると雖も，則ち労して攻なし。湯は嘗て郼薄※6に約せられ，武王は嘗て畢裎※6に窮せられ，伊尹は嘗て庖廚に居り，太公は嘗て釣魚に隠れたり。賢の衰えたるに非ざるなり。智の愚なりしに非ざるなり。みなその具なければなり。故に凡そ功名を立つるや，賢なりと雖も，必ずやその具ありて，然るのち成るべし。『呂氏春秋』，「具備篇」)

※1 〈王錯に困められ…〉呉起が王錯の讒言にあい，車裂の難にあって殺され，天命を全うできなかったことを言う。
※2 〈贏絀〉得失。
※3 〈羿〉夏の諸侯，有窮国の君主。弓の名人。
※4 〈蠭蒙〉その弟子。また弓の名。
※5 〈繁弱〉良弓の産地。転じて良弓のこと。
※6 〈郼薄〉〈畢裎〉いずれも地名。

第二章　秦代哲学思想概観　——『呂氏春秋』における運命論の諸相，その基礎的理論の概観——

以上は，〈具〉——則ち，"用具"・"道具"，存在系列における因果応報の顕現の前件的事物——という語彙によって定命論的理論を表象する，『呂氏春秋』，「具備篇」冒頭の一文である。但し，これに続く篇中の説話は，単なる政治的逸話の羅列に過ぎず，必ずしも，謂うところの〈具備〉の例証として適切なものとは思えない。上の一文を引用するに止めたい。

そこで，更に引用を続ける。

> 類同相召，気同則合，声比則応，故鼓宮而宮応，鼓角而角動，以龍致雨，以形逐影，禍福之所自来，衆人以為命焉，不知其所由，(類同じければ相召く。気同じければ則ち合し，声比すれば則ち応ず。故に宮※を鼓せば宮応じ，角※を鼓せば角動く。龍を以て雨を致き，形を以て影を逐う。禍福のよりて来たる所，衆人は以て命と為し，その由る所を知らざるなり。『呂氏春秋』，「召類篇」)

上は，日常的な経験世界における〈気同じければ則ち合し，声比すれば則ち応ず…〉といった諸現象を，論理的に分析して得られた〈類同相召〉——類同じければ相召く——の原理を基礎に，定命論的理論を演繹・展開する，『呂氏春秋』，「召類篇」冒頭の一文である。〈禍福〉の原因を不可知のものとして〈命〉に帰し，宿命論的な世界観を採る〈衆人〉と違って，この篇の作者は，この現象世界が，かの〈類同相召〉という一定の法則に従って運行しており，森羅万象の生成消滅は，ひとりその法則を理解することによって，極めて明確に察知しうる，という典型的な定命論的世界観を主張している。この考え方は，更に引き続いて，

> 故国乱，非独乱，有必召寇，独乱，未必亡也，召寇則無以存矣，凡兵之用也，用於利，用於義，攻乱則服，服則攻者利，攻乱則義，義

※ 〈宮〉〈角〉ともに中国古代の音階の名。

第三編　中国古代の哲学思想 Ⅲ　──先秦～秦代──

則攻者栄，栄且利，中主猶且為之，有況於賢主乎，故割地宝器戈剣卑辞屈服，不足以止攻，唯治為足，治，則為利者不攻矣，為名者不伐矣，凡人之攻伐也，非為利，則固為名也，名実不得，国雖強大，則無為攻矣，兵所自来者久矣，堯戦於丹水之浦，以服南蛮，舜却苗民，更易其俗，禹攻曹魏屈驁有扈，以行其教，三王以上，固皆用兵也，乱則用，治則止，治而攻之，不祥莫大焉，乱而弗討，害民，莫長焉，此治乱之化也，文武之所由起也，文者愛之徴也，武者悪之表也，愛悪循義，文武有常，聖人之元也，譬之，若寒暑之序，時至而事生之，聖人不能為時，而能以事適時，事適於時者，其功大，（故に国の乱るるや，独り乱るるのみに非ず。また必ずや寇を召く。独り乱るるは，未だ必ずしも亡びざるなり。寇を召くは則ち以て存するなし。凡そ兵の用たるや，利に用いられ，義に用いらる。乱を攻むれば則ち服す。服すれば則ち攻むる者に利あり。乱を攻むれば則ち義あり。義あれば則ち攻むる者は栄なり。栄にして且つ利あれば，中主すら猶おかつこれを為す。また況んや賢主においてをや。故に割地宝器戈剣卑辞屈服は，以て攻を止むるに足らず。ただ治まれるを足れりと為すのみ。治まれば，則ち利の為にする者も攻めず，名の為にする者も伐たず。凡そ人の攻伐するや，利の為に非ずんば，則ち固より名の為なり。名実得ずんば，国の強大なりと雖も，則ち攻を為すなし。兵のよりて来たる所の者は久し。堯は丹水の浦に戦いて，以て南蛮を服し，舜は苗民を却け，更にその俗を易え，禹は曹魏屈驁有扈を攻めて，以てその教えを行なえり。三王以上，固よりみな兵を用いしなり。乱るれば則ち用い，治まれば則ち止む。治まれるにこれを攻むるは，不祥なることこれより大なるはなし。乱れるに討たざるは，民を害すること，これより長なるはなし。これ治乱の化なり。文武の由りて起こる所なり。文は愛の徴なり。武は

― 176 ―

第二章　秦代哲学思想概観　――『呂氏春秋』における運命論の諸相，その基礎的理論の概観――

悪の表なり。愛悪義に循い，文武常あるは，聖人の元なり。これを譬うれば，寒暑の序の若し。時の至りて事のこれを生ず。聖人は能く時を為さず。而も能く事を以て時に適う。事の時に適うものは，その功も大なり。『呂氏春秋』，「召類篇」）

と，〈用兵〉の〈時〉において具象化され，おきまりの凡庸な説話二つ（引用は省略する）へと続いてゆく。

結局のところ，この『呂氏春秋』，「召類篇」の全体を概観すると，決して〈類同相召〉の定命論的世界観を十二分に展開しているとは言い難いが，先に概観した，荀子のそれ（の，少なくとも一端）を踏襲するところの，極めて興味深い記述を有するものではあったと考えられるのである。

更にまた，引用を続ける。

先王有大務，去其害之者，故所欲以必得，所悪以必除，此功名之所以立也，俗主則不然，有大務而不能去其害之者，此所以無能成也，夫去害務，与不能去害務，此賢不肖之所以分也，……冬与夏不能両刑，草与稼不能両成，新穀熟而陳穀虧，凡有角者無上歯，果実繁者木必庳，用智褊者無遂功，天之数也，故天子不処全，不処極，不処盈，全則必缺，極則必反，盈則必虧，先王，知物之不可両大，故択務当而処之，……（先王に大務あり。そのこれを害する者を去る。故に欲する所は以て必ず得，悪む所は以て必ず除かる。これ功名の立つる所以なり。俗主は則ち然らず。大務ありて，そのこれを害する者を去ること能わず。これ能く成すなき所以なり。それ務を害するを去ると，務を害するを去ること能わざるとは，これ賢不肖の分かるる所以なり。……冬と夏と両ながら刑すこと能わず。草と稼と両ながら成すこと能わず。新穀熟して陳穀虧く。凡そ角あるものは上歯なく，果実繁き者は，木必ず庳し。智を用うること褊なる者の功

第三編　中国古代の哲学思想 III　——先秦～秦代——

を遂すことなきは天の数なり。故に天子は全に処らず，極に処らず，盈に処らず。全なれば則ち必ず虧け，極なれば則ち必ず反り，盈なれば則ち必ず虧く。先王，物の両ながら大なるべからざるを知る。故に務の当るを択んでこれに処る。……『呂氏春秋』，「博志篇」）

　上は，〈冬と夏と両ながら刑すこと能わず…〉・〈全なれば則ち必ず虧け…〉といった自然現象を〈博志〉——広く知る——して，そこに一種の法則性を見出し，これに法って政治を行なうべきことを主張する，『呂氏春秋』，「博志篇」冒頭の一文である。自然現象を広く観察しその事例を博く集め，それらを分析し整合的に体系づけた上で，ある種の世界観を構築し，これに法則的に法って処世・治世を演繹する。まさに典型的な定命論的な世界観の考え方であると思われる。ここでは，その理論を〈天の数〉の一語において表象しているが，他にきわだった特徴は，特に見られないようである。

　最後にもう一例，引用してみたい。

　　名号大顕，不可強求，必繇其道，治物者，不於物於人，治人者，不於事於君，治君者，不於君於天子，治天子者，不欲天子於欲，治欲者，不於欲於性，性者万物之本也，不可長，不可短，因其固然，而然之，此天地之数也，窺赤肉而鳥鵲聚，貍処堂而衆鼠散，衰絰陳，而民知喪，竽瑟陳，而民知楽，湯武修其行，而天下従，桀紂慢其行，而天下畔，豈待其言哉，君子審在己者而已矣，（名号の大いに顕るるは，強いて求むべからず。必ずその道に繇るなり。物を治むる者は，物においてせずして人においてし，人を治むる者は，事においてせずして君においてし，君を治むる者は，君においてせずして天子においてし，天子を治むる者は，天子においてせずして欲においてし，欲を治むる者は，欲においてせずして性においてす。性は万物の本なり。長くすべからず，短くすべからず。その固に然るに因

第二章　秦代哲学思想概観　——『呂氏春秋』における運命論の諸相，その基礎的理論の概観——

りて，これを然りとす。これ天地の数なり。赤肉を窺いて烏鵲聚り，狸の堂に処りて衆鼠散じ，衰経※陳りて，民は喪を知り，竽瑟陳りて，民は楽を知り，湯・武その行を修めて，天下従い，桀・紂その行を慢にして，天下畔く。豈にその言を待たんや。君子は己に在る者を審にするのみ。『呂氏春秋』，「貴当篇」）

上は，人間・自然すべてにおける，その"存在"としての本質的な契機を〈性〉の一語において表象し，これに法るべきことを主張し，そのことを〈天地の数〉であると表現する『呂氏春秋』，「貴当篇」冒頭の一文である。既に見てきた，一連の定命論的世界観と同列の思惟を記述するものであると思われる。但し，それを〈性〉の一語において表象し体系づけ，それを更に〈天地の数〉であると表現しているところに，この一篇——「貴当篇」——の特徴があると思われるのである。

その後文の説話は，この世界観を敷衍する。以下の通りである。

斉人有好猟者，曠日持久，而不得獣，入則愧其家室，出則愧其知友州里，惟其所以不得之故，則狗悪也，欲得良狗，則家貧無以，於是還疾耕，疾耕則家富，家富則有以求良狗，良狗則数得獣矣，田猟之獲常過人矣，非独猟也，百事也尽然，覇王，有不先耕而成覇王者，古今無有，此賢者不肖之所以殊也，賢不肖之所欲与人同，堯桀幽厲皆然，所以為之異，故賢主察之，以為不可弗為，以為可故為之，為之，必繇其道，物莫之能害，此功之所以相万也，（斉人に猟を好む者あり。日を曠しくし，久しきを持して，獣を得ず。入れば則ちその家室に愧じ，出ずれば則ちその知友州里に愧ず。ただそのこれを得ざる所以の故は，則ち狗の悪しかりしなり。良狗を得んと欲すれば，則ち家貧しくして以てするなし。ここにおいて還りて疾く耕せ

※〈衰経〉〈衰〉は喪服，〈経〉は喪服の上下につけるひも。

第三編　中国古代の哲学思想 III　——先秦〜秦代——

り。疾く耕せば則ち家富み，家富めば則ち以て良狗を求むるあり。狗の良ければ則ち数々獣を得，田猟の獲も常に人に過ぎたり。独り猟のみに非ざるなり。百事ことごとく然り。覇王，まず耕さざるありて覇王を成す者，古今あるなし。これ賢者不肖の殊なる所以なり。賢不肖の欲する所は人と同じ。堯・桀・幽・厲みな然り。これを為す所以のもの異なれり。故に賢主はこれを察して，以て為さざるべからざるを為す。以て可となすが故にこれを為す。これを為すに，必ずその道に繇る。物のこれを能く害することなし。これ功の相万※する所以なり。『呂氏春秋』,「貴当篇」)

　狩猟の方法について，極めて——ややもすれば，一種"机上"の——理論的に考察しつつ，定命論的世界観を展開している。その推論の理論形式は，言うまでもなく，定命論的な演繹法であった。

7.『呂氏春秋』における基本的な理論の展開
——荀子流の理論形式の影響——

　以上のように，この『呂氏春秋』における運命論の基調は，荀子流の定命論的理論であった。言うまでもなく，このような荀子流の理論的思惟は，ひとり運命論の領域に限らず，この『呂氏春秋』において，

> 凡物然也，必有故，而不知其故，雖当与不知同，其卒必困，先王名士達師之，所以過俗者，以其知也，……国之存也，国之亡也，身之賢也，身之不肖也，亦皆有以，聖人，不察存亡賢不肖，而察其所以也，(凡そ物の然るや，必ず故あり。その故を知らずんば，当ると雖も，知らざると同じく，それ卒に必ず困まん。先王名士達師の，俗に過ぐる所以の者は，その知るを以てなり。……国の存や，国の

※〈万〉＝培。

第二章　秦代哲学思想概観　──『呂氏春秋』における運命論の諸相，その基礎的理論の概観──

亡や，身の賢や，身の不肖や，またみな以あり。聖人は，存亡賢不肖を察せずして，その所以を察するなり。『呂氏春秋』，「審己篇」）

今之於古也，猶古之於後世也，今之於後世，亦猶今之於古也，故審知今，則可知古，知古，則可知後，古今前後一也，故聖人，上知千歳，下知千歳也，（今の古におけるや，なお古の後世におけるがごときなり。今の後世における，またなお今の古におけるがごときなり。故に審に今を知れば，則ち古を知るべし。古を知れば，則ち後を知るべし。古今前後は一なり。故に聖人は，上は千歳を知り，下は千歳を知るなり。同，「長見篇」）

察今，則可以知古，古今一也，人与我同耳，有道之士，貴以近知遠，以今知古，以益所見，知所不見，故審堂下之陰，而知日月之行，陰陽之変，見瓶水之氷，而知天下之寒，魚鼈之蔵也，嘗一脟肉，而知一鑊之味，一鼎之調，（今を察すれば，則ち以て古を知るべし。古今は一なり。人と我と同じきのみ。有道の士は，近きを以て遠きを知り，今を以て古を知り，以て見る所を益し，見ざる所を知るを貴ぶ。故に堂下の陰を審にして，日月の行・陰陽の変を知り，瓶水の氷を見て，天下の寒を知る。魚鼈の蔵や，一脟の肉※1を嘗めて，一鑊※2の味・一鼎※3の調※4を知るなり。同，「察今篇」）

等々と看取される。まさに，この『呂氏春秋』についての司馬遷の

是時，諸侯多弁士，如荀卿之徒，著書布天下，呂不韋乃使其客，人

※1　〈一脟の肉〉ひときれの肉。
※2　〈鑊〉足のないかなえ。
※3　〈鼎〉足のあるかなえ。
※4　〈調〉和。

第三編　中国古代の哲学思想 III　——先秦～秦代——

> 人著所聞，……，（この時，諸侯に弁士おおし。荀卿※の徒の如きは，書を著して天下に布く。呂不韋すなわちその客をして，人人に聞きし所を著さしむ，……。『史記』，「呂不韋列伝」）

という発言と軌を一にするものであったと考えられる。

かくして，荀子の，その極めて理論的な哲学的思惟の体系は，当時において，一般の思想界の一大潮流をなすものであったことが窺われるのである。

そこで要するに，この『呂氏春秋』の全書を貫く，最も基本的な思惟の形態は——厳密に言えば，多少の例外はあるものの，あくまでも基本的には——この『呂氏春秋』全体の"序論"とも目されている，『呂氏春秋』の「序意篇」に，

> 凡十二紀者，所以紀治乱存亡也，所以知寿夭吉凶也，……上揆之天，下験之地，中審之人，若此，則是非可不可無所遁矣，天曰順，順維生，地曰固，固維寧，人曰信，信維聴，三者咸当，無為而行，行也者，行其理也，行数，循其理，平其私，（凡そ十二紀は，治乱存亡を紀する所以なり。寿夭吉凶を知る所以なり。……上はこれを天に揆り，下はこれを地に験べ，中はこれを人に審にするなり。かくの若くんば，則ち是非可不可の遁るる所なし。天を順と曰う。順はこれ生ず。地を固と曰う。固はこれ寧し。人を信と曰う。信はこれ聴く。三つの者みな当らば，無為にして行なわる。行ないなる者は，その理を行なうなり。数を行ない，その理に循い，その私を平しくするなり。『呂氏春秋』，「序意篇」）

と言われるところの，その編集の理念に沿うものであり，十分にこれを発揮するものであったと考えられるのである。

※〈荀卿〉荀子のこと。

第二章　秦代哲学思想概観　――『呂氏春秋』における運命論の諸相，その基礎的理論の概観――

8．定命論的理論の諸相――さまざまな分野における――

　以上のように，この『呂氏春秋』一書における運命論の基調は，かの荀子のそれと軌を同じくするところの，定命論的理論であった。それゆえにこそ，この定命論的理論は，『呂氏春秋』一書中において，更にその形態を変えて，さまざまな分野で，さまざまな主張を伴って展開されている。

　以下に，いささか引用してみたいと思われる。まず第一に，

　　　夫弗知慎者，是死生存亡，可不可，未始有別也，未始有別者，其所
　　　謂是未嘗是，其所謂非未嘗非，是其所謂非，非其所謂是，此之謂大
　　　惑，若此人者，天之所禍也，以此治身，必死必殃，以此治国，必残
　　　必亡，夫死殃残亡，非自至也，惑召之也，寿長至常亦然，故有道者，
　　　不察所召，而察其召之者，則其至不可禁矣，此論不可不熟，……世
　　　之人主貴人，無賢不肖，莫不欲長生久視，而日逆其生，欲之何益，
　　　凡生之長也，順之也，使生不順者欲也，故聖人必先適欲，室大則多
　　　陰，台高則多陽，多陰則蹶，多陽則痿，此陰陽不適之患也，是故先
　　　王不処大室，不為高台，味不衆珍，衣不燀熱，燀熱則理塞，理塞
　　　則気不達，味衆珍則胃充，胃充則中大鞔，中大鞔而気不達，以此
　　　長生可得乎，昔，先聖王之為苑囿園池也，足以観望労形而已矣，其
　　　為宮室台榭也，足以辟燥湿而已矣，其為輿馬衣裘也，足以逸身煖骸
　　　而已矣，其為飲食酏醴也，足以適味充虚而已矣，其為声色音楽也，
　　　足以安性自娯而已矣，五者，聖王之所以養性也，非好倹而悪費也，
　　　節乎性也，（それ慎むことを知らざる者は，これ死生存亡・可不可，
　　　未だ始めより別あらざるなり。未だ始めより別あらざる者は，その
　　　いわゆる是も未だ嘗て是とならず，そのいわゆる非も未だ嘗て非と
　　　ならず。そのいわゆる非を是なりとし，そのいわゆる是を非なりと
　　　す。これこれを大惑と謂う。かくの若き人は，天の禍する所なり。

第三編　中国古代の哲学思想 Ⅲ　──先秦〜秦代──

これを以て身を治むれば，必ず死し必ず殃し，これを以て国を治むれば，必ず残し必ず亡す。それ死殃残亡は，おのずから至るに非ざるなり。惑のこれを召くなり。寿長の至るも常にまた然り。故に道ある者は，召く所を察せずして，そのこれを召く者を察す。則ちその至るや禁ずべからず，この論は熟せざるべからず。……世の人主貴人，賢不肖となく，長生久視を欲せざるものなし，而も日にその生に逆らう。これを欲すとも何ぞ益せん。凡そ生の長ずるは，これを順にすればなり。生をして順ならざらしむる者は欲なり。故に聖人は必ずまず欲を適にす。室の大なれば則ち陰多く，台の高ければ則ち陽多し。陰多ければ則ち蹶※1し，陽多ければ則ち痿※2す。これ陰陽適せざるの患なり。この故に先王は大室に処らず，高台を為らず，味に衆珍ならず，衣も煇熱ならず。煇熱なれば則ち理※3塞がり，理塞がれば則ち気達せず。味に衆珍なれば則ち胃充ち，胃充つれば則ち中大いに鞔す。中大いに鞔すれば気達せず。これを以て長生は得べけんや。むかし，先聖王の苑囿※4園池を為るや，以て観望して形を労うに足りしのみ。その宮室台榭※5を為るや，以て燥湿を辟くるに足りしのみ。その輿馬衣裘を為るや，以て身を逸んじ骸を煖むるに足りしのみ。その飲食酏醴※6を為るや，以て味を適にし虚を充たすに足りしのみ。その声色音楽を為すや，以て性を安んじみずから娯むに足りしのみ。五つの者は，聖王の性を養う所以なり。倹を好み費を悪むに非ざるなり。性に節するなり。

（『呂氏春秋』，「重己篇」）

※1　〈蹶〉脚気。
※2　〈痿〉足が立たない。
※3　〈理〉脈理。すなわち経絡のこと。
※4　〈苑囿〉禽獣をやしなうところ。
※5　〈榭〉屋根のある台（ものみ台）。
※6　〈酏醴〉〈酏〉は清酒，〈醴〉はあま酒。

第二章　秦代哲学思想概観　——『呂氏春秋』における運命論の諸相，その基礎的理論の概観——

天生人，而使有貪有欲，欲有情，情有節，聖人修節以止欲，故不過行其情也，故耳之欲五声，目之欲五色，口之欲五味情也，此三者，貴賎愚智賢不肖，欲之若一，雖神農黄帝，其与桀紂同，聖人之所以異者，得其情也，由貴生動，則得其情矣，不由貴生動，則失其情矣，此二者，死生存亡之本也，俗主虧情，故毎動為亡敗，耳不可贍，目不可厭，口不可満，身尽府種，筋骨沈滞血脈壅塞，九竅寥寥曲失其宜，雖有彭祖，猶不能為也，……秋早寒，則冬必煖矣，春多雨，則夏必旱矣，天地不能両，而況於人類乎，人之与天地也同，万物之形雖異，其情一体也，故古之治身与天下者，必法天地也，（天は人を生じて，貪るあり欲するあらしむ。欲に情あり，情に節あり。聖人は節を修めて以て欲を止む。故にその情を行なうを過たざるなり。故に耳の五声を欲し，目の五色を欲し，口の五味を欲するは情なり。この三つの者は，貴賎愚智賢不肖，これを欲すること一の若し。神農・黄帝と雖も，それ桀・紂と同じ。聖人の異なる所以の者は，その情を得ればなり。生を貴ぶに由りて動けば，則ちその情を得るなり。生を貴ぶに由らずして動けば，則ちその情を失う。この二つの者は，死生存亡の本なり。俗主はその情を虧くが故に，動くごとに亡敗を為す。耳贍るべからず，目厭くべからず，口満すべからず。身は尽く府種し，筋骨沈滞して血脈壅塞し，九竅寥寥として曲にその宜しきを失う。彭祖※ありと雖も，なお為すこと能わざるなり。……秋早く寒ければ，則ち冬必ず煖かなり。春に雨多ければ，則ち夏必ず旱す。天地は両ながらなすこと能わず。而るを況んや人類においてをや。人の天地におけるや同じ。万物の形は異なりと雖も，その情は一体なり。故に古の身と天下とを治めし者は，必ず天地に法りしなり。同，「情欲篇」）

※〈彭祖〉殷の賢臣の名。七百才の長寿を全うしたといわれる。

第三編　中国古代の哲学思想 Ⅲ　――先秦～秦代――

天生陰陽寒暑燥湿，四時之化，万物之変，莫不為利，莫不為害，聖人察陰陽之宜，弁万物之利，以便生，故精神安乎形，而年寿得長焉，長也者，非短而続之也，畢其数也，畢数之務，在乎去害，何謂去害，大甘大酸大苦大辛大鹹五者充形，則生害矣，大喜大怒大憂大恐大哀五者接神，則生害矣，大寒大熱大燥大湿大風大霖大霧七者動精，則生害矣，故凡養生莫，若知本，知本，則疾無由至矣，精気之集也，必有入也，集於羽鳥，与為飛揚，集於走獣，与為流行，集於珠玉，与為精朗，集於樹木，与為茂長，集於聖人，与為敻明，……流水不腐，戸枢不螻，動也，形気亦然，形不動，則精不流，精不流，則気鬱，鬱処頭，則為腫為風，処耳，則為挶為聾，処目，則為䁾為盲，処鼻，則為鼽為窒，処腹，則為張為疛，処足，則為痿為蹶，軽水所，多禿世癭人，重水所，多尰与躄人，甘水所，多好与美人，辛水所，多疽与痤人，苦水所，多尪与傴人，凡食無強厚味，無以烈味重酒，是以謂之疾首，食能以時，身必無災，凡食之道，無飢無飽，是之謂五蔵之葆，口必甘味，和精端容，将之以神気，百節虞歓，咸進受気，飲必小咽，端直無戻，今世上，卜筮祷祠，故疾病愈来，…故古之人之賎之也，為其末也，（天は陰陽寒暑燥湿・四時の化・万物の変を生じ，利を為さざるなく，害を為さざるなし。聖人は陰陽の宜しきを察し，万物の利を弁じ，以て生に便にす。故に精神は形に安んじて，年寿も長きを得るなり。長しとは，短くしてこれを続ぐに非ざるなり。その数を畢すなり。数を畢すの務は，害を去るに在り。何をか害を去ると謂う。大甘・大酸・大苦・大辛・大鹹の五つの者の形に充つれば，則ち害を生ず。大喜・大怒・大憂・大恐・大哀の五つの者の神に接すれば，則ち害を生ず。大寒・大熱・大燥・大湿・大風・大霖・大霧の七つの者の精を動かせば，則ち害を生ず。故に凡そ生を養うは，本を知るに若くはなし。本を知れば，則ち疾の由りて

第二章　秦代哲学思想概観　――『呂氏春秋』における運命論の諸相，その基礎的理論の概観――

至るなし。精気の集るや，必ず入ることあるなり。羽鳥に集れば，ともに飛揚を為し，走獣に集れば，ともに流行を為し，珠玉に集れば，ともに精朗を為し，樹木に集れば，ともに茂長を為し，聖人に集れば，ともに夐明を為す。……流水は腐らず，戸枢の螻せざるは，動けばなり。形気もまた然り。形動かざれば，則ち精流れず。精流れざれば，則ち気鬱す。鬱の頭に処れば，則ち腫を為し風※1を為す。耳に処れば，則ち挶※2を為し聾を為す。目に処れば，則ち䁱※3を為し盲を為す。鼻に処れば，則ち鼽※4を為し窒を為す。腹に処れば，則ち張を為し疛を為す。足に処れば，則ち痿※5を為し蹶※6を為す。軽水の所には，禿と癭※7人と多く，重水の所には，尰※8と躄※9人と多く，甘水の所には，好と美人と多く，辛水の所には，疽と痤※10人と多く，苦水の所には，尪※11と傴※12人と多し。凡そ食に強厚の味なければ，烈味重酒を以てすることなし。この以に，これを疾首と謂う。食するに能く時を以てすれば，身は必ず災なし。凡そ食の道は，飢うるなく飽くなき，これこれを五蔵の葆※13と謂う。口必ず甘味なれば，精を和らげ容を端しくす。これを将うに神気を以てすれば，百節虞歓し，咸く進んで気を受く。飲必ず小咽

※1 〈風〉頭痛。
※2 〈挶〉耳疾
※3 〈䁱〉めやに。
※4 〈鼽〉はなづまり。
※5 〈痿〉足が立たない。
※6 〈蹶〉脚気。
※7 〈癭〉のどがむせぶ。
※8 〈尰〉足が腫れる病気。
※9 〈躄〉足が立たない。
※10 〈疽〉〈痤〉いずれも瘡毒の病気。
※11 〈尪〉はとむねの病気。
※12 〈傴〉佝僂病。
※13 〈葆〉＝宝。

第三編　中国古代の哲学思想 Ⅲ　——先秦～秦代——

なれば，端直にして戻るなし。今世上，卜筮禱祠す。故に疾病いよいよ来たる。……故に古の人はこれを賤むなり。その末を為せばなり。同，「尽数篇」）

凡事之本，必先治身，嗇其大宝，用其新，棄其陳，腠理遂通，精気日新，邪気尽去，及其天年，此之謂真人，（凡そ事の本は，必ず先ず身を治む。その大宝を嗇み，その新を用い，その陳※1を棄つれば，腠理※2ついに通じ，精気は日に新たに，邪気は尽く去り，その天年に及る。これこれを真人と謂う。同，「先己篇」）

凡人，三百六十節，九竅五蔵六府肌膚，欲其比也，血脈，欲其通也，筋骨，欲其固也，心志，欲其和也，精気，欲其行也，若此，則病無所居，而悪無由生矣，病之留，悪之生也，精気鬱也，故水鬱則為汚，樹鬱則為蠧，草鬱則為蕡，（凡そ人は，三百六十節，九竅五蔵六府肌膚は，その比※3を欲するなり。血脈は，その通を欲するなり。筋骨は，その固を欲するなり。心志は，その和を欲するなり。精気は，その行を欲するなり。かくの若くなれば，則ち病の居る所なくして，悪の由りて生ずることなし。病の留り，悪の生ずるや，精気の鬱すればなり。故に水の鬱すれば則ち汚を為し，樹の鬱すれば則ち蠧を為し，草の鬱すれば則ち蕡を為す。同，「達鬱篇」）

※1 〈陳〉＝旧。
※2 〈腠理〉肌のきめ。
※3 〈比〉バランス。

第二章　秦代哲学思想概観　――『呂氏春秋』における運命論の諸相，その基礎的理論の概観――

等々といった，いわゆる病理学的次元での，一種の病因論的記述※においても，極めて明確に，そして典型的な形で踏襲され（この点については，後（238頁以降）にまた改めて詳述する），あるいは，又，

> 夫兵有本幹，必義必智必勇，義則敵孤独，敵孤独則上下虚民解落，孤独則父兄怨，賢者誹，乱内作，智則知時化，知時化則知虚実盛衰之変，知先後遠近縦舎之数，勇則能決断，能決断則能若雷電飄風暴雨，能若崩山破潰，別弁賁墜，若鷙鳥之撃也，……夫民無常勇亦無常怯，有気則実，実則勇，無気則虚，虚則怯，怯勇虚実，其由甚微，不可不知，勇則戦，怯則北，戦而勝者，戦其勇者也，戦而北者，戦其怯者也，怯勇無常，儵忽往来，而莫知其方，惟聖人独見其所由然，故商周以興，桀紂以亡，功拙之所以相過……凡兵貴其因也，因也者，因敵之険，以為己固，因敵之謀，以為己事，能審因而加勝，則不可窮矣，勝不可窮之謂神，神則能不可勝也，夫兵貴不可勝，不可勝在己，可勝在彼，聖人必在己者，不必在彼者，故執不可勝之術，以遇不勝之敵，若此則兵無失矣，凡兵之勝，敵之失也，勝失之兵，必隠，必微，必積，必搏，隠則勝闡矣，微則勝顕矣，積則勝散矣，搏則勝離矣，（それ兵に本幹あり。必ず義に，必ず智に，必ず勇なるなり。

※ このような医学的理論が，『黄帝内経』の，いわゆる「内経医学」と，密接なかかわりがあろうことは，一見して明らかであると思われる。すなわち，荀子のその極めて論理的な哲学的思惟がもたらすところの，これまた極めて精緻で体系的な世界観が，当時の医学家（養生家）たちのうち，あくまでも理性的思惟の次元において，肉体的養生を旨とする一派――とはいえ，決して，西洋的なヒポクラテス・ガレノス／ヴェサリウス・ハーヴィ的な医学ではないが――に深く影響を与え，その養生法（術）の理論としての枠組みの原型となり，それが整理されて，現存する『黄帝内経』としてまとめられるに至ったものであると思われる。従って，まさにこの点こそ，『黄帝内経』，延いては，中国古代の医学思想を，哲学的思想的に解明してゆく上で，非常に重要な鍵をなすものであると思われる。この点で，丸山敏秋『黄帝内経と中国古代医学――その形成と思想的背景及び特質――』（1988年，東京，東京美術）は，示唆に富むものと思われる。参看。とはいえ，このことは，更に複雑な問題も含んでおり，あらたに別稿を立てて論及したいと思う。

義なれば則ち敵は孤独なり。敵の孤独なれば，則ち上下虚にして，民も解落す。孤独なれば則ち父兄は怨み，賢者は誹り，乱の内に作る。智なれば則ち時化を知る。時化を知れば，則ち虚実盛衰の変を知り，先後遠近縦舎の数を知る。勇なれば則ち能く決断す。能く決断すれば，則ち雷電飄風暴雨の若く，能く崩山破潰・別弁賁墜の若く，鷙鳥の撃つが若し。……それ民に常勇なく，また常怯なし。気あれば則ち実ち，実つれば則ち勇なり。気なければ則ち虚しく，虚しければ則ち怯なり。怯勇虚実は，その由る所は甚だ微なれども，知らざるべからず。勇なれば則ち戦い，怯なれば則ち北ぐ。戦いて勝つものは，その勇を戦わする者なり。戦いて北ぐる者は，その怯を戦わする者なり。怯勇に常なく，儵忽として往来して，その方を知るなし。ただ聖人は，独りその由りて然る所を見るのみ。故に商・周は以て興り，桀・紂は以て亡ぶ。巧拙の相過つ所以なり。……凡そ兵は，その因を貴ぶなり。因なる者は，敵の険に因りて以て己が固を為し，敵の謀に因りて以て己が事を為す。能く因を審にして勝に加うれば，則ち窮むべからざるなり。勝の窮むべからざるこれを神と謂う。神なれば則ち能く勝つべからざるなり。それ兵は勝つべからざるを貴ぶ。勝つべからざるは己に在り。勝つべきは彼に在り。聖人は己に在る者を必として，彼に在る者を必とせず。故に勝つべからざるの術を執りて，以て勝たざるの敵に遇わするなり。かくの若くなれば則ち兵の失うことなし。凡そ兵の勝つや，敵の失なり。勝失の兵は，必ず隠に，必ず微に，必ず積に，必ず搏なり。隠なれば則ち勝闠※き，微なれば則ち勝顕れ，積なれば則ち勝散じ，搏なれば則ち勝離る。『呂氏春秋』，「決勝篇」)

※〈闠〉布に同じ。

第二章　秦代哲学思想概観　——『呂氏春秋』における運命論の諸相，その基礎的理論の概観——

と，いわゆる"兵法"の理論※としても，極めて明確な形において踏襲されており，更にまた，

> 耳之情欲声，心不楽，五音在前弗聴，目之情欲色，心弗楽，五色在前弗視，鼻之情欲芬香，心弗楽，芬香在前弗嗅，口之情欲滋味，心弗楽，五味在前弗食，欲之者，耳目鼻口也，楽之，弗楽者心也，心必和平，然後楽，心必楽，然後耳目鼻口有以欲之，故楽之務，在於和心，和心，在於行適，夫楽有適，心亦有適，……夫音亦有適，太鉅者則志蕩，以蕩聴鉅，則耳不容，不容，則横塞，横塞，則振，太小，則志嫌，以嫌聴小，則耳不充，不充，則不詹，不詹則窕，太清則志危，以危聴清，則耳谿極，谿極，則不鑑，不鑑，則竭，太濁，則志下，以下聴濁，則耳不収，不収，則不搏，不搏，則怒，故太鉅太小太清太濁，皆非適也，何謂適，衷音之適也，何謂衷，大不出鈞，重不過石，小大軽重之衷也，黄鐘之宮，音之本也，清濁之衷也，衷也者適也，以適聴適則和矣，楽無太，平和者是也，故治世之音，安以楽，其政平也，乱世之音，怨以怒，其政乖也，亡国之音，悲以哀，其政険也，（耳の情は声を欲するも，心の楽しまざれば，五音の前に在れども聴かず。目の情は色を欲するも，心の楽しまざれば，五色の前に在れども視ず。鼻の情は芬香を欲するも，心の楽しまざれば，芬香の前に在れども嗅がず。口の情は滋味を欲するも，心の楽

※ 以上の記述は，その論理形式および表現形態の両面において，『孫子』のそれに，いちじるしく近似する。『孫子』の書中において看取される，いわゆる孫子の兵法の思想も，荀子の思想体系と同様に，一貫して論理的・分析的な思惟によって形成されており（この点については，拙稿「孫子における世界と人間——哲学的・思想史的観点から——」（『漢学研究』，第24号，1986年，所収）を参看），これらの影響下にあると考えられる『呂氏春秋』の兵家言が，孫子の記述に近似しているのも，極めて当然のことと思われる。とはいえ，『呂氏春秋』の記述は，孫子の，その冷酷なまでに精緻な理論の展開に比べると，いささか雑駁なるの感を禁じえない。両書の性格が，よく表れており，興味深いものがあるように思われるのである。

しまざれば，五味の前に在れども食わず。これを欲する者は，耳目鼻口なり。これを楽しみ，楽しまざる者は心なり。心の必ず和平にして，然る後に楽しむ。心の必ず楽しみて，然る後に耳目鼻口の以てこれを欲することあるなり。故に楽の務は，心を和ぐるに在り。心を和ぐるは，適を行なうに在り。それ楽に適あれば，心にもまた適あり。……それ音にもまた適あり。太だ鉅※1なれば則ち志は蕩く。蕩くを以て鉅を聴けば，則ち耳は容れず。容れざれば，則ち横塞す。横塞すれば，則ち振く。太だ小なれば，則ち志は嫌う。嫌うを以て小を聴けば，則ち耳は充たず。充たざれば，則ち詹らず。詹らざれば則ち窕※2す。太だ清なれば則ち志は危うし。危うきを以て清を聴けば，則ち耳は谿極※3す。谿極すれば，則ち鑑※4せず。鑑せざれば，則ち竭く。太だ濁なれば，則ち志は下る。下るを以て濁を聴けば，則ち耳は収らず。収らざれば，則ち摶らならず。摶らならざれば，則ち怒る。故に太鉅太小太清太濁は，みな適に非ざるなり。何をか適と謂う。衷は音の適なり。何をか衷と謂う。大いさ鈞※5を出でず，重さ石※6に過ざるは，小大軽重の衷なり。黄鐘の宮※7は，音の本なり。清濁の衷なり。衷なる者は適なり。適を以て適を聴けば則ち和す。楽に太なく，平和なる者これなり。故に治世の音は，安らかにして以て楽し。その政の平なればなり。乱世の音は，怨みて以て怒る。その政の乖なればなり。亡国の者は，悲に以て哀なり。その政の険なればなり。『呂氏春秋』，「適音篇」)

※1 〈鉅〉大。
※2 〈窕〉空虚となる。
※3 〈谿極〉虚にしてきわまる。
※4 〈鑑〉鑑賞する。
※5 〈鈞〉三十斤。斤は600グラム。
※6 〈石〉120斤。
※7 〈黄鐘の宮〉，〈黄鐘〉という音律の中の〈宮〉という音階。

第二章　秦代哲学思想概観　——『呂氏春秋』における運命論の諸相，その基礎的理論の概観——

と，政治的次元の思惟の脈絡における音楽——いわゆる〈礼楽〉の〈楽〉——
の理論においても採用され，敷衍されているのであった。

　かくして，この『呂氏春秋』において看取される運命論の基調をなす論理形
式・表現形態は，当時流行の，荀子の哲学的思惟の体系において展開された定
命論的理論を，全面的に踏襲するものであったと考えられるのである。

9．宿命の壁——更なる課題——

　そこで，つぎに引用する一文も，やはり，その定命論的理論の，典型的な一
例であったと見做すことができるであろう。

　　　　　由其道，功名之不可得逃，猶表之与影，若呼之与響，善釣者，出魚
　　　　　乎十仞之下，餌香也，善弋者，下鳥乎百仞之上，弓良也，善為君者，
　　　　　蛮夷反舌，殊俗異習，皆服之，徳厚也，水泉深，則魚鼈帰之，樹木
　　　　　盛，則飛鳥帰之，庶草茂，則禽獣帰之，人主賢，則豪傑帰之，故聖
　　　　　王不務帰之者，而務其所以帰，……缶醯黄，蜹聚之有酸，徒水則必
　　　　　不可，以狸致鼠，以氷致蠅，雖工不能，以茹魚去蠅，蠅愈至，不可
　　　　　禁，以致之之道去之也，桀紂以去之之道致之也，罰雖重，刑雖厳，何
　　　　　益，（その道に由れば，功名の得て逃るべからざること，猶お表の影
　　　　　におけるがごとく，呼の響におけるがごとし。善く釣る者は，魚を
　　　　　十仞※1の下より出だす。餌の香しければなり。善く弋する者は，鳥
　　　　　を百仞の上より下す。弓の良ければなり。善く君たる者は，蛮夷反
　　　　　舌※2・殊俗異習，みなこれに服す。徳の厚ければなり。水泉の深け
　　　　　れば則ち魚鼈はこれに帰し，樹本の盛んなれば則ち飛鳥はこれに帰
　　　　　し，庶草※3の茂れば則ち禽獣はこれに帰し，人主の賢なれば則ち

※1　〈仞〉七尺＝一仞。
※2　〈蛮夷反舌〉南蛮・東夷。〈反舌〉とは外国語のこと。
※3　〈庶草〉衆草。

第三編　中国古代の哲学思想 III　——先秦〜秦代——

豪傑はこれに帰す。故に聖王は，これに帰する者を務めずして，その帰する所以に務むるなり。……缶醢※1は黄※2なり。蜹※3のこれに聚るは，酸あればなり。徒水※4なれば則ち必ず不可なり。狸※5を以て鼠を致き，氷を以て蠅を致く。工なりと雖も能わず。茹魚※6を以て蠅を去らんとすれば，蠅はいよいよ至りて，禁ずべからず。これを致くの道を以てこれを去らんとすればなり。桀・紂は，これを去るの道を以てこれを致かんとせり。罰の重くすと雖も，刑の厳しと雖も，何ぞ益せん。『呂氏春秋』，「功名篇」）

既に概観してきた一連の例にもれず，荀子流の，あの定命論的理論を踏襲するところの，最も典型的な記述であると考えられる。
　ところが，この一文の記述に引き続いて，そのあとに，

……賢不肖，不可以不相分，若命之不可易，若美悪之不可移，桀紂貴為天子，富有天下，能尽害天下之民，而不能得賢名之，関龍逢，王子比干，能以要領之死，争其上之過，而不能与之賢名，（……賢不肖は，以て相分ならざるべからず。命の易うべからざるが若く，美悪の移すべからざるが若し。桀・紂は，貴きこと天子たり，富みて天下を有ち，能く尽く天下の民を害せり。而して賢を得てこれに名とすること能わず。関龍逢・王子比干※7は，能く要領の死※8を以て，その上の過ちを争えり。而もこれに賢名を与うること能わ

※1 〈缶醢〉瓶に入ったしおから。
※2 〈黄〉美味。
※3 〈蜹〉蚊。
※4 〈徒水〉真水。
※5 〈狸〉野猫。
※6 〈茹魚〉腐った魚。
※7 〈関龍逢・王子比干〉関龍逢は桀の忠臣，王子比干は紂の伯父。いずれも桀・紂を諫めて殺された。
※8 〈要領の死〉，〈要領〉とは腰と首。殺されて首と腰とが切り離される。

第二章　秦代哲学思想概観　——『呂氏春秋』における運命論の諸相，その基礎的理論の概観——

ざるなり。『呂氏春秋』，「功名篇」）

と言われるのは，一体いかなるものであろうか。あれほど明確に，かつ典型的に定命論的理論を踏襲し展開しておきながら，一転して，〈賢不肖（けんふしょう）〉はお互いになりかわることのできない——いかんともしがたい——〈命〉であり，〈桀・紂（けつちゅう）〉の，あの数々の悪業も，謂わば"宿命"としてあらかじめ決定されていた，人知・人力ではいかんともしがたい"運命"——より厳密には"宿命"——という現実だったのである，という主張を記述するのである。

　要するに，この日常的な経験の世界において，我々人間は，理論的には定命論的に生活しているのではあるが，しかしながら，現実として，この"世界"自体は，そのような理窟とは無関係に，宿命論的に現象しており，そのことについて，我々人間は本質的に全く無力である，と言わんばかりの記述である。この指摘は，しかし，極めて鋭い。これこそ，我々人間が，理性的思惟の次元において，整合的に存在判断を積み重ねてゆけば，必ずや真正面から衝突するであろうところの大きな壁であり，これこそ，この定命論的理論の最大の問題点であると考えられるからである。（果たして，あの荀子も，実際のところ，この問題に悩まされ，ついに現実の宿命論的事態については，ただひたすらこれに耐えこれを無視する，という態度を執（と）り続けたのであった。）

　このような，いわば投企・被投企の齟齬（そご）は，人間存在の本質に迫る，極めて切実な問題なのであったと考えられる。この『呂氏春秋』においても，この「功名篇」のほか，更に——数は少ないが——一，二ヶ所において看取され，運命論——特に，定命論的理論——に対して，極めて大きな問題を提起し，更なる展開を促しているように思われるのである。

— 195 —

第三編　中国古代の哲学思想 III　——先秦〜秦代——

第三章　秦代哲学思想概論，続
——『呂氏春秋』に見る諸家思想——

第一節　『呂氏春秋』における運命論の諸相
——更なる展開——

1．さまざまな記述

　既に前章において概観した通り，『呂氏春秋』において看取されるところの，秦代——より厳密には，戦国末から秦漢——における運命論の基調は，その論理形式および表現形態の両面にわたって，荀子の定命論を踏襲するものであったと考えられる。ところが，これまた，既に指摘した通り，この『呂氏春秋』中には，基本的には定命論的理論を踏襲しこれを展開していながらも，実際にこの日常的な現実世界は宿命論的な存在系列をなして現象しており，その宿命論的な現実の前に，我々人間は全く無力であると言わんばかりの記述が，極めて少数ではあるが，しかし同時に，極めて明確に看取しうる。前章末尾に引いた「功名篇」の一文は，その典型的な例であると考えられる。ここでは，更に，もう一例だけ挙げてみたい。

　すなわち，「別類篇」には，その冒頭において，先ず，

　　　　知不知上矣，過者之患，不知而自以為知，物多類，然而不然，故亡
　　　　国僇民無已，夫草有莘有藟，独食之，則殺人，合而食之，則益寿，
　　　　万堇不殺，漆淖水淖，合両淖則為蹇，湿之則為乾，金柔錫柔，合
　　　　両柔則為剛，燔之則為淖，或湿而乾，或燔而淖，類固不必可推知
　　　　也，小方大方之類也，小馬大馬之類也，小智非大智之類也，（知ら
　　　　ざるを知るは上なり。過つものの患は知らずして自ら以て知れり
　　　　と為すなり。物は多く類し，然りて然らず。故に国を亡ぼし民を

— 196 —

第三章 秦代哲学思想概論，続 ——『呂氏春秋』に見る諸家思想——

僇※1すること已むなし。それ草に莘あり藟※2あり。独りこれを食らえば，則ち人を殺し，合してこれを食らえば，則ち寿を益す。万堇※3は殺さず。漆淖※4水淖，両淖を合すれば，則ち蹇※5を為し，これを湿せば，則ち乾を為す。金は柔にして錫は柔なり。両柔を合すれば，則ち剛を為し，これを燔けば，則ち淖を為す。或いは湿して乾し，或いは燔きて淖す。類は固に，必ずしも推知するべからず。小方は大方の類なり，小馬は大馬の類なるも，小智は大智の類にあらざるなり。『呂氏春秋』，「別類篇」)

と，まぎらわしい事物を明確に弁明する〈知〉的——すなわち，理性的——判断の重要性を説き，続けて，

魯人有公孫綽者，告人曰，我能起死人，人問其故，対曰，我固能治偏枯，今吾倍所以為偏枯之薬，則可以起死人矣，物固有可以為小，不可以為大，可以為半，不可以為全者也，(魯人に公孫綽というものあり。人に告げて曰く，われ能く死人を起たしむ，と。人その故を問う。対えて曰く，われ固に能く偏枯※6を治す。今われ偏枯の薬を為る所以を倍せば，則ち以て死人を起たしむべし，と。物は固に以て小を為すべくして，以て大を為すべからず，以て半を為すべくして，以て全を為すべからざるものあり。『呂氏春秋』，「別類篇」)

相剣者曰，白所以為堅也，黄所以為牣也，黄白雑則堅且牣，良剣也，難者曰，白所以為不牣也，黄所以為不堅也，黄白雑，則不堅且

※1 〈僇〉ころす。
※2 〈莘〉〈藟〉ともに薬草の名か。未詳。
※3 〈堇〉トリカブト。毒草。
※4 〈淖〉液体。
※5 〈蹇〉=〈堅〉かたい。
※6 〈偏枯〉半身不随の人。

第三編　中国古代の哲学思想 Ⅲ　――先秦～秦代――

> 不韌也，又柔則錈，堅則折，劍折且錈，焉得為利劍，劍之情未革，而或以為良，或以為悪，説使之也，故有以聡明聴説，則妄説者止，無以聡明聴説，則堯桀無別矣，（剣を相るもの曰く，白は堅を為す所以なり。黄は韌※1を為す所以なり。黄白雑れば，則ち堅かつ韌にして，良剣なり，と。難ずるもの曰く，白は韌ならざるを為す所以なり。黄は堅ならざるを為す所以なり。黄白雑れば，則ち堅ならずかつ韌ならざるなり。また柔なれば則ち錈り，堅なれば則ち折る。剣の折れかつ錈るは，焉ぞ利剣たるを得んや，と。剣の情未だ革めず。而も或は以て良と為し，或は以て悪と為す，説のこれを使むるなり。故に聡明を以て説を聴くあれば，則ち妄りに説くもの止み，聡明を以て説を聴く無ければ，則ち堯※2桀※3別なし。（同前）

と，二つの説話によってこれを敷衍し，更に続けて，

> 此忠臣之所患也，賢者之所以廢也，義小為之，則小有福，大為之，則大有福，於禍則不然，小有之，不若其亡也，射招者，欲其中小也，射獣者，欲其中大也，物固不必，安可推也，（これ忠臣の患うる所にして，賢者の廃てらるる所以なり。義の小なる，これを為せば，則ち小しく福あり，大なる，これを為せば，則ち大いに福あり。禍においては則ち然らず。小なりともこれ有るは，その亡きに若かざるなり。招※4を射るものは，その中ることの小ならんことを欲するなり。獣を射るものは，その中ることの大ならんことを欲するなり。物は固より必とすべからず。安ぞ推すべけんや。『呂氏春秋』，「別類篇」）

※1　〈韌〉しなやか。
※2　〈堯〉伝説上の聖王。
※3　〈桀〉伝説上の悪王。
※4　〈招〉＝的。まと。

第三章　秦代哲学思想概論，続 ——『呂氏春秋』に見る諸家思想——

と，定命論的理論を展開する。これは，まぎれもなく，『呂氏春秋』の運命論の基調をなすところの，定命論的理論の典型的な記述であると考えられる。

ところがそれにもかかわらず，同篇中には，右のような，基本的主張点とはうらはらに，先の引用文中にも見える通り，

> 類固不必可推知也，(類は固より必ずしも推知するべからざるなり。『呂氏春秋』，「別類篇」)

とか，あるいは更に明確に，

> 物固不必，安可推也，(物は固より必とすべからず。安ぞ推すべけんや。『呂氏春秋』，「別類篇」)

と，その理論に水を注すがごとき発言が見受けられる。

これは，要するに，この日常的現象の世界において，我々人間は，理論的には定命論的に生きているのではあるが，しかしながら，現実としてこの世界は，そのような理窟とは無関係に，宿命論的に現象しており，そのことについて我々人間は全く無力である，という思惟の表現であると考えられる。

いかに精緻な理論であろうとも，いなむしろ，その理論が精緻であればあるほど，現実に生成消滅を繰り返す現象の雑多のすべてを説明し尽くすことは，より困難なものとなってしまう。我々人間が理性的思惟の次元において，整合的に存在判断を積み重ねてある種の理論を演繹することには，おのずと限界があると考えられるからである。この定命論的理論とて，その例外ではなかったのである。

そこで，この定命論的理論を執る思想家たちも，理論的には，その整合性を信奉しつつも，現実に直面する宿命論的事態には常に不安を抱き悩まされていたのである。そして，それは現実に，あの荀子の苦悩でもあった[※]。

[※] これ以下，荀子の定命論的礼理論については，前編・第一章（45頁〜）を参看。

第三編　中国古代の哲学思想 III　──先秦～秦代──

すなわち，荀子は，おのが定命論的礼理論に絶対の自信を持ち，

> 自知者不怨人，知命者不怨天，（みずからを知る者は人を怨まず，命を知る者は天を怨まず。『荀子』，「栄辱篇」）

とか，あるいは，

> 怨人者窮，怨天者無識，（人を怨む者は窮し，天を怨む者は識※なし。『荀子』，「法行篇」）

とまで断言するが，ときに，

> 仁義徳行，常安之術也，然而未必不危也，汙僈突盗，常危之術也，然而未必不安也，（仁義徳行は，常安の術なり。然り而うして，未だ必ずしも危うからずんばあらざるなり。汙僈突盗は，常危の術なり。然り而うして，未だ必ずしも安からずんばあらざるなり。『荀子』，「栄辱篇」）

> 士君子之所能不能為，君子能為可貴，不能使人必貴己，能為可信，不能使人必信己，能為可用，不能使人必用己，（士君子の能くし，能わざる所なり。君子は，能く貴ぶべきを為すも，人をして必ず己を貴ばしむること能わず。能く信ずべきを為すも，人をして必ず己を信ぜしむること能わず。能く用うべきを為すも，人をして必ず己を用いしむること能わず。同，「非十二子篇」）

と，一種その本音とも思われる述懐を残している。つまり，荀子自身は，この日常的現象世界における宿命論的現実をも，体験的に十分理解していたのである。

※ 〈識〉見識。常識。

第三章　秦代哲学思想概論，続　——『呂氏春秋』に見る諸家思想——

以下は，荀子自身の発言と断定することはできないまでも，宿命の壁に苛まれる荀子の悲痛な心境を伝える記述であった。

　　嗟我何人，独不遇時当乱世，欲衷対，言不従，恐為子胥身離凶，進諫不聴，剄而独鹿棄之江，（ああ我は何人ぞ。独り時に遇わず，乱世に当たる。衷※1を対※2げんと欲するも，言，従われず。恐らくは子胥※3と為りて，身，凶に離い，進諫※4，聴かれず，剄※5するに独鹿※6をもってして，これを江※7に棄てられん。『荀子』，「成相篇」）

　　天下，不治，請陳佹詩，……比干見剖，孔子拘匡，昭昭乎其知之明也，郁郁乎其遇時之不祥也，沸乎其欲礼義之大行也，闇乎天下之晦盲也，皓天不復，憂無疆也，千歳必反，古之常也，弟子勉学，天不忘也，聖人共手，時幾将矣，（天下，治まらず。請う佹詩※8を陳べん。……比干※9は剖かれ，孔子は匡※10に拘わる。昭昭乎として，それ知の明らかなるも，郁郁乎として時に遇うことの不祥なり。沸乎として，礼義の大いに行なわれんことを欲するも，闇乎として，天下の晦盲なり。皓天は復らず，憂いも疆なし。千歳かならず反るは，古の常なり。弟子，学に勉めよ。天は忘れざらん。聖人，手を共※11するも，時ほとんど将にせんとす。……。同，「賦篇」）

※1 〈衷〉忠節。
※2 〈対〉「遂」に同じ。
※3 〈子胥〉呉子胥のこと。
※4 〈進諫〉諫言を述べること。
※5 〈剄〉首をはねる。
※6 〈独鹿〉剣の名。
※7 〈江〉揚子江。
※8 〈佹詩〉変調の詩。
※9 〈比干〉殷の賢臣，暴王の紂に心臓をえぐられた。
※10 〈匡〉地名。
※11 〈共〉手をこまねく。

かくして、この荀子と同じ定命論的理論を奉ずる、この『呂氏春秋』の作者たちも、荀子と同じ「宿命の壁」に苛(さいな)まれるのであった。

2．『呂氏春秋』中に見える宿命論的思惟

既に見た通り、『呂氏春秋』における運命論の基調は、たしかに定命論的理論ではあるが、ときに宿命論の影が垣間見られる。それとともに、この『呂氏春秋』中には、明らかなる宿命論的思惟の記述も散見している。以下、その諸例を引いてみる。

> 夏后氏孔甲，田于東陽萯山，天大風晦盲，孔甲迷惑，入于民室，主人方乳，或曰，后来，是良日也，之子是必大吉，或曰，不勝也，之子是必有殃，后乃取其子以帰，曰，以為余子，誰敢殃之，子長成人，幕動坼橑，斧斫斬其足，遂為守門者，孔甲曰，嗚呼，有疾命矣夫，乃作為破斧之歌，実始為東音，（夏后氏孔申※1、東陽の萯(か)山に田(か)す。天、大いに風(かぜふ)き晦盲(かいもう)※2なり。孔申迷惑し、民室に入(い)る。主人方(まさ)に乳(う)※3む。あるひと曰く、后来る。これ良日なり。この子これ必ず大吉ならん、と。あるひと曰く、勝(た)※4えざるなり。この子これ必ず殃(わざわい)あらん、と。后すなわちその子を取りて以て帰る。曰く、以て余が子と為す、誰か敢えてこれに殃せん、と。子長じて人と成る。幕動きて橑(りょう)※5を坼(さ)き、斧その足を斫斬(しゃくざん)※6す。遂に守門者と為れり。孔甲曰く、嗚呼、疾あるは命なるかな、と。すなわち破斧(はふ)の歌を作為せり。実に始めて東音を為(つく)れり。『呂氏春秋』、「音初篇」）

※1 〈孔申〉夏の国の伝説の王。
※2 〈晦盲〉まっくら。
※3 〈乳〉子供を生む。
※4 〈勝〉＝〈堪〉。
※5 〈橑〉＝橑，たるき。
※6 〈斫斬〉切りおとす。

第三章　秦代哲学思想概論，続 ──『呂氏春秋』に見る諸家思想──

上は，唱歌の起源を述べる「音初篇」の一文である。その内容は措くとして，〈嗚呼(ああ)，疾あるは命なるかな。〉という孔甲の発言は，とりもなおさず，宿命論的思惟の表現そのものであると考えられる。人間の意志や行為とは全く無関係に巡り来る宿命論的現実の前に，我々人間は全く無力である，という典型的な宿命論的思惟を記述する説話であると思われるのである。

引き続き，次の例を見てみたい。

  凡治乱存亡，安危強弱，必有其遇，然後可成，各一則不設，故桀紂雖不肖，其亡遇湯武，遇湯武，天也，非桀紂之不肖也，湯武雖賢，其王遇桀紂也，遇桀紂，天也，非湯武之賢也，若桀紂不遇湯武，未必亡也，桀紂不亡，雖不肖，辱未至於此，若使湯武不遇桀紂，未必王也，湯武不王，雖賢，顕未至於此，故人主有大功，不聞不肖，亡国之主，不聞賢，譬之若良農弁土地之宜，謹耕耨之事，未必収也，然而収者，必此人也，始在於遇時雨，遇時雨，天地也，非良農所能為也，（凡そ治乱存亡，安危強弱は，必ずその遇(ぐう)※1 あり。然(しか)して後に成るべし。おのおの一なれば則ち設けず。故に桀紂※2 は不肖なりと雖(いえど)も，その亡びしは，湯武※3 に遇(あ)えばなり。湯武に遇いしは天なり。桀紂の不肖にあらざるなり。湯武は賢なりと雖(いえど)も，その王たりしは桀紂に遇えばなり。桀紂に遇いしは天なり。湯武の賢にあらざるなり。もし桀紂の湯武に遇わざれば，未(いま)だ必ずしも亡びざるなり。桀紂亡びずんば，不肖と雖(いえど)も，辱(はずかしめ)未だここに至らず。もし湯武をして桀紂に遇わざらしめば，未だ必ずしも王たらざるなり。湯武王たらずんば，賢と雖も，顕(けん)※4 未だここに至らず。故に人主

※1　〈遇〉偶然の邂逅。
※2　〈桀紂〉古代の伝説の悪王。
※3　〈湯武〉古代の聖王。
※4　〈顕〉顕栄。

第三編　中国古代の哲学思想 III　──先秦〜秦代──

の大功あるは，不肖を聞かず。亡国の主は，賢を聞かず。これを譬うれば，良農の土地の宜しきを弁じ，耕耨の事を謹むが若し。未だ必ずしも収めざるなり。然して収むるものは，必ずこの人なり。始めは時雨に遇うに在り。時雨に遇うは天地なり。良農の能く為すところにあらざるなり。(『呂氏春秋』,「長攻篇」)

上は，〈治乱存亡，安危強弱〉といった事態の生起の可能性の本質的制約を〈遇〉──宿命的邂逅──に帰し，宿命論的理論を展開する「長攻篇」冒頭の一文である。この現象世界は，人知・人力とは全く無関係に流転し続ける一種盲目的な宿命の世界である，という典型的な宿命論的思惟の記述であると考えられる。(これ以下，同篇中には，三つの説話による例証がなされるが，内容的に，さして適切なものとは思われない。引用は省略する。)

　以上のように，かの定命論の考え方は，理論としてはほぼ完璧なまでの整合性を有するものであり，『呂氏春秋』の作者たちも，基本的にはこの運命観を奉ずるものではあったが，ときに，彼らも宿命論的現実に直面し，この乗り越えがたい強大な壁に寄まれていたのであった。それでは一体，彼らはこの宿命の問題について，いかなる回答を与えているのであろうか。彼らにとって，この宿命論的現実は，果して，いかに対処されるべきものであったのだろうか。更に続けて，この点について概観してゆきたい。

3．宿命論への回答──判断中止──
　宿命の問題についての，『呂氏春秋』の作者たちの回答は，基本的に，そして理論的には，やはり荀子の定命論的思惟を踏襲するところの，いわゆる「判断中止」の態度であったと考えられる。それは，彼らの運命論の基調が荀子のそれであったことからして，極めて当然の帰結であったと考えられる。

第三章　秦代哲学思想概論，続　——『呂氏春秋』に見る諸家思想——

　すなわち，彼らはこの宿命論的現実を，日常的現象世界の存在系列において一種の限界概念として分節し，あくまでも定命論的理論の埒内で存在判断を積み重ねてゆこうとする。要するに，彼らはこの宿命論的現実には，ただひたすら耐え，その上で定命論的理論を守りぬこうとするのである。

　以下，実際に諸例に添って概観してみたい。

　　　聖人之於事，似緩而急，似遅而速，以待時，王季歴困而死，文王苦之，有不忘羑里之醜，時未可也，武王事之，夙夜不懈，亦不忘王門之辱，立十二年，而成甲子之事，時固不易得，太公望，東夷之士也，欲定一世而無其主，聞文王賢，故釣於渭以観之，……有湯武之賢，而無桀紂之時，不成，有桀紂之時，而無湯武之賢，又不成，聖人之見時，若歩之与影不可離，故有道之士，未遇時，隠匿分竄，勤以待時，時至，有從布衣而為天子者，有從千乗而得天下者，有從卑賎而佐三王者，有從匹夫而報万乗者，故聖人之所貴，唯時也，水凍方固，后稷不種，后稷之種，必待春，故人雖智，而不遇時無功，方葉之茂美，終日采之而不知，秋霜既下，衆林皆嬴，事之難易，不在小大，務在知時，（聖人の事における，緩に似て急，遅に似て速，以て時を待つ。王季歴※1困んで死す。文王これを苦む。羑里の醜※2を忘れざるあり。時未だ可ならざればなり※3。武王これに事え，夙夜懈らず，また王門の辱を忘れず※4。立ちて十二年にして，甲子の事※5を成せり。時は固に得易からず。太公望※6は東夷の士なり。一世を定

※1　〈王季歴〉周の文王の父。
※2　〈羑里の醜〉殷の紂王が悪のかぎりを尽くし，文王を羑里（地名）に幽閉した。
※3　その文王が即刻これを伐たなかったのは，時が熟していなかったからである，との意味。
※4　要するに，文王の子，武王も，〈羑里〉のことを忘れなかった，ということ。
※5　〈甲子の事〉甲子（きのえね）の日に紂王を牧野で伐ち破ったこと。
※6　〈太公望〉呂尚。文王が師と仰いだ。

第三編　中国古代の哲学思想 III　――先秦～秦代――

めんと欲して，その主なし。文王の賢なるを聞き，故に渭[※1]に釣して以てこれを観たり。……湯武の賢あるも，桀紂の時なくば成さず。桀紂の時あるも，湯武の賢なければまた成さず。聖人の時を見る，歩の影と離るべからざるが若し。故に有道の士の，未だ時に遇わずんば，隠匿分竄[※2]，勤めて以て時を待つ。時至れば，布衣[※3]よりして天子と為れるものあり。千乗[※4]よりして天下を得るものあり。卑賎よりして三王を佐くるものあり。匹夫よりして万乗に報ゆるものあり。故に聖人の貴ぶ所は，ただ時なり。水凍りて方に固くば，后稷[※5]も種かず。后稷の種は，必ず春を待つ。故に人智なりと雖も，時に遇わずば功なし。葉の茂りて美なるに方り，終日これを采りて知らず。秋霜既に下れば，衆林みな蠃す[※6]を。事の難易は小大に在らず。務めて時を知るに在り。『呂氏春秋』，「首時篇」）

　上は，いたずらに作為を労せず，ひたすら〈時を待つ〉ことを主張する「首時篇」の一節。ここで，〈時〉とは，日常的現象世界における，存在の時間的分節としての"世界"の一様相の表象であると言えよう。その〈時〉は，人知・人力の遥かに及ばない，何か大きな"力"によってもたらされる，文字通り，宿命論的現実そのものである。このような，謂わば非情な〈時〉に対処するために，我々人間は，ただひたすら〈隠匿分竄，勤めて以て時を待つ。〉と，すなわち，いたずらなはからいを捨て，おのが〈時〉を待つしかない，というのである。
　ところで，このような考え方は，理論的思惟の脈絡としては，明らかに定命

[※1] 〈渭〉渭水。川の名。
[※2] 〈分竄〉〈分〉は分散する。〈竄〉は〈蔵〉，かくれる。
[※3] 〈布衣〉一般庶民。
[※4] 〈千乗〉天子より一段下の位。
[※5] 〈后稷〉伝説上の農業神。
[※6] 〈蠃す〉枯れる。

第三章　秦代哲学思想概論，続　——『呂氏春秋』に見る諸家思想——

論的理論を踏襲するものであると考えられる。すなわち，換言すれば，この日常的現象世界における宿命論的現実を，飽くまでも定命論的理論の埒内で解決してゆこうとするならば，理論的にこのような回答しかありえないであろうと思われるのである。それは，果して，あの荀子の，宿命論的現象に対する回答と全く同一のものであり，この点においても，この『呂氏春秋』の運命論が，あの荀子の定命論的理論を基調として，これを踏襲するものであったことが，極めて明確に看取しうるものであると思われるのである。

　すなわち，荀子も，この宿命論的現実に悩みながらも，飽くまでもおのが理論的思惟を貫き，ついに，

　　　　君子敬其在己者，而不慕其在天者，（君子は，その己に在る者に敬みて，その天に在る者を慕わず。『荀子』，「天論篇」）

と，宿命の問題に関しては，一種の判断中止の態度を執るに至り，

　　　　故君子恥不修，不恥見汙，恥不信，不恥不見信，恥不能，不恥不見用，（故に，君子は修めざるを恥じ，汙※1とせらるるを恥じず。信ならざるを恥じ，信ぜられざるを恥じず。能あらざるを恥じ，用いられざるを恥じず。『荀子』，「非十二子篇」）

と言うがごとく，みずからの正しい行為・心構えにこれ努め，（荀子にとって）不合理きわまりない"宿命"に耐えるか，あるいは，

　　　　故君子道其常，而小人道其怪，（故に，君子は，その常※2に道り，小人は，その怪※3に道る。『荀子』，「栄辱篇」）

―――――――――――
※1　〈汙〉汚辱を受ける。
※2　〈常〉「常道」蓋然性が高い。
※3　〈怪〉めったにない偶然のできごと。

第三編　中国古代の哲学思想 III　──先秦～秦代──

と，ひたすら不合理な宿命に耐えつつ，その定命論的理論が実現する蓋然性の範囲内で，みずからを正したのであった。

かくして，この『呂氏春秋』における運命論は，荀子の定命論的理論を全面的に踏襲するものであったと思われるのである。

以下，続けて諸例を引用してみたい。

> 功名大立，天也，為是故，因不慎其人不可，夫舜遇堯，天也，舜耕於歷山，陶於河濱，釣於雷沢，天下説之，秀士從之，人也，夫禹遇舜，天也，禹周於天下，以求賢者，事利黔首，水潦川沢之湛滞壅塞可通者，禹尽為之，人也，夫湯遇桀，武遇紂，天也，湯武修身積善，為義以憂苦於民，人也，（功名大いに立つは，天なり。この為の故に，因ってその人を慎しまざるは，不可なり。それ舜の堯に遇いしは天なり。舜の，歷山に耕し，河濱に陶し，雷沢に釣するや，天下これを説び，秀士のこれに従えるは，人なり。それ禹の舜に遇いしは，天なり。禹は，天下を周り，以て賢者を求め，事めて黔首※に利せり。水潦川沢の湛滞壅塞通ずべきもの，禹尽くこれを為せるは，人なり。それ湯の桀に遇い，武の紂に遇いしは，天なり。湯武の，身を修め善を積み，義を為して以て民を憂苦せるは，人なり。『呂氏春秋』，「慎人篇」）

上は，宿命論的現実を〈天〉という語彙で表象し，その〈天〉に対する身の処し方を説く「慎人篇」冒頭の一文である。この一篇は，いささか論理的な錯誤もありはするが，全篇を通じて，この主題を敷衍しようとする意図が，極めて明瞭であると思われる。

すなわち，その〈天〉は，いかんともしがたいものであるがゆえに，あえて不問に付し，〈人〉──定命論的理論の実現する範囲内での人為──にこれ務

※〈黔首〉人民。

第三章　秦代哲学思想概論，続 ——『呂氏春秋』に見る諸家思想——

め，〈天〉を得て大功が成就されるのを辛抱強く俟て，と言うのである。
　そこで，この〈天〉は，先に概観した「首時篇」と同様に〈時〉という語彙によって表象しなおされ，更に

> 舜之耕漁，其賢不肖与天子同，其未遇時也，以其徒属堀地財，取水利，編蒲葦，結罘網，手足胼胝不居，然後免於凍餒之患，其遇時也，登為天子，賢士帰之，万民誉之，丈夫女子，振振殷殷，無不戴説，舜自為詩曰，普天之下，莫非王土，率土之浜，莫非王臣，所以見尽有之也，尽有之，賢非加也，尽無之，賢非損也，時使然也，（舜の耕漁，その賢不肖，天子たると同じ。その未だ時に遇わざるや，その徒属を以て，地財※1を掘り，水利を取り，蒲葦を編み，罘網を結び，手足胼胝※2居らず。然して後，凍餒※3の患いを免る。その時に遇うや，登りて天子と為り，賢士これに帰し，万民これを誉む。丈夫女子，振振殷殷※4，戴説※5せざるなし。舜みずから詩を為りて曰く，普天※6の下，王土にあらざるなく，率土の浜※7，王臣にあらざるなし，と。尽くこれを有するを見す所以なり。尽くこれを有す。賢加わるにあらざるなり。尽くこれなき。賢損するにあらざるなり。時の然らしむるなり。『呂氏春秋』，「慎人篇」）

と記述される。要するに，人事を尽くして，天命——ここでいう〈天〉や〈時〉——を俟て，という，宿命の問題に対する，典型的な定命論的回答であると考えられる。

※1 〈地財〉五穀のこと。
※2 〈胼胝〉(手足にできる) マメやあかぎれ。
※3 〈凍餒〉こごえ飢える。
※4 〈振振殷殷〉大いに盛況する。
※5 〈戴説〉いただきよろこぶ。
※6 〈普天〉大いなる天。
※7 〈率土の浜〉あらん限りの陸地。

第三編　中国古代の哲学思想 III　——先秦〜秦代——

そこで同じく，宿命論的現実を〈時〉という語彙によって表象し，それに対する身の処し方を，定命論的理論の観点から論究するものに，

> 凡遇合也時也，不合，必待合而後行，(凡そ遇合[※1]や，時なり。合わずんば，必ず合うを待って後行なう。『呂氏春秋』，「遇合篇」)

という一文に始まる「遇合篇」の記述がある。篇内の論述は，いささか粗雑の感を禁じ得ないが，そこに引く宿命論的現実の諸例は，——いささか世俗的に過ぎるものもありはするが——興味深いものもある。以下に引用してみる。

> 凡能聴音者，必達於五声，人之能知五声者寡，所善悪得不苟，客有以吹籟見越王者，羽角宮徴商不繆，越王不善，為野音而反善之，説之道亦有如此者也，(凡そ能く音を聴くものは，必ず五声[※2]に達す。人の能く五声を知るものは寡し。善悪するところ，苟（いやしくも）せざるを得。客に吹籟[※3]を以て越王に見（まみ）ゆるものあり。羽角宮徴商繆（あやま）たず。越王善みせず。野音を為（な）して反（かえ）ってこれを善みせり。これに道を説くもまた此の如（ごと）きものあり。『呂氏春秋』，「遇合篇」)

> 人有為人妻者，人告其父母曰，嫁不必生也，衣器之物，可外蔵之，以備不生，其父母以為然，於是令其女常外蔵，姑妐知之曰，為我婦而有外心，不可畜，因出之，婦之父母，以謂為己謀者，以為忠，終身善之，亦不知所以然矣，宗廟之滅，天下之失，亦由此矣，故曰，遇合也無常説，適然也，(人の人の妻と為るものあり。人その父母に告げて曰（いわ）く，嫁する必ずしも生きざるなり。衣器の物，外にこれを蔵（ぞう）[※4]し，以て生きざるに備うべし，と。その父母以て然りと為

[※1] 〈遇合〉宿命的な邂逅。
[※2] 〈五声〉中国古代の五音階。宮商角徴羽。
[※3] 〈吹籟〉笛吹き。
[※4] 〈蔵〉かくしてしまっておく。

第三章　秦代哲学思想概論，続 ──『呂氏春秋』に見る諸家思想──

す。ここに於てその女をして常に外に蔵せしむ。姑妐[※1]これを知りて曰く，わが婦となりて外心あり[※2]。畜うべからず，と。因りてこれを出だせり。婦の父母，以て己が為に謀るものを謂いて，以て忠と為し，終身これを善みせり。また然る所以を知らず。宗廟の滅び，天下の失わるるも，またこれに由る。故に曰く，遇合や常説なし。たまたま然るなり，と。（同前）

若人之於色也，無不知説美者，而美者未必遇也，故嫫母執乎黄帝，黄帝曰，厲女徳而弗忘，与女正而弗衰，雖悪奚傷，（人の色におけるが若きなり。美なるものを説ぶを知らざるなし。而も美なるものは，未だ必ずしも遇わざるなり。故に嫫母[※3]黄帝に執[※4]せらる。黄帝曰く，女の徳を厲して忘れず。女と正しうして衰えず。悪しと雖も奚ぞ傷まん，と。同前）

若人之於滋味，無不説甘脆，而甘脆未必受也，文王嗜昌蒲菹，孔子聞而服之，縮頞而食之，三年然後勝之，（人の滋味におけるが若し。甘脆[※5]を説ばざるなし。而も甘脆は，未だ必ずしも受けられざるなり。文王，昌蒲菹[※6]を嗜む。孔子聞きてこれを服し，頞を縮めてこれを食う。三年にして然して後にこれに勝てり[※7]。同前）

人有大臭者，其親戚兄弟妻妾知識，無能与居者，自苦而居海上，海上人有説其臭者，昼夜随之而弗能去，説亦有若此者，（人の大臭の

[※1] 〈姑妐〉しゅうとこじゅうと。
[※2] 〈外心あり〉二心あること。
[※3] 〈嫫母〉黄帝の第四妃。
[※4] 〈執〉寵愛された。
[※5] 〈甘脆〉やわらかくおいしい。
[※6] 〈昌蒲菹〉菖蒲の酢漬け。
[※7] なんとか食べられるようになった，ということ。

第三編　中国古代の哲学思想Ⅲ ——先秦～秦代——

ものあり。その親戚兄弟妻妾知識※1, 能く与に居るものなし。みずから苦んで海上に居る。海上の人, その臭を説ぶものあり。昼夜これに随いて去る能わず。説ぶもまたかくの若きものあり。同前)

陳有悪人焉, 曰敦洽讎麋, 椎顙広顔, 色如漆赭, 垂眼臨鼻, 長肘而癵, 陳侯見而甚説之, 外使治其国, 内使制其身, 楚合諸侯, 陳侯病不能往, 使敦洽讎麋往謝焉, 楚王怪其名, 而先見之, 客有進, 状有悪其名, 言有悪状, 楚王怒, 合大夫而告之曰, 陳侯不知其不可使, 是不知也, 知而使之, 是侮也, 侮且不智, 不可不攻也, 興師伐陳, 三月然後喪, 悪足以駭人, 言足以喪国, 而友之足於陳侯而無上也, 至於亡而友不衰, 夫不宜遇而遇者, 則必廃, 宜遇而不遇者, 此国之所以乱, 世之所以衰也, 天下之民, 其苦愁労務, 従此生, (陳に悪人あり。敦洽讎麋と曰う。椎顙※2広顔, 色漆赭※3の如く, 垂眼臨※4鼻, 長肘にして癵※5なり。陳侯見て甚だこれを説ぶ。外その国を治めしめ, 内その身を制せしむ。楚諸侯を合す。陳侯病んで往く能わず。敦洽讎麋をして, 往きて謝せしむ。楚王その名を怪みて, 先ずこれを見る。客進むる。状にその名を悪しとするものあり。言に悪状あり。楚王怒り, 大夫を合してこれに告げて曰く, 陳侯その使うべからざるを知らざるは, これ知ならざるなり。知りてこれを使うは, これ侮るなり。侮りてかつ智ならず。攻めざるべからず, と。師※6を興して陳を伐ち, 三月にして然して後に喪せり。悪は以て人を駭かすに足り, 言は以て国を喪すに足る。而も友の陳侯に足る

※1 〈知識〉知人たち。
※2 〈椎顙〉額がつき出ている。
※3 〈漆赭〉あから顔をしている。
※4 〈臨〉＝大。
※5 〈癵〉曲がっている。
※6 〈師〉軍隊。

第三章　秦代哲学思想概論，続 ——『呂氏春秋』に見る諸家思想——

こと上なきなり。亡ぶるに至りて，友衰えず。それ宜しく遇うべからずして遇うものは，則ち必ず廃す。宜しく遇うべくして遇わざるものは，これ国の乱るる所以(ゆえん)にして，世の衰うる所以(ゆえん)なり。天下の民，その苦愁労務，これより生ず。同前）

以上，「遇合篇」に見える宿命論的現実の諸例。このような宿命論的現実を，定命論的理論の立場からいかに解決してゆくか，ということが，あの荀子の，そして，その理論を奉ずる，『呂氏春秋』の作者たちの，まさに最大の課題だったのである。

そこで更に，この「慎人篇」の作者は，引き続いて，孔子にまつわる，次のような説話を引用して，この主張を敷衍する。

　　孔子窮於陳蔡之間，七日不嘗食，藜羹不糝，宰予憊矣，孔子弦歌於室，顔回択菜於外，子路与子貢相与而言曰，夫子逐於魯，削跡於衛，伐樹於宋，窮於陳蔡，殺夫子者無罪，藉夫子者不禁，夫子弦歌鼓舞，未嘗絶音，蓋君子之無所醜也，若此乎，顔回無以対，入以告孔子，孔子愀然推琴，喟然而嘆曰，由与賜小人也，召，吾語之，子路与子貢入，子貢曰，如此者可謂窮矣，孔子曰，是何言也，君子達於道，之謂達，窮於道，之謂窮，今丘也，拘仁義之道，以遭乱世之患，其所也，何窮之謂，故内省而不疚於道，臨難而不失其徳，大寒既至，霜雪既降，吾是以知松柏之茂也，昔桓公得之莒，文公得之曹，越王得之会稽，陳蔡之隘，於丘其幸乎，孔子烈然返瑟而弦，子路抗然執干而舞，子貢曰，吾不知天之高也，不知地之下也，古之得道者，窮亦楽，達亦楽，所楽非窮達也，道得於此，則窮達一也，為寒暑風雨之序矣，（孔子は陳蔡※の間に窮し，七日嘗(かつ)て食(くら)わず。

※〈陳蔡〉国名。

第三編　中国古代の哲学思想 III ──先秦～秦代──

藜羹糝えず※1，宰予※2憊れり※3。孔子は，室に弦歌し，顔回※4は，外に択菜す。子路子貢※4と相与にして言って曰く，夫子※5は魯に逐われ，迹を衛に削られ，樹を宋に伐られ，陳蔡に窮せり。夫子を殺せしものは，罪なく，夫子を藉めしものは，禁ぜられず。夫子は，弦歌鼓舞して，未だ嘗て音を絶たず。蓋し君子の醜ずるところなきや，かくの若きか，と。顔回以て対うるなし。入りて以て孔子に告ぐ。孔子愀然※6として琴を推し，喟然として歎じて曰く，由と賜※7とは，小人なり。召べ，われこれに語げん，と。子路と子貢と入る。子貢曰く，かくの如きものは，窮せりと謂うべし，と。孔子曰く，これ何の言ぞや。君子の道に達する，これを達と謂い，道に窮する，これを窮と謂う。今，丘※8や仁義の道に拘わり，以て乱世の患に遭うは，その所なり。何をか窮すとこれ謂わん。故に内に省みて，道に疚しからず，難に臨みて，その徳を失わず。大寒既に至り，霜雪既に降り，われこれを以て，松柏の茂るを知るなり。むかし桓公はこれを莒に得，文公はこれを曹に得，越王はこれを会稽に得たり※9。陳蔡の隘は，丘においてそれ，幸か，と。孔子は烈然として瑟を返して弦し，子路は抗然として干※10を執りて舞えり。子貢曰く，われは天の高きを知らざるなり。地の下きを知らざ

※1 〈藜羹糝えず〉あかざのあつもの（藜羹）に米も肉も入っていない（糝えず）。
※2 〈宰予〉孔子の弟子。
※3 〈憊れり〉つかれきる。
※4 〈顔回〉〈子路〉〈子貢〉みな孔子の弟子。
※5 〈夫子〉＝先生。孔子のこと。
※6 〈愀然〉ハッとして顔色をかえる。
※7 〈由〉子路の名。〈賜〉子貢の名。
※8 〈丘〉孔子の名。
※9 〈むかし桓公は……〉斉の桓公は，無知の乱にあい莒に出奔し，晋の文公は麗姫の中傷にあい曹に行き，越王句踐は呉に敗れて会稽山に逃れたが，いずれも後に雪辱を遂げたことをいう。
※10 〈干〉＝楯。

第三章　秦代哲学思想概論，続　——『呂氏春秋』に見る諸家思想——

るなり。古の道を得しものは，窮するもまた楽しみ，達するもまた楽しむ。楽しむところは，窮達にあらざるなり。道をここに得れば，則ち窮達は一なり。寒暑風雨の序たり，と。『呂氏春秋』，「慎人篇」）

　孔子の運命観にまつわる，同主旨の説話は，ここのほかにも『荀子』「宥坐篇」や『韓詩外伝』（巻七）などにも見られ，宿命の問題に対する，当時の儒家者流の定命論的回答の典型として今に伝えられるものである。これこそまさに，みずからの正しい行為・心構えにこれ努め，不合理な宿命論的現実にはただひたすら耐えるという，荀子において整合的に体系づけられたところの，宿命論的現実に対する，定命論的観点からの，典型的な一回答であったと考えられるのである。

　更にいささか引用してみる。

外物豈可必哉，君子之自行也，敬人而不必見敬，愛人而不必見愛，敬愛人者，己也，見敬愛者，人也，君子必在己者，不必在人者也，必在己，無不遇矣，（外物豈に必すべけんや。君子の自ら行なうや，人を敬して，必ずしも敬せられず。人を愛して，必ずしも愛せられず。人を敬愛するものは己なり。敬愛せらるるものは人なり。君子は己に在るものを必として，人に在るものを必とせざるなり。己に在るものを必とすれば，遇わざるなし。『呂氏春秋』，「必己篇」）

　上は，〈外物は必とすべからず〉で始まる「必己篇」末尾の一文。宿命論的現実の〈外物〉については，あえて不問に付し，ひたすら〈己〉にこれ努める，というのは，既に見た『荀子』「非十二子篇」（57頁）の〈士君子の能く為し，能わざる所，……〉と同主旨であるばかりか，その表現形態・論理形式も，極めて近似したものであり，宿命論的現実に対する，典型的な定命論的回答であると考えられる。

第三編　中国古代の哲学思想 Ⅲ　──先秦～秦代──

最後に，もう一例引用してみる。

> 智者之挙事，必因時，時不可必成，其人事則不広，成亦可，不成亦可，……（智者の事を挙うは，必ず時に因る。時は必ずしも成すべからず。それ人事は則ち広からず。成るもまた可，成らざるもまた可なり。『呂氏春秋』，「不広篇」）

上は，やはり，宿命論的現実を〈時〉という語彙によって表象し，その〈時〉に対する定命論的回答を主張する「不広篇」冒頭の一文である。以下，この主旨を敷衍する，同篇内の説話を引いてみる。

> 鮑叔，菅仲，召忽，三人相善，欲相与定斉国，以公子糾為必立，召忽曰，吾三人者於斉国也，譬之若鼎之有足，去一焉則不成，且小白則必不立矣，不若三人佐公子糾也，菅仲曰，不可，夫国人悪公子糾之母，以及公子糾，公子小白無母，而国人憐之，事未可知，不若令一人事公子小白，夫有斉国，必此二公子也，故令鮑叔傅公子小白，菅子召忽，居公子糾所，公子糾外物則固難必，雖然，菅子之慮，近之矣，若是而猶不全也，其天邪，人事則尽之矣，（鮑叔・菅仲・召忽，三人相善し。相与に斉国を定めんと欲す。公子糾を以て必ず立つと為す。召忽曰く，わが三人のものの斉国におけるや，これを譬うれば，鼎の足あるが若し。一を去れば則ち成らず。且つ小白[※1]は則ち必ず立たず。三人，公子糾を佐くるに若かざるなり，と。菅仲曰く，不可なり。それ国人は公子糾の母を悪み，以て公子糾に及べり。公子小白は母なし。而して国人これを憐む。事未だ知るべからず。一人をして，公子小白に事えしむるに若かざるなり。それ斉国を有するは，必ずこの二公子[※2]なり，と。故に鮑叔をして，公子

※1　〈小白〉（後の）斉の桓公。
※2　〈二公子〉いずれも斉の僖公の子である小白と糾。

第三章 秦代哲学思想概論，続 ——『呂氏春秋』に見る諸家思想——

小白に傅※たらしめ，菅子・召忽は，公子糾の所に居る。公子糾，物を外にすれば，則ち固より必し難し。然りと雖も菅子の慮りこれに近し。かくの若くにしてなお全からざるなり。それ天か。人事は則ちこれを尽くせり。『呂氏春秋』，「不広篇」)

　宿命の問題について，飽くまでも定命論的理論の立場に踏み止まり，認識論的な判断中止を通じて，これに回答を与えようとする限り，畢竟，いわゆる「人事を尽くして天命を俟つ」ことを余儀なくされることは明白であると思われる。上の引例は，その辛さときびしさが，よく描かれている説話であると思われる。

　かくして，宿命の問題に対する定命論的回答は，我々人間に苛酷な負担を強いるのであり，人はこの主張を貫くに当たって，相当の決意と辛苦とを余儀なくされる。以下に引く説話二篇は，その辛さときびしさを，よく伝えるものであると考えられる。

禹南省方済乎江，黄龍負舟，舟中之人，五色無主，禹仰視天而歎曰，吾受命於天，竭力以養人，生性也，死命也，余何憂於龍矣，龍俛耳低尾而逝，則禹達乎死生之分，利害之経也，凡人物者，陰陽化也，陰陽者，造乎天而成者也，天固有衰嗛廃伏，有盛盈蚡息，人亦有困窮屈匱，有充実達遂，此皆天之容物理也，而不得不然之数也，古聖人，不以感私傷神，俞然而以待耳，(禹，南省して江を済るに方り，黄龍舟を負う。舟中の人，五色主なし。禹，仰ぎて天を視て歎きて曰く，吾命を天に受け，力を竭して以て人を養う。生は性なり。死は命なり。余何ぞ龍に憂れん，と。龍は耳を俛せ尾を低れて逝れり。則ち禹は，死生の分，利害の経に達せるなり。凡そ人物は，陰陽の化なり。陰陽は天に造りて成るものなり。天は固より衰嗛廃伏あり，盛盈蚡息あり。人もまた困窮屈匱あり，充実達遂あり。こ

※〈傅〉補佐役。

第三編　中国古代の哲学思想 Ⅲ　——先秦〜秦代——

れみな天の物理を容るるなり。然らざるを得ざるの数なり。古の聖人は，以て私を感じ神を傷ぜず。愉然※1として以て待つのみ。『呂氏春秋』，「知分篇」）

晏子与崔杼盟，其辞曰，不与崔氏，而与公孫氏者，受其不祥，晏子俛而飲血，仰而呼天曰，不与公孫氏，而与崔氏者，受此不祥，崔杼不説，直兵造胸，句兵鉤頸，謂晏子曰，子変言，則斉国吾与子共之，子不変子言，則今是巳，晏子曰，崔子，子独不為夫詩乎，詩曰，莫莫葛藟延于条枚，凱弟君子，求福不回，嬰且可以回而求福乎，子惟之矣，崔杼曰，此賢者不可殺也，罷兵而去，晏子援綏而乗，其僕将馳，晏子撫其僕之手曰，安之，毋失節，疾不必生，徐不必死，鹿生於山，而命懸於廚，今嬰之命，有所懸矣，晏子可謂知命矣，命也者，不知所以然而然者也，人事智巧以挙錯者，不得与焉，故命也者，就之未得，去之未失，国士知其若此也，故以義為之決，而安処之，（晏子と崔杼と盟う。その辞に曰く，崔氏に与せずして，公孫氏に与せば，その不祥を受けん，と。晏子，俛して血を飲み，仰ぎて天を呼んで曰く，公孫氏に与せずして，崔氏に与せば，この不祥を受けん，と。崔杼説ばず。直兵※2胸に造り，句兵※3頸を鉤し，晏子に謂って曰く，子，子の言を変えば，則ち斉国をば吾と子とこれを共にせん。子，子の言を変えずんば，則ち今これのみ，と。晏子曰く，崔氏，子はひとりかの詩※4を為めざるか。詩に曰く，莫莫たる葛藟，条枚に延えり。凱弟※5の君子，福を求むる，回わ

※1 〈愉然〉〈愉〉は〈安〉の意。
※2 〈直兵〉矛。
※3 〈句兵〉戟。
※4 〈詩〉『詩経』，大雅，旱麓。
※5 〈凱弟〉楽しみ和らぐ。

第三章　秦代哲学思想概論，続　──『呂氏春秋』に見る諸家思想──

ず，と。嬰※1は且つ回えるを以て福を求むべけんや。子，これを惟え，と。崔杼曰く，これ賢者，殺すべからざるなり，と。兵を罷めて去れり。晏子，綏※2を援きて乗る。その僕将に馳せんとす。晏子，その僕の手を撫して曰く，これを安んぜよ。節を失う母かれ。疾くするも必ずしも生きず，徐なるも必ずしも死せず。鹿は山に生じて命は廚に懸れり。今嬰の命，懸かるところあり，と。晏子は命を知ると謂うべし。命なるものは，然る所以を知らずして然るものなり。人の智巧を事として以て挙錯するものは，与るを得ず。故に命なるものは，これに就くとも未だ得ず，これを去るとも未だ失わず。国士は，そのかくの若きを知るなり。故に義を以てこれが決を為し，而して安んじてこれに処る。同前）

〈黄竜〉に襲われても毅然として，おのが〈命〉に安んじ，人事を尽くして〈愈然として以て待つのみ。〉の態度を貫いた〈禹〉の姿と，一種諦観にも似た，静かに命を俟つ晏子の姿が，極めてよく描かれている。理性的思惟の次元において，定命論的思惟を奉じつつ，宿命の問題に答えようとした場合，人は結局のところ，このようないわゆる「人事を尽くして天命を俟つ」という判断中止の態度を，ただひたすら守り通すしかないのである。

これは要するに，荀子流の定命論的理論では──理論体系としては，ほぼ完璧なまでの整合性を有しながらも──畢竟，宿命の問題には回答しえないということを示すものであると思われる。そこにこそ，荀子のあの悲痛な叫び（前引，『荀子』「成相篇」）の本質があったのである。

たしかに，おのが〈人事〉を十全に尽くして，静かに〈天命〉を俟ち，その結果に拘泥しないというのは，尊敬すべき有徳の人物ではあろう。しかし，理性的思惟の次元にのみ踏み止まり，人知・人力のかぎりを尽くしつつ，それで

※1　〈嬰〉晏子の名。
※2　〈綏〉車の把手。

もなお，宿命論的現実に対しては，全く無力に，

> 於安思危，於達思窮，於得思喪，(安において危を思い，達において窮を思い，得において喪を思う。『呂氏春秋』，「慎大篇」)

としか言えないのは——更に高く，そしてまた深い，宿命を超えた境地があるだけに——人として，あまりに空虚であり，また過酷に過ぎはしないであろうか。

少なくとも，このことに，あの荀子は——そして更に古くは孔子も——苛まれ，悩み続けたのであった。そして，まさにそこにこそ，高い次元の"行"と深い哲学的思惟とが相俟って，あの壮大な『易伝』の——運命論を含めた——哲学体系が生まれてくる淵源があると考えられはするのであるが，むしろ，一般の諸子たちは——いささか語弊がある表現ではあろうが——より手近に，一種の"逃げ道"を求めた。

その結果が，以下に見る通り，墨家の〈天〉の導入による，定命論的理論の再構成であると考えられ，ここにこそ，いわゆる"雑家"の書物として分類される『呂氏春秋』における運命論の一大特質がみられるのであり，更に言えば，漢代のいわゆる「天人相関説」に連なる，思想史上のきわめて重要なる一コマがあるものと思われるのである※。

4．『呂氏春秋』に見える運命論の特質

そこで引き続いて，『呂氏春秋』に見える運命論の一大特質とでもいうべき，ひとつの特徴的様相を概観してゆきたい。それに先立って，まず，その"特質"が生じ来たった思想的背景を，前章の論述を振り返りながら，一瞥してみたい。

既に概観した通り，『呂氏春秋』において看取されるところの，秦代——よ

※ この点については，あらためて考究したいと考えるが，とりあえずは，浅野裕一氏「『呂氏春秋』と天人相関思想（上）——編集意図探究の一環として——」（『呂氏春秋研究』，第4号，1990年，所収）を参看。

第三章 秦代哲学思想概論，続 ——『呂氏春秋』に見る諸家思想——

り厳密には，戦国末から秦漢——における運命論の基調は，その論理形式および表現形態の両面に亙って，荀子の定命論的理論を踏襲するものであった。そして，それは，あの宿命の問題に対する回答においても，全く同じであった。すなわち，この日常的現象の世界を，人事・自然を問わず，原因－結果の無限の，そして規則正しい連鎖において表象するという，極めて理論的な世界観を持つ，この定命論的理論を執る——荀子は言うまでもなく——『呂氏春秋』の作者たちは，その理論が全く通用しない宿命論的現実に直面したときにも，かたくななまでにその理論を守り，敢えて宿命論的現実を無視するのであった。

それは，理性的思惟の次元において理論的に存在判断を積み重ねるという彼らの思惟の形態からして，当然の帰結ではあったと思われるが，しかし，それにしても，そのような態度は——たしかに，現実的であり，この点で，中国哲学の一典型であると言えようが——宿命の問題に対して，あまりにも無力であり，我々人間にとって，あまりにもきびしく過酷でさえあると思われる。

そこで，一方に，深い"行"の実践と，それに伴う，高い次元の哲学的思惟を備えた『易伝』の哲学体系が生み出され，そして又ここでは，一種"逃げ道"として——と言えば，いささか語弊もあろうが——かの墨家の〈天〉の復活，もしくは，それとの融合が行なわれるのであったと考えられる。かくして，いささか破格とも思われる，定命論的理論の立場からの，宿命の問題に対するもうひとつの回答が，そこにおいて試みられたのであった。

そこでまず，以下において，その墨家の，謂わば〈天〉の運命論を概観し，その上で論述を進めてみたい。

5．墨子の〈天〉とその定命論的思惟

墨家の運命論も，理論的には，荀子の——そして，言うまでもなく，『呂氏春秋』の——それと同様に，定命論的理論であったと考えられる。但，その理論を主張する際に，

第三編　中国古代の哲学思想 Ⅲ　——先秦〜秦代——

> 天子，為善，天能賞之，天子，為暴，天能罰之，天子有疾病禍祟，必斎戒沐浴，潔為酒醴粢盛，以祭祀天鬼，則天能除去之，（天子，善を為せば，天能くこれを賞し，天子，暴を為せば，天能くこれを罰し，天子に疾病禍祟[※1]あれば，必ず斎戒沐浴し，潔く酒醴粢盛[※2]を為りて，以て天鬼[※3]を祭祀すれば，則ち天は能くこれを除去す。『墨子』，「天志中篇」）

> 天子有善，天能賞之，天子有過，天能罰之，天子賞罰不当，聴獄不中，天下疾病禍祟，霜露不時，（天子に善あれば，天能くこれを賞す。天子に過あれば，天能くこれを罰す，天子の賞罰あたらず，聴獄[※4]あたらざれば，天は疾病禍祟を下し，霜露，時ならず。同，「天志下篇」）

とか，あるいは，より端的に

> 愛人，利人者，天必福之，悪人賊人者，天必禍之，（人を愛し，人を利する者は，天必ずこれに福し，人を悪み人を賊なう者は，天必ずこれに禍す。『墨子』，「法儀篇」）

等と言われる通り，みずから推し戴く〈天〉を，その実現の可能性の理論的制約として，善因善果・悪因悪果の完全な応報——すなわち，定命論的理論——を主張したのであった。

　これは，要するに，この日常的現象の世界における全事象・全存在が，〈天〉という超越的な存在の目的的な意志のもとに所為している，という，カテゴリ

※1　〈疾病禍祟〉やまいとたたり。天が降す罰である。
※2　〈酒醴粢盛〉さけ・あまざけ・大きくもった穀物の供え物。
※3　〈天鬼〉この〈鬼〉はいわゆる〈鬼神〉の〈鬼〉。従って〈天鬼〉とは，「天の神様」というほどの意味。
※4　〈聴獄〉争いごとに裁定をくだすこと。

第三章 秦代哲学思想概論, 続 ――『呂氏春秋』に見る諸家思想――

一論的に言えば, 因果律の民間信仰的色彩を伴った拡大解釈であると思われる。従って, 墨子のいわゆる〈天〉の淵源も, ほぼ明らかなものとも思われるが, いずれにせよ荀子においては, 善も悪もない――言うまでもなく, 我々人間にとって"超越的"な――ただの自然現象であった〈天〉が, そこでは人間の善と悪とを認知してそれに応じた回答を出す, という存在として認められているのである。

墨家のこのような世界観は, 存在論的に極めて重要な意義を持つものであり, 中国哲学――延いては, 哲学そのもの――において, まさに特筆すべき思惟の形態であると考えられる。果して『呂氏春秋』中においても, その「制楽篇」や「順民篇」において, 墨家のこのような思惟が看取される。すなわち, 「制楽篇」の記述についてはすでに触れ (43頁～) また紙面の関係上, ここでは割愛するが, 「順民篇」には,

> 昔者, 湯克夏而正天下, 天大旱, 五年不収, 湯乃以身祷於桑林曰, 余一人有罪, 無及万夫, 万夫有罪, 在余一人, 無以一人之不敏, 使上帝鬼神傷民之命, 於是翦其髪, 囅其手, 以身為犠牲, 用祈福於上帝, 民乃甚説, 雨乃大至, 則湯達乎鬼神之化, 人事之伝也, (むかし湯, 夏に克ちて天下を正※1めたり。天大いに旱し, 五年収めず※2。湯すなわち身を以て桑林に祷りて曰く, 余一人に罪あり。万夫に及すなかれ。万夫の罪あるは, 余一人に在り。一人の不敏※3を以てし, 上帝鬼神をして, 民の命を傷けしむるなかれ, と。ここにおいてその髪を翦り, その手を囅※4き, 身を以て犠牲と為し, 用って福を上帝に祈る。民すなわち甚だ説び, 雨すなわち大いに至れり。則ち湯は, 鬼神の化,

---

※1 〈正〉ここでは〈治〉の意味。
※2 〈五年収めず〉五年間も収穫がなかった。
※3 〈不敏〉仕事ができない。
※4 〈囅〉爪を切る。

第三編　中国古代の哲学思想 Ⅲ　――先秦～秦代――

人事の伝に達せしなり。『呂氏春秋』,「順民篇」)

という説話を載せる。これも又，典型的な墨家の世界観を物語るものであり，いわゆる後墨あるいは末墨の伝えたものであろう。従って，本来，墨家のこの定命論的理論は単なる理論ではなく，一種宗教的な信仰の要請であったと考えられ，この点で，その哲学的思惟の脈絡は荀子や『呂氏春秋』の作者たちのそれとは，その次元を殊にするものであったと思われるのである。

すなわち，あくまでも理性的思惟の次元において，直感－悟性の存在判断を理論的に体系づけてゆく荀子や『呂氏春秋』の作者たちと，一種宗教的な存在としての〈天〉を，おのが"生"の中に体現してゆこうとする墨家の思想家たちとは，それぞれ全く別々の世界の住人たちであったと考えられるのである。従って，そのおのおのの主張する定命論的理論も，本来まったく別の哲学的思惟のなせるものであり，それぞれの哲学的脈絡の中で，それぞれ異なった哲学的意義を持つものであったと思われるのである。

とはいえ，それらを飽くまでも理性的思惟の次元で理論的に見るならば，理論としては全く同一の形態を有するものであり，但，墨家のそれには，一種"超論理的"な絶対のうしろだて〈天〉が，その理論の実現の可能性の本質的制約として取り入れられている，という差違が――あくまで理論的には――あるだけのことなのであった。そこに着目し，この〈天〉を理論的に，おのが定命論的理論に取り入れたのが，この『呂氏春秋』の作者たちであったと考えられるのである。

以下，実際に諸例を挙げてみる。

6.『呂氏春秋』に特徴的な運命論の諸相

まず最も典型的な例を挙げてみたい。

凡生非一気之化也，長非一物之任也，成非一形之功也，故衆正之所

第三章　秦代哲学思想概論，続 ——『呂氏春秋』に見る諸家思想——

積，其福無不及也，衆邪之所積，其禍無不逮也，（凡そ生は一気の化にあらざるなり。長は一物の任にあらざるなり。成は一形の功にあらざるなり。故に衆正の積むところ，その福及らざるなきなり。衆邪の積むところ，その禍逮らざるなきなり。『呂氏春秋』，「明理篇」）

上は，〈義理〉を明らかにして，正しい政治を行なうことを論理的に主張する「明理篇」の一文である。森羅万象の生成消滅を論理的に分析し，そこから人の〈禍〉〈福〉までをも論理的に割り切ろうとする，典型的な荀子流の定命論的思惟の記述であると考えられる。

ところが，この後文において，

有狼入於国，有人自天降，市有舞鴟，国有行飛，馬有生角，雄鶏五足，有豕生而彌，鶏卵多毈，有社遷処，有豕生狗，国有此物，其主不知驚惶亟革，上帝降禍，凶災必亟，其残亡死喪，殄絶無類，流散循饑無日矣，此皆乱国之所生也，不能勝数，尽荊越之竹，猶不能書，（狼の国に入るあり。人の天より降るあり。市に舞鴟あり。国に行飛あり。馬に角を生ずるあり。雄鶏五足なるあり。豕の生れて彌※1なるあり。鶏卵に毈※2多く，社の処を遷すあり。豕の狗を生むあり。国にこの物あり，その主驚惶して亟かに革むるを知らず。上帝禍を降し，凶災必ず亟かにして，それ残亡死喪，殄絶※3類なく，流散して循いに饑うること日無し※4。これみな乱国の生ずるところなり。数うるに勝うる能わず。荊越の竹を尽すとも，なお書する能わず※5。『呂氏春秋』，「明理篇」）

※1　〈彌〉蹄に甲がない。
※2　〈毈〉かえらない卵。
※3　〈殄絶〉ほろびたえる。
※4　〈日無し〉間もなくやってくること。
※5　〈荊越の竹……〉〈荊越〉は竹の産地。中国古代においては竹に書き記していた。

第三編　中国古代の哲学思想 III　——先秦〜秦代——

と言われるのは、如何であろうか。超自然的な——その意味では、宿命論的だが——事象を列挙して、これを〈これみな乱国の生ずるところなり。〉と定命論的に表象し、しかも、その理論の可能性の本質的契機を〈上帝〉という一種の無制約的存在の能為に帰しているのは、明らかに墨家のあの世界観に基づくものであると考えられる。

とはいえ、これも理論的には定命論的理論であり、前文における明らかなる荀子流の——そして、言うまでもなく、この『呂氏春秋』における運命論の基調たる——定命論的理論に引き続いて、このような一文が記述されている事実を見れば、ここに、『呂氏春秋』の作者たちの意図が、極めて明確に看取できるものであると思われるのである。

すなわち、彼らは、そのままでは宿命論的現実に対して全く無力であり、ただひたすらそれに耐えるしかなかった定命論的理論に、墨家の〈天〉という超論理的な、従って又、絶対的な概念を——飽くまでも概念として——論理的に導入することによって、おのが理論の論理的な実現性を、完璧なまでの高さに押し上げたのであった。ここにおいて、既に論理的には完成の域にあった、荀子流の定命論的理論は——あくまでも、論理的に、ではあるが——いわば絶対のうしろだてを得て、いよいよその完成度が高まるのであった。（とはいえ、哲学的に見れば、このような論理的操作は、あまりにも安易であり、あまりにも悲しい。）

かくして、勢いを得た定命論的理論は、更に次のようにも記述される。

　　凡帝王者之将興也、天必先見祥乎下民、黄帝之時、天先見大螾大螻、黄帝曰、土気勝、土気勝故、其色尚黄、其事則土、及禹之時、天先見草木、秋冬不殺、禹曰、木気勝、木気勝故、其色尚青、其事則木、及湯之時、天先見金、刃生於水、湯曰、金気勝、金気勝故、其色尚白、其事則金、及文王之時、天先見火、赤烏銜丹書、集于周社、文

第三章　秦代哲学思想概論，続　——『呂氏春秋』に見る諸家思想——

> 王曰，火気勝，火気勝故，其色尚赤，其事則火，代火者必将水，天且先見水気勝，水気勝故，其色尚黒，其事則水，水気至而不知数備，将徒于土，（凡そ帝王者の将に興らんとするや，天は必ず先ず祥※1を下民に見わす。黄帝の時，天は先ず大螾大螻※2を見せり。黄帝曰く，土気勝つ，と。土気勝つが故に，その色は黄を尚び，その事は土に則れり。禹の時に及び，天は先ず草木を見し，秋冬殺せず※3。禹曰く，木気勝つ，と。木気勝つが故に，その色は青を尚び，その事は木に則れり。湯の時に及び，天は先ず金を見し，刃，水に生ぜり。湯曰く，金気勝つ，と。金気勝つが故に，その色は白を尚び，その事は金に則れり。文王の時に及び，天は先ず火を見し，赤鳥の丹書を銜み，周社に集れり。文王曰く，火気勝つ，と。火気勝つが故に，その色は赤を尚び，その事は火に則れり。火に代わるものは，必ず将に水ならんとす。天はまさに先ず水気の勝つを見さんとす。水気勝つが故にその色は黒を尚ぶ。その事は水に則る。水気至りて数の備るを知らず。将に土に徙らんとす。『呂氏春秋』，「応同篇」）

後世にいわゆる「天人相関説」，あるいは「五行災異説」を彷彿させる一文である。ここにいわゆる〈天〉は，いうまでもなく，墨家的な有神論的〈天〉であるが，その理論は荀子流の定命論的理論であると考えられる。このことは，これに続く同篇の記述を見れば明らかであろう。すなわち，

> 天為者時，而不助農於下，類固相召，気同則合，声比則応，鼓宮而宮動，鼓角而角動，平地注水，水流湿，均薪施火，火就燥，山雲草莽，水雲魚鱗，旱雲煙火，雨雲水波，無不皆類其所生以示人，故以

※1 〈祥〉めでたいきざし。
※2 〈螾〉＝みみず。〈螻〉＝おけら。
※3 〈殺せず〉枯れない。

第三編　中国古代の哲学思想 III　——先秦〜秦代——

龍致雨，以形逐影，師之所処，必生棘楚，禍福之所自来，衆人以為命，安知其所，夫覆巣毀卵，則鳳凰不至，刳獣食胎，則麒麟不来，乾沢涸漁，則亀龍不往，物之従同，不可為記，子不遮乎親，臣不遮乎君，君同則来，異則去，故君雖尊，以白為黒，臣不能聴，父雖親，以黒為白，子不能従，黄帝曰，茫茫昧昧，因天之威，与元同気，故曰，同気賢於同義，同義賢於同力，同力賢於同居，同居賢於同名，帝者同気，王者同義，覇者同力，勤者同居則薄矣，亡者同名則㥘矣，其智弥㥘者，其所同弥㥘，其智弥精者，其所同弥精，故凡用意，不可不精，夫精五帝三王之所以成也，成斉類同，皆有合，故堯為善而衆善至，桀為非而衆非来，商箴云，天降災布祥，並有其職，以言禍福人或召之也，（天の為すものは時にして，農を下に助※1さず。類は固に相招き，気同ずれば則ち合し，声比すれば則ち応ず。宮※2を鼓して宮動き，角※2を鼓して角動く。平地に水を注げば，水は湿に流れ，薪を均しうして，火を施せば，火は燥に就く。山雲には草莽※3あり。水雲には魚鱗あり。旱雲には煙火あり。雨雲には水波あり。みなその生ずるところに類して，以て人に示さざるなし。故に龍を以て雨を致き，形を以て影を逐い，師※4の処る所には，必ず棘楚を生ず。禍福の自り来たる所は，衆人は以て命と為す。安んぞその所を知らん。それ巣を覆して卵を毀れば，則ち鳳凰至らず。獣を刳りて胎を食えば，則ち麒麟来らず。沢を乾し漁を涸せば，則ち亀龍往かず。物の同に従う，記を為すべからず。子は親に遮られず。臣は君に遮られず。君同ずれば則ち来たり，異すれば則ち去る。故に君は尊しと雖も，白を以て黒と為さば，臣は聴う能わず。父は

※1　〈助〉＝成。
※2　〈宮〉〈角〉ともに中国古代の五音階のひとつ。
※3　〈草莽〉草むら。
※4　〈師〉軍隊。

第三章　秦代哲学思想概論，続　――『呂氏春秋』に見る諸家思想――

親なりと雖も，黒を以て白と為せば，子は従う能わず。黄帝曰く，茫茫昧昧，天の威により，元と気を同じうす，と。故に曰く，気を同じうするは，義を同じうするより賢り，義を同じうするは，力を同じうするより賢り，力を同じうするは，居を同じうするより賢り，居を同じうするは，名を同じうするより賢る，と。帝者は気を同じうし，王者は義を同じうし，覇者は力を同じうす。勤むるもの居を同じうすれば則ち薄く，亡ぶるもの名を同じうすれば則ち觕し。その智いよいよ觕ければ，その同じうするところいよいよ觕く，その智いよいよ精しきものは，その同じうするところいよいよ精し。故に凡そ意を用うる，精しからざるべからず。それ精しきは，五帝三王の成りし所以なり。成斉類同みな合うあり。故に堯は善を為して，衆善至り，桀は非を為して，衆非来たれり。商箴に云わく，天は災を降し，祥を布く。並なその職るところあり，と。以て禍福は人のこれを召く或るを言えるなり。『呂氏春秋』，「応同篇」)

という作者の思惟の脈絡は，明らかに荀子的な定命論的理論の次元にあるものと考えられる。つまり，この篇の作者は，既に指摘した通り，飽くまでも，荀子的な定命論的理論の脈絡において，そこに論理的に墨家の〈天〉を導入して，その理論の裏付けとしているのであると考えられる。このような，謂わば"荀墨折衷"の思惟こそ，漢代の天人相関説の先駆をなすものとして注目され，又このような点にこそ，この『呂氏春秋』の思想史的意義があるものと思われるのである。

このような思惟は，更に次のようにも記述される。

凡人主必信，信而又信，誰人不親，……天行不信，不能成歳，地行不信，草木不大，春之徳風，風不信，其華不盛，華不盛，則果実不生，夏之徳暑，暑不信，其土不肥，土不肥，則長遂不精，秋之徳雨，

第三編　中国古代の哲学思想 Ⅲ　——先秦～秦代——

雨不信，其穀不堅，穀不堅，則五種不成，冬之徳寒，寒不信，其地不剛，地不剛，則凍閉不開，天地之大，四時之化，而猶不能以不信成物，又況乎人事，君臣不信，則百姓誹謗，社稷不寧，処官不信，則少不畏長，貴賤相軽，賞罰不信，則民易犯法，不可使令，交友不信，則離散鬱怨，不能相親，百工不信，則器械苦偽，丹漆染色不貞，夫可与為始，可与為終，可与尊通，可与卑窮者，其唯信乎，信而又信，重襲於身，乃通於天，以此治人，則膏雨甘露降矣，寒暑四時当矣，（凡そ人主は必ず信，信にしてまた信ならば，誰人か親まざらん。……天行信ならずんば，歳を成す能わず。地行信ならずんば，草木大ならず。春の徳は風，風信ならずんば，その華盛ならず。華盛ならずんば，則ち果実生ぜず。夏の徳は暑，暑信ならずんば，その土肥えず。土肥えずんば，則ち長遂※1精ならず。秋の徳は雨，雨信ならずんば，その穀堅※2からず。穀堅からずんば，則ち五種成らず。冬の徳は寒，寒信ならずんば，その地剛からず。地剛からずんば，則ち凍閉して開かず。天地の大，四時の化にして，而もなお信ならざるを以てして，物を成す能わず。又況んや人事においてをや。君臣信ならずんば，則ち百姓誹謗し，社稷寧からず。官に処りて信ならずんば，則ち少は長を畏れず，貴賤相軽んず。賞罰信ならずんば，則ち民易りて法を犯し，令せしむべからず。交友信ならずんば，則ち離散鬱怨して，相親む能わず。百工信ならずんば，則ち器械苦偽，丹漆染色貞しからず。それ与に始めを為すべく，与に終りを為すべく，与に尊通すべく，与に卑窮すべきものは，それただ信か。信にしてまた信ならば，身に重襲して，すなわち天に通ず。これを以て人を治むれば，則ち膏雨甘露降り，寒暑四時当る。

※1　〈遂〉＝成。
※2　〈堅〉＝好。

第三章　秦代哲学思想概論，続 ──『呂氏春秋』に見る諸家思想──

『呂氏春秋』,「貴信篇」)

　人事・自然を問わず，一貫して全く同一次元の思惟を貫き，定命論的理論を主張する。これは，既に再三見てきた通りの，この『呂氏春秋』の運命論の基調をなす，典型的な思惟の形態であったと考えられる。しかし，最後に，〈……すなわち天に通ず。これを以て人を治むれば，則ち膏雨甘露降り，寒暑四時当たる。〉と言って，その主張の裏付けとして，墨家的な〈天〉に論及して，その記述を終えている。やはり，典型的な荀墨折衷の定命論的理論であったと言えるであろう。

　かくして，この『呂氏春秋』における運命論の最大の特質は，既に見た通り，荀子的な定命論的理論に墨家の〈天〉の概念を導入して，その理論の裏付けとしている点であったと考えられる。『呂氏春秋』中における，このような思惟の記述は，既に概観した通りであるが，更に典型的な例として，いわゆる「十二紀」首章の記述を取り挙げてみたい。この「十二紀」首章の記述こそ，私のいわゆる"荀墨折衷"の典型的な一様相を現在に伝える好箇の記述であると考えられるからである。以下，実際に例文を引用し，むすびに代えたい。

7．定命論的思惟としての時令説

　『呂氏春秋』,「十二紀」の首章十二篇は，いわゆる時令説の記述である。つまり，四季折々の自然現象を隅なく分析・列挙し，それに応じた政令を施す，という典型的な荀子流の定命論的理論の記述であると考えられる。今，その「孟春紀」を例に取り，これをいささか概観してみる。すなわち，「孟春紀」は，先ず，

　　　　孟春之月，日在営室，昏参中旦尾中，其日甲乙，其帝太皞，其神句芒，其蟲鱗，其音角，律中太蔟，其数八，其味酸，其臭羶，其祀戸，

第三編　中国古代の哲学思想 Ⅲ　——先秦〜秦代——

祭先脾，東風解凍，蟄虫始振，魚上冰，獺祭魚，候雁北，天子居青陽左个，乗鸞輅，駕蒼龍，載青旂，衣青衣，服青玉，食麦与羊，其器疏以達，（孟春の月，日は營室※1に在り。昏に參※1中し旦に尾※1中す。その日は甲乙。その帝は太皡。その神は句芒。その蟲は鱗。その音は角※2。律は太蔟※3に中り，その数は八。その味は酸。その臭は羶※4。その祀は戸。祭るときは脾を先にす。東風凍を解き，蟄虫始めて振き，魚冰に上り，獺魚を祭り，候雁北よりす。天子青陽の左个に居り，鸞輅に乗り，蒼龍に駕し，青旂※5を載て，青衣を衣，青玉を服し，麦と羊とを食う。その器は疏にして以て達す。『呂氏春秋』，「孟春紀」）

と，この〈孟春の月〉の諸事象を隈なく列挙する。続いて，

是月也，以立春，先立春三日，太史謁之天子曰，某日立春，盛徳在木，天子乃斎，立春之日，天子親率三公九卿諸侯大夫，以迎春於東郊，還乃賞卿諸侯大夫於朝，命相布徳和令，行慶施恵，下及兆民，慶賜遂行，無有不当，迺命太史，守典奉法，司天日月星辰之行，宿離不貣，無失経紀，以初為常，是月也，天子乃以元日祈穀于上帝，乃択元辰，天子親載耒耜，措之于参保介御之間，率三公九卿諸侯大夫，躬耕帝籍田，天子三推，三公五推，卿諸侯大夫九推，反執爵于太寝，三公九卿諸侯大夫皆御，命曰労酒，（この月や立春なるを以て，立春に先つこと三日，太史これを天子に謁げて曰く，某日は立春なり。盛徳は木に在り，と。天子乃ち斎す。立春の日，天子親ら

※1　〈營室〉〈參〉〈尾〉いずれも二十八宿のひとつ。天の方位を示す。
※2　〈角〉中国古代の五音階のひとつ。
※3　〈太蔟〉十二律（十二の音楽）のひとつ。
※4　〈羶〉なまぐさい。
※5　〈青旂〉青龍の旗。

— 232 —

第三章　秦代哲学思想概論，続 ——『呂氏春秋』に見る諸家思想——

　　三公九卿諸侯大夫を率い，以て春を東郊に迎え，還りて乃ち卿諸侯大夫を朝に賞す。相に命じて，徳を布き令を和げ，慶※1を行ない恵を施し，下兆民に及し，慶賜遂行せられ，当たらざることある無からしむ。迺ち太史に命じ，典を守り法を奉じ，天の日月星辰の行を司り，宿離忒わず，経紀※2を失う無からしむ。初を以て常と為す。この月や，天子乃ち元日を以て，穀を上帝に祈む。乃ち元辰※3を択びて，天子親ら耒耜※4を載ち，これを参保介※5と御との間に措く。三公九卿諸侯大夫を率いて，躬ら帝の籍田※6を耕す。天子は三推し，三公は五推し，卿諸侯大夫は九推す。反りて爵を太寝※7に執る。三公九卿諸侯大夫みな御す。命けて労酒と曰う。『呂氏春秋』，「孟春紀」）

とか，あるいは，

　　是月也，天気下降，地気上騰，天地和同，草木繁動，王布農事，命田舎東郊，皆修封疆，審端径術，善相丘陵阪険原湿，土地所宜，五穀所殖，以教道民，必躬親之，田事既飭，先定準直，農乃不惑，是月也，命楽正入学習舞，（この月や，天気下降し，地気上騰し，天地和同し，草木繁動す。王，農事を布く。田※8に命じて東郊に舎り，みな封疆※9を修めて，審に径術※10を端し，善く丘陵阪険

※1 〈慶〉＝賞。
※2 〈経紀〉天文の進退度数。
※3 〈元辰〉吉日。
※4 〈耒耜〉すきとくわ。
※5 〈参保介〉警護の者。
※6 〈籍田〉上帝を祭る田。
※7 〈太寝〉政堂。
※8 〈田〉農業を司る官。
※9 〈封疆〉田と田の境界。
※10 〈径術〉あぜ道とみぞ。

第三編　中国古代の哲学思想 Ⅲ　——先秦〜秦代——

原隰(げんしゅう)，土地の宜しきところ，五穀の殖(しょく)するところを相(み)，以(もっ)て民を教道す。必ず躬(み)これを親(みずか)らす。田事既に飭(いまし)め，先づ準直※1を定むれば，農乃ち惑わず。この月や，楽正※2に命じ，学に入り舞を習わしむ。『呂氏春秋』，「孟春紀」）

と，それに応じた政令の実施を主張する。これは，言うまでもなく，荀子流の定命論的理論であると考えられる。

このことは，いささか逆説めくが，

乃修祭典，命祀山林川沢，犠牲無用牝，禁止伐木，無覆巣，無殺孩虫胎夭飛鳥，無麛無卵，無聚大衆，無置城郭，掩骼霾髊，是月也，不可以称兵，称兵必有天殃，兵戎不起，不可以従我始，無変天之道，無絶地之理，無乱人之紀，孟春行夏令，則風雨不時，草木早槁，国乃有恐，行秋令，則民大疫，疾風暴雨数至，藜莠蓬蒿並興，行冬令，則水潦為敗，霜雪大摯，首種不入，（乃ち祭典を修め，命じて山林川沢に祀るに，犠牲に牝(ひん)を用うる無からしむ。木を伐(き)るを禁止し，巣を覆(くつがえ)すことなく，孩虫(がいちゅう)※3胎夭飛鳥を殺すこと無く，麛(べい)する無く※4，卵する無く※5，大衆を聚(あつ)むる無く，城郭を置つる無く，骼(かく)を掩(おお)い髊(し)を霾(おさ)めしむ※6。この月や，以て兵を称(あ)ぐべからず。兵を称ぐれば必ず天殃あり。兵戎起らずんば，以て我より始むべからず。天の道に変(もと)る無く，地の理を絶つ無く，人の紀を乱す無かれ。孟春に夏令を行なえば，則ち風雨時ならず，草木早く槁れ，国乃ち恐あり。秋令を行なえば，則ち民大(おおい)に疫(えき)し，疾風暴

※1　〈準直〉きまり，基準。
※2　〈楽正〉楽官の長。
※3　〈孩虫〉幼虫。
※4　〈麛〉鹿の子。転じて獣の子。〈麛するなく〉とはそれら獣の子を殺さないこと。
※5　〈卵するなく〉卵を取らない。
※6　〈骼を掩い……〉道端に遺棄されている屍体を埋葬する。

第三章 秦代哲学思想概論，続 ——『呂氏春秋』に見る諸家思想——

　　雨 数(しばしば)至(いた)り，藜莠蓬蒿※1並び興る。冬令を行なえば，則ち水潦(すいりょう)※2
　　敗を為し，霜雪大に摯(おおい)ち，首種※3入(み)らず。『呂氏春秋』，「孟春紀」)

という，いわゆる「違令説」においても，極めて典型的に看取しうると思われる。原因－結果の連鎖の実現を，極めて厳密に要請する，典型的な定命論的理論であると考えられる。そこで，これとは反対に，

　　……行之是令，而甘雨至三旬，（……これこの令を行なえば，甘雨至ること三旬なり。『呂氏春秋』，「季春紀」，又「孟夏紀」)

　　……行之是令，是月甘雨三至，三旬二日，（……これこの令を行なえば，甘雨三たび至ること，三旬二日なり。同，「季夏紀」)

等と言われるのは，少数ながら，この時令説の定命論的理論をそのまま直截に記述するものであると考えられる。従って，この「孟春紀」——に代表されるところの「十二紀」首章十二篇——の思惟の脈絡は，基本的に荀子のあの定命論的理論であったと言えると思うのである。

　ところが，篇中にはまた，

　　是月也，天子乃以元日，祈穀于上帝，……（この月や，天子乃ち元日を以(もっ)て，穀を上帝に祈(もと)む，……『呂氏春秋』，「孟春紀」)

　　是月也，不可以称兵，称兵必有天殃，……（この月や，以て兵を称(あ)ぐるべからず。兵を称ぐれば，必ず天殃あり，……同前)

とあり，その定命論的理論の裏付けとして，墨家の〈天〉（あるいは〈上帝〉〈皇天上帝〉等とも呼称される）が導入されていたことが窺われるのである。

※1 〈藜〉あかざ，〈莠〉はぐさ，〈蓬蒿〉よもぎ，いずれも雑草。
※2 〈水潦〉大水。
※3 〈首種〉（最初に実るべき）穀物。

第三編　中国古代の哲学思想 Ⅲ　——先秦～秦代——

果して，他の「十二紀」首章の各篇においても，このことが，

> 是月也，……命有司，為民祈祀山川百原，大雩帝用盛楽，……（この月や，……有司※1に命じて，民のために山川百原を祈祀し，大いに帝を雩※2するに，盛楽を用いしむ，……『呂氏春秋』，「仲夏紀」）

> 是月也，……令民，無不咸出其力，以供皇天上帝，名山大川，四方之神，以祀宗廟社稷之霊，為民祈福，（この月や，……民に令して，みなその力を出さずということなからしめ，以て皇天上帝，名山大川，四方の神に供し，以て宗廟社稷の霊を祀り，民のために福を祈む。同，「季夏紀」）

> 是月也，乃命宰祝，巡行犠牲，視全具，案芻豢，瞻肥瘠，察物色，必比類，量小大，視長短，皆中度，五者備当，上帝其享，……（この月や，乃ち宰祝※3に命じて，犠牲を巡行せしむ。全具を視て芻豢※4を案え，肥瘠を瞻て物色を察し，必ず比類して小大を量り，長短を視てみな度に中て，五者備り当りて，上帝それ享く……同，「仲秋紀」）

> 是月也，大饗帝，嘗犠牲，告備于天子，（この月や，人いに帝を饗し嘗※5す。犠牲の備わることを天子に告ぐ。同，「季秋紀」）

> 是月也，大飲蒸，天子乃祈来年于天宗，大割祠于公社及門閭，饗先祖五祀，労農夫，以休息之，（この月や大いに飲蒸※6す。天子乃ち

※1　〈有司〉刑獄を司る役人。
※2　〈雩〉雨ごい。
※3　〈宰祝〉犠牲を養い，祝い事をする神官。
※4　〈芻豢〉家畜を養うこと。
※5　〈嘗〉宗廟の秋祭を行なう。
※6　〈飲蒸〉蒸祭（冬の祭）をして飲食する。

第三章　秦代哲学思想概論，続 ――『呂氏春秋』に見る諸家思想――

来年を天宗に祈め，大いに割きて公社および門閭を祠り，先祖五祀を饗し，農夫を労いて以てこれを休息せしむ。同，「孟冬紀」）

等と，さまざまな政治的儀礼の形態において記述されている。

かくして，この「十二紀」首章十二篇における時令説の記述こそ，その理論的根拠を有神論的〈天〉に措くところの定命論的理論――すなわち，"荀墨折衷"の定命論的理論――の典型をなすものであり，これこそ，この『呂氏春秋』における運命論の一大特質であったと考えられるのである。そして，更に言えば，『呂氏春秋』のこのような定命論的理論こそ，後世の天人相関説の先駆をなすものとして注目される。これは思想史的な観点から視て，極めて重要な問題であり，かつ又，このような問題を考究する際にこそ，この『呂氏春秋』の思想史的な意義のひとつが現れてくるものと思われるのである。

いずれにせよ，この問題は，非常に興味深いものであり，更に機会をあらためて論及してみたいと思うところである。

以上，『呂氏春秋』において看取される，中国古代の運命論の諸相を垣間見た。それはいささか断片的なものながら，中国古代の思想史を概観する上で，極めて重要なる，さまざまな課題を現在の我々に提供するものであったと思われる。そこでつぎに，同じくこの『呂氏春秋』一書の中に散見するところの，中国古代医学思想の原初形態について，いささか概観してみたい。言うまでもなく，中国古代の医学思想は『黄帝内経』や『傷寒論』において典型的に看取されるものではあるが，その"原型"とでも言うべき思想形態が既にこの『呂氏春秋』中において看取され，その本質的な考え方を把握するのに極めて有益であると考えられるからである。

そこで以下，先ず『呂氏春秋』「尽数篇」に見える中国古代医学思想の原初形態から，これを概観してゆきたい。

第三編　中国古代の哲学思想 Ⅲ　――先秦～秦代――

第二節　『呂氏春秋』にみる中国古代医学思想の原初形態

1.『呂氏春秋』「尽数篇」における中国古代医学思想の概観

そこで，前節末尾において指摘した通り，以下，実際に『呂氏春秋』「尽数篇」の医学思想を，哲学的に分析してみたい。

先ず冒頭の一文。中国古代における医学思想の根幹をなす，最も本質的な考え方が，極めて典型的に記述されていると思われる。つぎの通りである。

> 天生陰陽寒暑燥湿，四時之化，万物之変，莫不為利，莫不為害，聖人察陰陽之宜，弁万物之利，以便生，故精神安乎形，而年寿得長焉，
> （天は陰陽寒暑燥湿，四時の化，万物の変を生じ，利を為さざるなく，害を為さざるなし。聖人は，陰陽の宜しきを察し，万物の利を弁じ，以て生に便にす。故に精神は形※に安んじて，年寿も長きを得るなり。『呂氏春秋』，「尽数篇」）

〈聖人〉は，〈天〉が〈生〉じた〈陰陽寒暑〉〈四時の化〉等の，いわゆる"自然の運行"に従って，〈精神〉と〈形〉のバランスを取って長寿をなしとげる，と言うのである。そこには先ず，生理学的次元における人間存在が，〈天生〉のままの自然な――バランスのとれた――本来的なあり方において，本質的に〈寿〉き存在である，という，極めて重大な"認識"があると思われる。

この"認識"については，既に先達の指摘もあるにはあるが，しかし，その医学思想上に占める哲学的意義の重大さについては，いささか見過ごされがちであったように思われる。すなわち，医学思想全体の脈絡において，このような"認識"は，かの"自然治癒力"（vis medicatrix naturae）の概念と並んで，その古典的な位相において，たとえば，ヒポクラテスの

※〈形〉身体。

第三章　秦代哲学思想概論，続 ――『呂氏春秋』に見る諸家思想――

$\nu o \acute{u} \sigma \omega \nu \quad \phi \acute{u} \sigma \iota \epsilon \iota \varsigma \quad \grave{\iota} \eta \tau \rho o \acute{\iota} \quad (\pi \epsilon \rho \grave{\iota}$
$\grave{\epsilon} \pi \iota \delta \eta \mu \iota \widehat{\omega} \nu \zeta)$

自然は最良の医師である。(『流行病』, 6)

とか, あるいは

$\grave{\omega} \phi \epsilon \lambda \epsilon \widehat{\iota} \nu \quad \mathring{\eta} \quad \mu \mathring{\eta} \quad \beta \lambda \acute{\alpha} \pi \tau \epsilon \iota \nu \quad (\pi \epsilon \rho \grave{\iota}$
$\grave{\epsilon} \pi \iota \delta \eta \mu \iota \widehat{\omega} \nu \alpha)$

助力せよ。せめて害うな。(『流行病』, 1)

といったことばや, 更にはA・パレの,

Je le pansay. Dieu le guarit.
私は包帯を巻き, 神が治したまう[※1]。

という発言, そして又, ア―ユル＝ヴェ―ダを代表とする, インド古代医学においても, ほぼ一様に看取されるものであると思われる[※2]。それは, 古典的な医学思想の脈絡において, 謂わば一種の"常識"として位置づけられる概念であったと考えられるのである。

　古代人たちが, いかにしてこの概念を直覚し体得するに至ったか, という哲

[※1] アムブロワーズ＝パレの, このあまりにも有名な, しかし, その出典が不明確な言葉について, とりあえずは, Malgaigne, J. F., *Surgery and Ambroise Pare*, translated and edited by W. B. Hamby, University of Oklahoma Press, Norman, 1965, P. 363～を参看。尚又, 後述のウィルヒョウの言葉についても, その出典は必ずしも明確ではない。今, とりあえず Virchow, R. L. C., *Die Cellularpathologie in ihrer Begrundung auf physiologische und pathologische Gewebelehre*, Berlin, 1858 を参看。

[※2] この点については, 大日方大乗『仏教医学の研究』(1965年, 東京, 風間書房, 第一章) や, 丸山博監修, ア―ユルヴェ―ダ研究会編『インド伝統医学入門』(1990年, 東京, 東方出版, 第一章――一), 更に, 幡井勉編『生命の科学ア―ユルヴェ―ダ』(1990年, 東京, 柏樹社, 第一章) や, K. N. Udupa, *Promotion of Health for All by Ayurveda and Yoga*, The Tora Printing Works, India, 1985, P. 13～等を参看。又, この概念のもつ, 医学思想史全般における意義については, Neuburger, M., *Die Lebre von der Heilkraft der Natur im Wandel der Zeiten*, F. Enke, Stuttgart, 1926, S. 105～を参看。

第三編　中国古代の哲学思想 III　――先秦～秦代――

学的に極めて重大で興味ある問題は、とりあえずさておき、この概念が現代医学の脈絡において、いかに位置づけられているかを一瞥してみれば、この古代医学におけるひとつの"常識"の大きな意義が――いささか逆説的に、ではあるが――極めて明瞭になるものと思われる。そこで今、現代の医学（史）家たちの、近代的で緻密な医学（史）的研究を管見するに、おおむね、現代医学は、この古き良き"常識"を捨て去る過程を経て、近代的な医学体系を築くに至った、とされているようである[※1]。そして、この捨て去られた"常識"を今だに実践し、まさにその実践によってこそ、その存在の可能性が本質的に制約されるところの医療（的）行為を遂行する（した）のが、現代日本においていえば、整体法や愉気を行う達人であり[※2]、操体法を施す名人であり[※3]、あるいは、いわゆる"千島学説"を奉じつつ総合的な医療を目指す医師たちの如き[※4]、いわゆる"異端医療"を実践する（した）人々であると考えられる。

かくして、この"常識"は、医学思想全体の脈絡において、その古典的な位相における存在論的な次元で、本質的な一契機をなす重大な概念であり、古典的な医学思想の、謂わば一大特質であったと言っても決して過言ではないと思われるのである。そこで、この『呂氏春秋』「尽数篇」の冒頭においても、既に指摘した通り、生理学的次元の人間存在が、本来的に〈寿（いのちなが）〉き存在であるとする、古代医学の一大特質たる"常識"が、極めて明瞭に看取できるものであると思われるのである。

同時に又、ここにおける、個々の人間存在を〈精神（こころ）〉と〈形（からだ）〉の統合体とし

[※1] この点については、小川鼎三『医学の歴史』（1964年、東京、中央公論社）や、川喜田愛郎『近代医学の史的基盤』上冊（1977年、東京、岩波書店）等の文献の処々において指摘されるところである。
[※2] すなわち、野口晴哉『治療の書』（1977年、東京、全生社）や、『整体法の基礎』（1977年、東京、全生社）等を参看。
[※3] すなわち、橋本敬三『操体法の医学』（1986年、東京、農山漁村文化協会）を参看。
[※4] すなわち、馬淵通夫『綜合医学への道』（1983年、東京、地湧社）を参看。なお、謂うところの"千島学説"については、千島喜久男『骨髄造血学説の再検討』（1954年、東京、医学書院）や、『血液と健康の知恵』（1977年、東京、地湧社）等を参看。

第三章　秦代哲学思想概論，続　——『呂氏春秋』に見る諸家思想——

て把握し，そのほどよきバランスこそが長寿の要訣である，とする考え方も同様に——日常的な次元の思惟の脈絡においては，むしろ自然なことのように思われるが，現代医学（思想）においては，種々の事情もありはしようが，結果的に——捨て去られた"認識"であり，従って，これも又，古代医学——少なくとも，中国古代における医学思想——における，極めて大きな特質のひとつをなすものであると思うのである。

　ウィルヒョウの，

　　Omnis cellula a cellula. (*Die Cellularpathologie in ihrer Begründung auf physiologische und pathologische Gewebelehre*, 1858)
　　全ての細胞は細胞から。(『生理学的および病理学的な組織学を基礎とする細胞病理論』)

という，いわゆる"細胞病理学説"(Cellularpathologie)において，徹底的に，機械論的に分析された"ヒト"の姿は，もはや日常的な人間生活の次元での"人間"のそれではない。そこに，極度に発達し細分化された，厳密な"学"の体系としての現代医学と，"人間"としての取り扱いを受けることなく，病苦におののく現代人との，手のほどこしようもない大きな乖離の萌芽があることに鑑みれば，この〈精神〉と〈形〉のほどよきバランスが長寿の要訣であるという，まさに古き良き——そして，人間存在の本質を鋭く突く——考え方が，中国古代——延いては，古代世界全体にわたる——医学思想の一大特質をなすものであったということは，むしろ，極めて容易に首肯されるところであろう。

　以上，先ずこの「尽数篇」冒頭の一文における医学思想の，極めて基本的な考え方について，これを分析してみた。続いて，これに続く一文を見てゆきたい。

2．具体的な養生方について

『呂氏春秋』，「尽数篇」の本文には，続いて，

> 長也者，非短而続之也，畢其数也，畢数之務，在乎去害，何謂去害，大甘大酸大苦大辛大鹹五者充形則生害矣，大喜大怒大憂大恐大哀五者接神則生害矣，大寒大熱大燥大湿大風大霖大霧七者動精，則生害矣，故凡養生，莫若知本，知本，則疾無由至矣。（長しとは，短くしてこれを続ぐに非ざるなり。その数を畢すなり。数を畢すの務は，害を去るに在り。何をか害を去ると謂う。大甘・大酸・大苦・大辛・大鹹の五つの者の形に充つれば，則ち害を生ず。大喜・大怒・大憂・大恐・大哀の五つの者の神に接すれば，則ち害を生ず。大寒・大熱・大燥・大湿・大風・大霖・大霧の七つの者の精を動かせば，則ち害を生ず。故に凡そ生を養うは，本を知るに若くはなし。本を知れば，則ち疾の由りて至るなし。『呂氏春秋』，「尽数篇」）

とある。これは，先にいささか指摘した，かの基本的な"認識"に基づいて，更に具体的な〈養生〉の方途を説く記述であると考えられる。

すなわち，本質的に〈寿〉き存在である人間が，その，いわゆる"天寿"を全う——〈その数を畢〉——して，長生を遂げるためには，

一，食事において，〈大甘〉〈大酸〉〈大苦〉等の，いわゆる"過食"あるいは"偏食"を避け，ひかえめな食生活を送ること。

二，日常生活において，〈大喜〉〈大怒〉〈大憂〉等の精神的動揺も，過度を謹み，平静に生活すること。

三，自然環境としての〈寒〉〈熱〉〈燥〉等も，人間の身体に大いに影響を与える。十分に注意して，それらに順応してゆくこと。

第三章　秦代哲学思想概論，続 ——『呂氏春秋』に見る諸家思想——

という三点に，よくよく気を配って生活することだ，と言うのである。いささか形而上学的な脈絡において，本来〈寿(いのちなが)〉き人間存在の〈畢数〉という目標を遂行するための〈養生(ようせい)〉法を——具体的には，いわゆる"節制"の方途を——生理学的・病理学的な語彙によって，病因論な語り口で記述するものであると考えられる。本来〈寿(いのちなが)〉き存在ではあっても，種々の"過多"がそれを〈害(そこな)〉う，とされているのである。

ここで，一，の，いわば"食養生"については，これが〈形(からだ)〉のためであるとされ，又，二，の主張は，むしろ精神的な位相で説かれ，更に，三，の〈精〉——「尽数篇」の後文にもある通り，身－心相関的な意味で，これら両者を網羅する概念としての〈精気(いのち)〉——が，環境的変動の影響を受けて〈害〉——病変——を生ずる，とされているのは，先ず第一に，日常生活全般にわたる過不足なきバランスを要訣とする節制——いわゆる〈適欲〉——を主張するものであり，ここに中国古代医学思想の一特質が，極めて明確に看取されると思われる。すなわち，後代のいわゆる"内経医学"の内・外両因はもとより，南宋陳言の，いわゆる〈外所因〉〈内所因〉〈不内外因〉といった病理学説の原初形態が，ここに出揃っているのである※。

このことは，この「尽数篇」の後文において，その食養生について，

> 凡食無強厚味，無以烈味重酒，是以，謂之疾首，食能以時，身必無災，凡食之道，無飢無飽，是之謂五臓之葆，口必甘味，和精端容，将之以神気，百節虞歓，咸進受気，飲必小咽，端直無戻，（凡そ食に強厚の味なければ，烈味重酒を以(も)てすることなし。この以(ゆえ)に，こ

※ このことは，南宋陳言の『三因極一病源論』に詳しい。但，いわゆる"内経医学"では，主に〈内因〉と〈外因〉の二つを認めるのみである。いずれにせよ，『呂氏春秋』，「尽数篇」のこの記述が，それらの病因論の起原になっていることは，ほとんど疑いないところであろう。これら諸点については，大塚恭男「中国医学の伝統」（村上陽一郎編『知の革命史6 医学思想と人間』，1979年，東京，朝倉書店，所収）を参看。

— 243 —

第三編　中国古代の哲学思想 Ⅲ　——先秦〜秦代——

れを疾首※1と謂う。食するに能く時を以てすれば、身は必ず災なし。凡そ食の道は、飢うるなく飽くなき、これこれを五蔵の葆※2と謂う。口必ず甘味なれば、精を和げ容を端くす。これを将うに神気を以てすれば、百節虞歓し、咸く進んで気を受く。飲必ず小咽ならば、端直にして戻るなし。『呂氏春秋』、「尽数篇」）

と記述され、偏りなき食生活が、何よりの健康のもとであると敷衍されている。

とはいえ、更に重要なことは、ここにおいて、病理学的な脈絡で、具体的な〈害〉——〈寿〉き本性をそこなう身心の病変——をもたらす"病因"が、はからずも、身・心・身一心という、人間存在の全体像の中で捉えられているという事実である。これこそ、中国古代医学思想の、おそらく最大の特質のひとつであると思われる。このことは、本文に続いて、つぎのように説明される。

精気之集也、必有入也、集於羽鳥、与為飛揚、集於走獣、与為流行、集於珠玉、与為精朗、集於樹木、与為茂長、集於聖人、与為敻明、（精気の集るや、必ず入ることあるなり。羽鳥に集れば、ともに飛揚を為し、走獣に集れば、ともに流行を為し、珠玉に集れば、ともに精朗を為し、樹木に集れば、ともに茂長を為し、聖人に集れば、ともに敻明を為す。『呂氏春秋』、「尽数篇」）

ここで〈精気〉とは、存在論的次元で、森羅万象の生成消滅の可能性の本質的な契機となりつつ具体的に実在する、精緻なあるものの謂いであろう。その思想史的な詮索——たとえば、『易経』「繋辞上伝」や『呂氏春秋』「圜道篇」等にも見えるこの語彙との関係——については、これを他稿に委ね、ここで特に注視すべきは、この〈精気〉が、人間はもとより、〈羽鳥〉や〈走獣〉といった動物も、そして植物たる〈樹木〉も、更には〈珠玉〉という無生物までをも構

※1 〈疾首〉病気の始め、もと。
※2 〈葆〉＝宝。

第三章　秦代哲学思想概論，続 ——『呂氏春秋』に見る諸家思想——

成しているということであるが，その上更に特筆すべきは，その人間も，既に触れた通り，その〈精神〉と〈形〉のいずれもが，この〈精気〉の構成するところとであるとされているということである。要するに，この日常的生活の次元での"世界"の中の，存在論的な意味での森羅万象——従って，いわゆる"心"や"精神"といったものまで含めたすべての存在——は，ひとり，この〈精気〉——あるいは，単に〈気〉——として存在している，というのである。

このような世界観があればこそ，人間を〈精神〉と〈形〉の統合体として把握し，更には環境世界としての自然の運行と，統合体としての人間の相即が，具体的な事実として説かれうるのであると考えられる[※1]。つまり，この〈精気〉——延いては，〈気〉一般——こそ，身－心・人－宇宙という相関における，認識論的・存在論的，両次元に亙る媒介なのであった。このような世界観を基底に持つ医学思想は，決して，ひとり中国古代において専有されたものではなく，既に触れたヒポクラテスやアーユルヴェーダにおいても，ほぼ一様に看取される[※2]。すなわち，それは人間機械論的換元主義を哲学的背景に持つ現代医学に捨て去られた，古き良き古代の医学思想の一大特質であったと思われるのである。そこで，以下，更に本文の内容を分析してゆきたい。

[※1] とはいえ，このような世界観は，決して"世界"の論理的把握のなせるものではない。その基底に身－心・人－宇宙という実践的一体観があって初めて可能なものであることに注意すべきであろう。

[※2] このことについて，特にヒポクラテスについては，かの川喜田愛郎すらも，既に認めている（前注（240頁）前掲書，62頁）が，更に詳細には，二宮陸雄『知られざるヒポクラテス』（1983年，東京，篠原出版，第四章）をも参看。又，アーユルヴェーダについては，前注（239頁）前掲の諸書を参看。かくして，このような考え方は，古代の人々一般において，一種普遍的なものであったと思われるのである。彼ら古代人たちは，一般に意識と無意識・現実と夢そして精神と肉体が，良くも悪しくも，分離されていない状態で生活していたと考えられるからである。とはいえ，これら，哲学的に見ても，極めて発達した医学理論を残した彼らは，既に相当の理性的思惟をも持ちあわせていたことであろう。そこで，このような身心観のもとに，みずから意識して無意識の世界に入り込み，そこに真の意味での身心一如の体現をはかろうとする者たちがおり，この者たちが，かくも発達した"哲学"を伴った医学思想の真の担い手となったのであろう。いずれにせよ，この点についても，更に稿をあらためて，深く追究してみたい。

第三編　中国古代の哲学思想 III　――先秦～秦代――

3．〈形気〉の流動

　　　　　流水不腐，戸枢不螻，動也，形気亦然，形不動，則精不流，精不流，
　　　　　則気鬱，鬱処頭，則為腫，為風，処耳，則為挶為聾，処目，則為
　　　　　矊為盲，処鼻，則為鼽為窒，処腹，則為張為疛，処足，則為痿，
　　　　　為蹙，（流水は腐らず，戸枢の螻せざるは，動けばなり。形気もま
　　　　　た然り。形動かざれば，則ち精流れず。精流れざれば，則ち気鬱す。
　　　　　鬱の頭に処れば，則ち腫を為し，風※1を為す。耳に処れば，則
　　　　　ち挶※2を為し聾を為す。目に処れば，則ち矊※3を為し盲を為す。
　　　　　鼻に処れば，則ち鼽※4を為し窒を為す。腹に処れば，則ち張を為
　　　　　し疛を為す。足に処れば，則ち痿※5を為し，蹙※6を為す。『呂氏春
　　　　　秋』，「尽数篇」）

　この一節は，前節で述べた，謂わば"気の液体病理学説"の，一種の臨床的応用を展開する記述であると思われる。すなわち，〈流水〉が〈腐〉らないように，〈形気〉——からだを構成する気——も，よく流動させて，新陳代謝を活発にして，全体のバランスを保てばよいのだが，それが鬱滞すると，人間は病気になる。そのバランスが崩れて，心身のはたらきが鈍るからである。そもそも，身一心相即体としての"からだ"全体——延いては，そのからだと宇宙全体と——の〈気〉の流通こそが，生命活動の根源であると考えられているからである。

　そこで，その〈気〉の鬱滞が，たとえば〈頭〉にあれば〈腫〉や〈風〉になり，又，〈耳〉にあると〈挶〉や〈聾〉になる等々と，それぞれ具体的な疾病の臨床例が記述されるのである。但，ここにおいては，これらの鬱滞――延

※1　〈風〉頭痛。
※2　〈挶〉耳疾。
※3　〈矊〉めやに。
※4　〈鼽〉はなづまり。
※5　〈痿〉足が立たない。
※6　〈蹙〉脚気。

第三章　秦代哲学思想概論，続 ——『呂氏春秋』に見る諸家思想——

いては，それぞれの症例——に対する処方が，後に〈巫医毒薬〉と，ほんのひとこと触れられているにとどまり，それ以上は何ら記述されていないのは，いささか残念である。先に指摘した通り，この一篇の主旨が，いわゆる〈適欲〉という，むしろ予防医学的な主張にあるためではあろうが，実際に疾病が発生してしまった場合の具体的な処方の問題は，臨床的には言うまでもなく，その根底をなす哲学的な脈絡においても，極めて興味がもてるものだからである。

　ここも，おそらくは，前段で見た〈形〉と"五味"——食物——との関連についての記述と関連して，これらの鬱滞を解消して〈気〉のバランスをよくするための何らかの食養生の方法があったのだろうか，あるいは，〈動〉という語彙から連想される一種の運動・体操があったのだろうか，非常に興味がもたれる。このような点で，この『呂氏春秋』の記述が，いまだ未整備の粗雑なものであるとされるのも否めない事実ではある。とはいえ，それと同時に，それが後世の潤色を経ていない貴重な資料の宝庫であるとも言えると思うのである。いずれにせよ，この"処方"の問題については，更にこの『呂氏春秋』全体の医学思想を管見するに至って，いささか明らかにされるであろう。

　なお，この一節は，『春秋左氏伝』の昭公元年に見える秦の医和の病理学説と，極めて相類似する。この一節が，いわゆる"秦医"の病理学説を踏襲する者の手になる記述であることの一左証であると言えよう[※1]。

　続いて，本文は又，異なった位相における臨床例を列挙する。

　　　　軽水所，多禿与癭人，重水所，多尰与躄人，甘水所，多好与美人，
　　　　辛水所，多疽与痤人，苦水所，多尪与傴人，（軽水の所には，禿と
　　　　癭[※2]人と多く，重水の所には，尰[※3]と躄[※4]人と多く，甘水の所に

※1 この問題については，とりあえず，丸山敏秋『黄帝内経と中国古代医学——その形成と思想的背景および特質』(1988年，東京，東京美術，128頁〜) を参看。
※2 〈癭〉のどがむせぶ。
※3 〈尰〉足が腫れる病気。
※4 〈躄〉足が立たない。

第三編　中国古代の哲学思想 Ⅲ　──先秦〜秦代──

は，好と美人と多く，辛水の所には，疽と痤※1人と多く，苦水の所には，尪※2と僂※3人と多し。『呂氏春秋』,「尽数篇」)

〈水〉は，その土地に棲息する，あらゆる存在──特に生物──に影響を与える。当然のことながら，その〈水〉の〈軽〉〈重〉〈甘〉等の性質が，その土地の人々の健康状態に甚大な影響を与える。先に見た，〈形〉と"五味"──食物──との関連から，"気の液体病理学説"を展開する記述の一形態であろう。陳言のいわゆる〈外所因〉である。

　以上"気の液体病理学説"の記述二つと，先に引いたが，これに続く〈凡そ食に強厚の味なければ，……〉という食養生についての病因論的記述とは，いずれも，この人間存在が本来〈寿〉きものであるという，古き良き"常識"をもとに，〈形〉〈神〉〈精〉の三つの位相から，予防医学的脈絡において，気の流通とバランスを説く，という，この『呂氏春秋』,「尽数篇」の主題を，具体的な臨床例を挙げつつ敷衍するものであったと考えられる。とはいえ，残念ながら，この一篇全体として，その記述の形態や，あるいは又，その内容自体は，いささかまとまりを欠き，更に言えば，その論述の整合性も高いとは言いがたいように思われる。この点に，いわゆる"雑家"として分類される『呂氏春秋』の，明らかに未整理な記述の問題点もありはしようが，それと同時に，"未整理"なるがゆえに，これまでに見過ごされてきた，極めて重要なる各種の資料となる記述も，むしろ多々看取できるものであると思われるのである。次項に引く本篇末尾の一文も，そのひとつ。すなわち，中国古代の医学思想において極めて重要な意義をもつ，重大な記述であると考えられるのである。

※1 〈疽〉〈痤〉いずれも瘡毒の病気。
※2 〈尪〉はとむねの病気。
※3 〈僂〉佝僂病。

第三章　秦代哲学思想概論，続 ――『呂氏春秋』に見る諸家思想――

4．『呂氏春秋』,「尽数篇」の作者について

今世上，卜筮技祠，故疾病愈来，……故古之人賎之也，為其末也，
(今世上，卜筮技祠す。故に疾病いよいよ来たる。……故に古の人
はこれを賎むなり。その末を為せばなり。『呂氏春秋』,「尽数篇」)

　冒頭の一節は，明らかに，〈卜筮禱祠〉を否定し，これを排除しようとする
記述である。この一節について，これを"古代医学の非科学的な迷信に基づく，
未発達な状態からのいささかの進歩"などと，あまりにも凡庸な，医学史・科
学史的視点からの解釈を加えることは，むしろ人類の叡智に対する冒瀆である。
そもそも，医学・医術における本質的な課題は――先ずは健康が第一ではある
が，いったん病気になってしまったなら――すみやかなる健康の回復であり，
その点で，人はその"予後"にこそ，最も重大なる関心を払うのであると考え
られる。prognosis[※1]（予後）という言葉の成り立ちに，いつわらざる人情が
見え隠れする[※2]。それ故にこそ，既に諸家も指摘する通り[※3]，中国古代医学
において，"医"は"巫"でありえたのである。

　そこでこの一節は，医学・医術，延いては，医学思想そのものの進歩の一表現
ではなく，ある一派――おそらく，既に見た，いわゆる"秦医"たち――から見
た，他の一派――おそらく，殷の巫医の流儀を伝える"斉医"たち[※4]――の医
学・医術，更には，その"思想"に対する，一種の批判文であると考えられるの

[※1] ギリシァ語pro（先に）＋gnosis（知る）。病気のなりゆきを予め知ること。
[※2] このことについての鋭い指摘は，川喜田愛郎「医療と医学の発生」（前注（243頁），村上陽一郎編の前掲書所収）を参看。
[※3] この点については，胡厚宣「殷人疾病考」（『甲骨学商史論叢所収』，1959年，台北，台湾大通書局，所収）や，厳一萍「中国医学之起源考略」（1951年，『大陸雑誌』，2－8，所収），更に，丸山敏秋の前注（247頁）前掲書（112頁）等を参看。
[※4] この点については，加納喜光『中国医学の誕生』（1987年，東京，東京大学出版会，107頁）を参看。非常に重要な指摘である。

第三編　中国古代の哲学思想 III　――先秦～秦代――

である※1。すなわち，戦国時代の末期に，当時のいわゆる"諸子百家"の思想を論理的に網羅する形でまとめあげられた荀子の，あの壮大な理論体系をもとにしつつ，ときにその理論の実現の可能性の本質的な契機として墨家の〈天〉の観念を，いささか形を変えて整合的に統合した，『呂氏春秋』に独特な定命論的理論を奉ずる，秦の"儒医"たちが，そのあらたなる理論の切れ味もするどく，他の流派のあり方を批判しているのである。とはいえ，おそらく，ここでその批判の対象となっているのは，飽くまでも日常的次元での治癒法・医療技術の外観上の相違であり，既に触れたようなその本質的な医学思想，そして――必ずしも，その全貌は明らかではないものの――その基本的な施術自体は，ほとんど同一の脈絡を有するものであったのではなかろうか。地域によって，あるいは"本草系"，あるいは"針灸系"などと，中国古代医学の"分類"を試みることは※2，決して，医学思想の哲学的本質を衝くものではないと思われる。外観上の相違は，全て〈気〉の液体病理学的処方の各位相にすぎないと考えられるからである。

　それでは，この〈卜筮祷祠（ぼくぜいとうし）〉を否定し，〈巫医毒薬〉を〈末〉として排除しようとする彼ら――秦医――の奉ずるところの，主たる治療法・医療技術は，一体いかなるものだったのであろうか。本篇中に明記されていない以上，飽くまでも推測の域を出ないものではあるが，結論から言って，それはいわゆる"針鍼（ハリ）治療"の類だったのではなかろうか。本篇中において，〈卜筮祷祠（ぼくぜいとうし）〉を否定し，更に〈巫医毒薬〉を〈末〉として排除してはいるが，必ずしも針鍼（ハリ）は否定していないからである。そして更に又，『韓非子』，「説林下篇」には，

※1 ここで思い起こされるのが，〈病に六不治あり。……巫を信じて医を信ぜざるは，六不治なり。〉（『史記』，「扁鵲倉公列伝」）と言った，中国古代の名医"扁鵲"である。ところが，この扁鵲について，これを斉の鍼医であるとする説がある。たとえば，劉敦愿「漢書象石的針灸図」（1972年，『文物』，6）や，それを敷衍する森田伝一郎「扁鵲考」（同著『中国古代医学思想の研究』，1985年，東京，雄山閣，所収）等である。いずれも，極めて整合性の高い明快な説であると思われる。さすれば，いささか拙稿の主張と齟齬することになるのであるが，むしろ，今後の興味ある課題として，結論を保留しておきたい。この点については，荀子の思想の流れとも関連して，更なる研究が要請されるものである。
※2 この点については，たとえば，石原明『漢方』（1963年，東京，中央公論社，106頁）を参看。

第三章　秦代哲学思想概論，続　——『呂氏春秋』に見る諸家思想——

諺曰，巫咸善祝，不能自祓也，秦医雖善除，不能自弾，（諺に曰く，巫咸※1は善く祝るも，みずから祓うこと能わず。秦医は善く（疾病を）除くと雖も，みずから弾つこと能わず。『韓非子』，「説林下篇」）

とあり，この〈弾〉が，陳奇猷※2の言う通り，針鍼を打つ意であるとするならば※3，やはり，秦医たちの主たる武器が針鍼であったろうことの一左証となるであろう※4。とはいえ，この点については異説もあり，更なる検討が必要となるであろう。今後の課題のひとつとしたい。

5．『呂氏春秋』，「尽数篇」の基本的な医学思想——まとめ——

以上，『呂氏春秋』，「尽数篇」における中国古代の医学思想を，主に哲学的な観点から垣間見た。それは，何よりも先ず日常的生活の次元でのこの人間存在が，〈天生〉のままの自然な——バランスのとれた——本来的なあり方において，本質的に〈寿〉い存在であるという"認識"をもとに，〈形〉と〈神〉と，更にその両面に亘る〈精〉との全位相における〈気〉の流通とバランスを，食事・精神衛生・気候等の各方面において過不足なく節制して長寿を遂げることを目指す，いわゆる予防医学的な養生思想の主張であった。そして，その思惟の存在論的次元での鍵をなす最重要の概念が，ほかならぬ〈精気〉——あるいは，単に〈気〉——であった。この概念があったればこそ，存在論的次元で，身－心の統合体としての人間存在を，人－宇宙という更なる範疇において，哲学的に，そして医学的に取り扱うことができるのであった。

ところで，その思惟の基調をなす理論構造は，既にいささか触れた通り，

※1 〈巫咸〉中国古代，伝説上の巫（シャーマン）。
※2 陳奇猷『韓非子集釈』（1978年，台北，台湾中華書局，467頁）の説。
※3 すなわち，陳奇猷『韓非子集釈』（1974年，台北，台湾中華書局，469頁）に，用例を挙げつつ，〈此に拠れば，則ち弾とは昔鍼を以て病を治するを謂うなり。〉と。正当な説であると思われる。
※4 この点については，丸山敏秋の前注（247頁）前掲書（119頁～）を参看。興味ある課題のひとつである。

『呂氏春秋』に典型的な，荀子流の定命論的理論であったと思われる。すなわち，〈流水は腐らず，戸枢の螻せざるは，動けばなり……〉および〈軽水の所には，禿と癭人と多く，……〉の二節に見られる"気の液体病理学説"の記述や，その前後に見える〈大甘大酸……，五者形に充つれば，則ち害を生ず，……〉や〈凡そ食に強厚の味なければ，……百節虞歓し，みな進んで気を受く，……〉等といった記述は，みなこれ冒頭において〈天は，陰陽寒暑燥湿，四時の化，万物の変を生じ，……聖人は，陰陽の宜しきを察し，万物の利を弁じ，以て生に便にす。故に精神は形に安んじ，年寿も長きを得るなり。〉と典型的に記述されるところの，〈天〉の運行の論理的分析に基づく，その応用と適応とを主とする決定論的な因果律を根幹としており，このような理論体系こそ，荀子のそれと全く同一の構造をもつものであったと思われるのである。

そして，本篇末尾の一節において，以上のような病理学説を奉ずる秦医たちの——おそらく，当時としては，最先端の——医学理論と医療技術に対する自負心の表現が記述されて，本篇は一応まとめられる。それは——その論述の構造，そしてその記述自体に，いささか未整理な，従って又，いささか混乱した部分を残しながらも——この『呂氏春秋』一書，延いては，中国古代全般にわたる医学思想の原初形態を，極めて典型的に物語る記述であったと考えられるのである。以下あらためて，このことについて，『呂氏春秋』全書に亙り敷衍してみたい。

6．『呂氏春秋』全書に亙る中国古代医学思想の概観

前項において，いささか明らかにした通り，『呂氏春秋』「尽数篇」において典型的に看取されるところの，中国古代医学思想の原初形態は，すなわち，つぎの通りであると考えられる。

　一，まずこの日常的生活の次元における人間存在が，〈天生〉のままの自然

第三章　秦代哲学思想概論，続 ——『呂氏春秋』に見る諸家思想——

　　な——バランスのとれた——本来的なあり方において，本質的に健やかで〈寿(いのちなが)〉い存在である，という"認識"を，その哲学的思惟——延(ひ)いては医学思想——の根幹において，一種の常識として保有していること。

二，上の一，の認識に基づいて，〈形(からだ)〉と〈神(こころ)〉と，更にその両面に亘(わた)る〈精(いのち)〉全体における〈気〉のバランスを，食事・情動・気候等の諸位相において過不足なく節制——すなわち，〈適欲〉を実践——して長寿を遂げることを目指す，いわゆる予防医学的な養生(ようせい)思想が主張されていること。その際，その思惟全体の存在論的次元での関鍵をなす概念が，いわゆる（精）気であった。この概念があればこそ，存在論的な次元で，身－心の統合体としての人間存在全体を，人－宇宙という範疇で，哲学的に，そして医学的に取り扱うことができるのであった。従って，心身相関医学思想を取り扱う場合，この気の概念こそ最大の関鍵であると思われるのである。

　そして，更に言えば，そこにこの，いわば"気の液体病理学説"の医療的実践として，一種の呼吸法が存在したらしい。この気－呼吸こそが，身－心，延(ひ)いては人－宇宙という"統合"の現実的な可能性を本質的に制約する最大の契機であると考えられるからである。

三，ところで，その思惟の根幹をなす理論的構造は，『呂氏春秋』において典型的に看取されるところの，荀子流の定命論的理論であった。（ときに，この理論は，墨家思想に潤色された，文字通り，『呂氏春秋』に独特な理論として発現することもある。）

四，そして，医史学的な観点からすれば，以上のような，〈気〉の一語を中心とする一種の液体病理学説の主張が，他派（の医療技術）に対する批判となって発言されることもある。かくして，後代のいわゆる"内経医学"に連なる，中国医学思想の原初形態が，ここに出揃ったのである。

第三編　中国古代の哲学思想 III　――先秦～秦代――

そこで、以下において、上述の如き卑見をもとに、更にこれを『呂氏春秋』全書において敷衍してみたい。

7．基本的な認識

まず、『呂氏春秋』における中国古代医学思想の最も根幹をなすところの、一種の人間観、すなわち、人間は本質的に〈寿(いのちなが)〉き存在であるという"認識"を見てみたい。それは次の通り、「本生篇」において、極めて典型的に、〈天〉〈性〉等の語彙を用いて表象されている。

> 始生之者天也，養成之者人也，能養天之所生而勿攖，之謂天子，天子之動也，以全天為故者也，……夫水之性清，土者抇之，故不得清，人之性寿，物者抇之，故不得寿，(これを始生(しせい)するものは天なり。これを養成するものは人なり。能く天の生ずるところを養いて攖(も)るなき、これを天子と謂う。天子の動くや、天に全うを以て故(こと)と為(な)すものなり。……それ水の性は清けれども、土のこれを抇(にご)らすが故に、清きを得ず。人の性は寿(いのちなが)けれども、物のこれを抇(にご)らすが故に、寿(いのちなが)きを得ず。『呂氏春秋』、「本生篇」)

〈天〉と言い、〈性〉と言うのも、要するに〈天性〉――人間存在の本質――の表象であり、その〈天性〉が、そもそも〈寿(いのちなが)〉いものであればこそ、人間はこの〈天性〉――あるいは、単に〈天〉――を〈全(まっと)〉うして長寿を遂げる、という、『呂氏春秋』における――延いては、中国古代における――医学思想の最も根幹をなす"認識"の典型的な表現である。

ちなみに、この"認識"は、『呂氏春秋』の他篇においても又、

> 勝天順性，順性則聡明寿長，(天に勝(まか)せば性に順う。性に順えば則ち聡明寿長たり。『呂氏春秋』、「先己篇」)

― 254 ―

第三章　秦代哲学思想概論, 続 ――『呂氏春秋』に見る諸家思想――

と見られる。「本生篇」の一文と全く同一の脈絡にあるものと考えられる。
　そして更に, このいわゆる〈全天〉の主張は,「本生篇」に続けて,

> 万人操弓, 共射一招, 招無不中, 万物章章, 以害一生, 生無不傷, 以便一生, 生無不長, 故聖人之制万物也, 以全其天也, 天全則神和矣, 目明矣, 耳聰矣, 鼻臭矣, 口敏矣, 三百六十節皆通利矣, 若此人者, 不言而信, 不謀而当, 不慮而得, 精通乎天地, 神覆乎宇宙, 其於物, 無不受也, 無不裏也, 若天地然, 上為天子而不驕, 下為匹夫而不惛, 此之謂全徳之人,(万人弓を操り, 共に一招※を射る, 招中らざるなし。万物章章たり。以て一生を害す, 生傷れざるなし。以て一生を便す, 生長からざるなし。故に聖人の万物を制するや, 以てその天に全うなり。天全えば則ち神和し, 目明かに, 耳聰に, 鼻臭に, 口敏に, 三百六十節みな通利す。かくの若き人は, 言わずして信に, 謀らずして当り, 慮らずして得, 精天地に通じ, 神宇宙を覆う。その物における, 受けざるなきなり, 裏まざるなきなり。天地の若く然り。上は天子と為りて驕らず, 下は匹夫と為りて惛えず。これこれを全徳の人と謂う。『呂氏春秋』,「本生篇」)

と, ひとり身体的な次元ばかりではなく, 精神的――すなわち, こころの――次元においても敷衍されるに至るのである。
　かくして, 人間存在は本質的に〈寿〉きものであり, 人は素直にこの〈天性〉を全うして長寿を遂げればよいのであるが, これまた人間存在に本質的な, 謂わば"煩悩", すなわち, 各種の情動――〈欲〉・〈情〉――が, これを攪乱する。そこで, 人がこの〈天性〉を全うして長寿を遂げるための要件として, 更に具体的に, その〈欲〉を適切にして節制すること, いわゆる〈適欲〉が説かれる。「重己篇」の,

---

※〈招〉＝的。まと。

第三編　中国古代の哲学思想 Ⅲ　——先秦〜秦代——

　　　凡生之長也，順之也，使生不順者，欲也，故聖人必先適欲，（凡そ生の長きや，これに順えばなり。生をして順わざらしむるものは，欲なり。故に聖人は必ず先ず欲を適にす。『呂氏春秋』，「重己篇」）

という一節や，あるいは又，「貴生篇」における，

　　　所謂全生者，六欲皆得其宜也，（いわゆる生を全うするとは，六欲みなその宜しきを得ることなり。『呂氏春秋』，「貴生篇」）

という一節，更には，「開春論」に看取される，

　　　飲食居処適，則九竅百節千脈皆通利矣，（飲食居処の適なれば，則ち九竅百節千脈みな通利す。『呂氏春秋』，「開春論」）

という一節などは，すべてこれ，この考え方を端的に表現する記述であると考えられる。
　更に，この考え方は，以下の通り，詳細に敷衍される。

　　　物也者，所以養性也，非所以性養也，今世之人，惑者，多以性養物，則不知軽重也，不知軽重，則重者為軽，軽者為重矣，若此，則毎動無不敗，以此為君悖，以此為臣乱，以此為子狂，三者国有一焉，無幸必亡，今有声於此，耳聴之，必慊，已聴之，則使人聾，必弗聴，有色於此，目視之，必慊，已視之，則使人盲，必弗視，有味於此，口食之，必慊，已食之，則使人瘖，必弗食，是故，聖人之於声色滋味也，利於性則取之，害於性則舎之，此全性之道也，世之貴富者，其於声色滋味也，多惑者，日夜求，幸而得之則遁焉，遁焉性悪得不傷，……貴富而不知道，適足以為患，不如貧賎，貧賎之致物也難，雖欲過之，奚由，出則以車，入則以輦，務以自佚，命之曰招蹷之機，肥肉厚酒，務以自強，命之曰爛腸之食，靡曼皓歯，鄭衛之音，務以

第三章　秦代哲学思想概論，続　——『呂氏春秋』に見る諸家思想——

自楽，命之曰伐性之斧，三患者貴富之所致也，故古之人，有不肯貴富者矣，由重生故也，非夸以名也，為其実也，則此論之不可不察也，（物なるものは，性を養う所以なり。性の養う所以にあらざるなり。今世の人，惑えるものは，多く性を以て物を養う，則ち軽重を知らざるなり。軽重を知らずんば，則ち重きものを軽しと為し，軽きものを重しと為す。かくの若くば，則ち動く毎に敗れざるはなし。これを以て君と為れば悖り，これを以て臣と為れば乱し，これを以て子と為れば狂す。三つのもの国に一つあらば，幸なくば必ず亡びん。今ここに声あり。耳これを聴くは，必ず慊ければなり。已にこれを聴きて，則ち人をして聾ならしむれば，必ず聴かじ。ここに色あり。目これを視るは，必ず慊ければなり。已にこれを視て，則ち人をして盲ならしむれば，必ず視じ。ここに味あり。口これを食うは，必ず慊ければなり。已にこれを食いて，則ち人をして瘖ならしむれば，必ず食わじ。この故に，聖人の声色滋味におけるや，性に利あれば則ちこれを取り，性に害あれば則ちこれを舎つ。これ性に全うの道なり。世の貴富なるもの，その声色滋味におけるや，惑多きものは，日夜求む。幸にしてこれを得れば則ち遁※1す。遁すれば，性悪んぞ傷れざるを得ん。……貴富にして道を知らず，適足以て患と為すは，貧賎なるに如かず。貧賎の物を致すや難し。これを過さんと欲すと雖も，奚んぞ由らん。出づるには則ち車を以てし，入るには則ち輦※2を以てし，務めて以て自ら佚※3す，これを命けて招蹶の機と曰う。肥肉厚酒，務めて以て自ら強う，これを命けて爛腸

※1　〈遁〉度を過ぎてしまう。
※2　〈輦〉てぐるま。
※3　〈佚〉ほしいままにする。

第三編　中国古代の哲学思想 III　——先秦〜秦代——

の食と曰う。靡曼晧歯※1，鄭衛の音※2，務めて以て自ら楽しむ，これを命けて伐性の斧と曰う。三患は貴富の致すところなり。故に古の人，貴富なるを肯ぜざりしものあり。生を重んずるに由りての故なり。夸るに名を以てするにあらざるなり。その実を為せるなり。則ちこの論をこれ察せざるべからざるなり。『呂氏春秋』，「本生篇」）

聖人深慮天下莫貴於生，夫耳目鼻口，生之役也，耳雖欲声，目雖欲色，鼻雖欲芬香，口雖欲滋味，害於生則止，在四官者，不欲利於生者，則弗為，由此観之，耳目鼻口，不得擅行，必有所制，譬之若官職，不得擅為，必有所制，此貴生之術也，（聖人は深く天下に生より貴きは莫きを慮る。それ耳目鼻口は生の役※3なり。耳，声を欲すと雖も，目，色を欲すと雖も，鼻，芬香を欲すと雖も，口，滋味を欲すと雖も，生に害あれば則ち止む。四官に在るもの，生に利するを欲せざるものは，則ち為さず。これに由りてこれを観れば，耳目鼻口は，擅に行なうを得ず，必ず制せらるるあり。これを譬うれば，官職の擅に為すを得ず，必ず制せらるるあるが若し。これ生を貴ぶの術なり。同，「貴生篇」）

天生人，而使有貪有欲，欲有情，情有節，聖人修節以止欲，故不過行其情也，故耳之欲五声，目之欲五色，口之欲五味情也，此三者，貴賤愚智賢不肖，欲之若一，雖神農黄帝，其与桀紂同，聖人之所以異者，得其情也，由貴生動，則得其情矣，不由貴生動，則失其情矣，此二者，死生存亡之本也，俗主虧情，故毎動為亡敗，耳不可瞻，目

※1　〈靡曼晧歯〉美人のこと。
※2　〈鄭衛の音〉鄭や衛の音楽はよくないと言われていた。
※3　〈役〉使われるもの。あくまで〈生〉が主で〈耳目鼻口〉は従だということ。

第三章　秦代哲学思想概論，続 ――『呂氏春秋』に見る諸家思想――

不可厭，口不可満，身尽府種，筋骨沈滞血脈壅塞，九竅寥寥，曲失其宜，雖有彭祖，猶不能為也，……秋早寒，則冬必煩矣，春多雨，則夏必旱矣，天地不能両，而況於人類乎，人之与天地也同，万物之形雖異，其情一体也，故古之治身与天下者，必法天地也，（天は人を生じて、貪るあり欲するあらしむ。欲に情あり、情に節あり。聖人は節を修めて以て欲を止む。故にその情を行なうを過ざるなり。故に耳の五声を欲し、目の五色を欲し、口の五味を欲するは情なり。この三つの者は、貴賤愚智賢不肖、これを欲すること一の若し。神農・黄帝と雖も、それ桀・紂と同じ。聖人の異なる所以の者は、その情を得ればなり。生を貴ぶに由りて動けば、則ちその情を得るなり。生を貴ぶに由らずして動けば、則ちその情を失う。この二つの者は、死生存亡の本なり。俗主はその情を虧くが故に、動くごとに亡敗を為す。耳瞻るべからず、目厭くべからず、口満つべからず。身は尽く府種し、筋骨沈滞して血脈壅塞し、九竅寥寥※1として、曲にその宜しきを失う。彭祖※2ありと雖も、なお為すこと能わざるなり。……秋早く寒ければ、則ち冬必ず煩かなり。春に雨多ければ、則ち夏必ず旱す。天地は両ながらなすこと能わず。而るを況んや人類においてをや。人の天地におけるや同じ。万物の形は異なりと雖も、その情は一体なり。故に古の身と天下とを治めし者は、必ず天地に法りしなり。同、「情欲篇」）

以上，日常的生活の次元での，いわゆる〈適欲〉の養生法についての，いささか詳細な記述であったと考えられる。食欲・色欲等の，いわゆる情動を節制して，本来健やかで〈寿〉かるべき人生を全う――〈全天〉〈全性〉――しよ

※1　〈寥寥〉むなしい。
※2　〈彭祖〉殷の賢臣の名。七百才の長寿を全うしたといわれる。

第三編　中国古代の哲学思想 III　――先秦～秦代――

うというのである。

　そこで，以下に続けて，このような養生法一般の主張の背景をなす医学思想
――特に，私のいわゆる"気の液体病理学説"――について，これを概観して
みたい。

8．気の液体病理学説

　既に見た養生法の背景をなすと考えられるのが，私のいわゆる"気の液体病
理学説"である。すなわち，人間存在というものが，本質的に〈寿〉きもの
であり，その本性を全うすることによって長寿を遂げることができる。その際
の要訣は，いわゆる〈適欲〉であるが，より具体的には，すなわち〈形〉と
〈神〉と，更にその両面に亘る〈精〉全体における〈気〉のバランスを，日常
的生活の脈絡におけるさまざまな位相において，過不足なく節制して運用して
ゆく，というのである。このことを，具体的に陰陽二気という語彙によって，
病理学的次元で表象するのが，先に引いた「重己篇」の〈凡そ生の長きや，こ
れに順えばなり，……〉に続く，次の記述であると考えられる。

　　　　……室大則多陰，台高則多陽，多陰則蹶，多陽則痿，此陰陽不適之
　　　　患也，是故先王不処大室，不為高台，味不衆珍，衣不燀熱，燀熱
　　　　則理塞，理塞則気不達，味衆珍則胃充，胃充則中大鞔，中大鞔而
　　　　気不達，以此長生可得乎，昔，先聖王之為苑囿園池也，足以観望労
　　　　形而已矣，其為宮室台榭也，足以辟燥湿而已矣，其為輿馬衣裘也，
　　　　足以逸身煖骸而已矣，其為飲食酏醴也，足以適味充虚而已矣，其為
　　　　声色音楽也，足以安性自娯而已矣，五者，聖王之所以養性也，非好
　　　　倹而悪費也，節乎性也，（……室の大なれば則ち陰多く，台の高け
　　　　れば則ち陽多し。陰多ければ則ち蹶※1し，陽多ければ則ち痿※2す。

※1　〈蹶〉脚気。
※2　〈痿〉足が立たない。

第三章　秦代哲学思想概論，続 ——『呂氏春秋』に見る諸家思想——

　これ陰陽適せざるの患なり。この故に先王は大室に処らず，高台を為らず，味に衆珍ならず，衣も燀熱ならず。燀熱なれば則ち理※1塞がり，理塞がれば則ち気達せず。味に衆珍なれば則ち胃充ち，胃充つれば則ち中大いに鞔す。中大いに鞔すれば気達せず。これを以て長生は得べけんや。むかし，先聖王の苑囿※2園池を為るや，以て観望して形を労うに足りしのみ。その宮室台榭※3を為るや，以て燥湿を辟くるに足りしのみ。その輿馬衣裘を為るや，以て身を逸んじ骸を煖むるに足りしのみ。その飲食酏醴※4を為るや，以て味を適にし虚を充たすに足りしのみ。その声色音楽を為すや，以て性を安んじみずから娯むに足りしのみ。五つの者は，聖王の性を養う所以なり。倹を好み費を悪むに非ざるなり。性に節するなり。
（『呂氏春秋』，「重己篇」）

〈多陰〉や〈多陽〉は，〈蹶〉や〈痿〉といった病気の原因になる。陰陽二気のバランスが崩れているからである。又，〈衣〉の〈燀熱〉や〈味〉の〈衆珍〉といった不節制もいけない。〈気〉が鬱滞して，その結果，病気を生ずることになるからである。既に前節においてもいささか触れ，更に又，「達鬱篇」にも

　凡人，三百六十節，九竅五蔵六府，肌膚欲其比也，血脈，欲其通也，筋骨，欲其固也，心志，欲其和也，精気，欲其行也，若此，則病無所居，而悪無由生矣，病之留，悪之生也，精気鬱也，故水鬱則為汚，樹鬱則為蠹，草鬱則為蕢，（凡そ人は，三百六十節，九竅五蔵六府肌膚は，その比※5を欲するなり。血脈は，その通を欲するなり。筋

※1 〈理〉脈理。すなわち経絡のこと。
※2 〈苑囿〉禽獣をやしなうところ。
※3 〈榭〉屋根のある台（ものみ台）。
※4 〈酏醴〉〈酏〉は清酒，〈醴〉はあま酒。
※5 〈比〉きめが細かい。

第三編　中国古代の哲学思想 III　——先秦～秦代——

> 骨は，その固を欲するなり。心志は，その和を欲するなり。精気は，その行を欲するなり。かくの若くなれば，則ち病の居る所なくして，悪の由りて生ずることなし。病の留り，悪の生ずるや，精気の鬱すればなり。故に水の鬱すれば則ち汚を為し，樹の鬱すれば則ち蠹※1を為し，草の鬱すれば則ち蕢※2を為す。（『呂氏春秋』，「達鬱篇」）

と言われる通りである。これも又，既に前項において触れた通り，〈気〉は，人間の〈形〉−〈神〉−〈精〉，延いては，この宇宙全体を流通するものであり，その滞りなき流通がほどよきバランスを生み，人に健康をもたらす。これこそ，この医学思想の理論的ワク組みを，"気の液体病理学説"と呼ぶゆえんなのであった。

　そこで，この「重己篇」には，以上のような思惟に基づいて，更に〈むかし，聖先王の苑囿園池を為るや，……〉という〈養性〉〈節性〉，すなわち，いわゆる〈適欲〉の重要性が説かれる。非常に明確で，しかも典型的な"気の液体病理学説"の記述であると思われる。

　同様の記述は，他にも，たとえば，「古楽篇」に，

> 昔古朱襄氏之治天下也，多風而陽気蓄積，万物散解，果実不成，故士達作為五弦瑟，以来陰気，以定群生，……昔陶唐氏之始，陰多滞伏而湛積，水道壅塞不行其原，民気鬱閼而滞著，筋骨瑟縮不達，故作為舞以宣導之，（むかし朱襄氏※3の天下を治むるや，多風にして陽気蓄積し，万物散解し，果実成らず。故に士達※4五弦の瑟を作為し，以て陰気を来し，以て群生を定めたり。……むかし陶唐氏※5

※1　〈蠹〉きくいむし。
※2　〈蕢〉くさがれ病。
※3　〈朱襄氏〉中国古代，伝説上の天子で炎帝のこと。
※4　〈士達〉朱襄氏の臣下。
※5　〈陶唐氏〉伝説上の天子，堯のこと。

第三章　秦代哲学思想概論，続 ──『呂氏春秋』に見る諸家思想──

の始め，陰多く滞伏(たいふく)して湛積(たんせき)し，水道壅塞(ようそく)してその原を行かず※1。民気鬱閼(うつあつ)して滞著し，筋骨瑟縮(しっしゅく)して達せず。故に舞を作為して以てこれを宣導(せんどう)せり。『呂氏春秋』，「古楽篇」）

と見える。ここで，〈士達〉が〈陽気の蓄積〉を解くのに〈五弦瑟〉を用いたと言われ，〈陶唐氏〉がその〈民気〉の鬱滞を解くのに〈舞〉を〈作為〉してこれにあてた，とあるのは，いわゆる，音楽の起源を古代の聖王の神話的──従って，非日常的──物語りに寓するという説話あるいは寓話(アレゴリー)の範疇に属する記述ではない。

たとえば，「至忠篇」に見える，

齊王，疾痏，使人之宋，迎文摯，文摯至，視王之疾，謂太子曰，王之疾，必可已也，雖然，王之疾已，則必殺摯也，太子曰，何故，文摯対曰，非怒王，則疾不可治，怒王，則摯必死，太子頓首強請曰，苟已王之疾，臣与臣之母，以死爭之於王，王必幸臣与臣之母，願，先生之勿患也，文摯曰，諾，請以死爲王，与太子期而将往，不当者三，齊王固已怒矣，文摯至，不解屨登牀，履王衣，問王之疾，王怒而不与言，文摯因出辞，以重怒王，王叱而起，疾乃遂已，王大怒不説，将生烹文摯，太子与王后，急爭之而不能得，果以鼎生烹文摯，爨之三日三夜，顔色不変，文摯曰，誠欲殺我，則胡不覆之，以絶陰陽之気，王使覆之，文摯乃死，夫忠於治世易，忠於濁世難。文摯，非不知活王之疾而身獲死也，爲太子行難以成其義也，（齊王，痏※2を疾む。人をして宋に之(ゆ)き，文摯(ぶんし)を迎えしむ。文摯至る。王の疾を視，太子に謂って曰く，王の疾は，必ず已※3ゆべきなり。然りと雖も，

※1 〈その原を行かず〉洪水にみまわれた。
※2 〈痏〉頭痛。
※3 〈已〉＝癒。

第三編　中国古代の哲学思想 III　——先秦～秦代——

王の疾已ゆれば、則ち必ず摯を殺さん、と。太子曰く、何の故ぞ、と。文摯対えて曰く、王を怒らすにあらずんば、則ち疾は治すべからず。王を怒らせば、則ち摯必ず死せん、と。太子頓首して強いて請いて曰く、苟も王の疾を已やさば、臣は臣の母と、死を以てこれを王に争わん。王は必ず臣と臣の母とを幸まん。願わくは、先生の患うる勿らんを、と。文摯曰く、諾、請う死を以て王を為さん、と。太子と期して将に往かんとする※1も、当らざるもの三なり。斉王固より已に怒れり。文摯至る。履を解かずして牀※2に登り、王衣を履みて、王の疾を問う。王怒りて与に言わず。文摯因りて出でて辞す。重ねて王を怒らすを以て、王叱して起ち、疾すなわち遂に已えたり。王大に怒りて説ばず。将に生きながら文摯を烹んとす。太子と王后と、急※3にこれを争うも得る能わず。果して鼎を以て生きながら文摯を烹、これを爨ぐこと三日三夜なれども、顔色変せず。文摯曰く、誠にわれを殺さんと欲せば、則ち胡ぞこれを覆いて、以て陰陽の気を絶たざる、と。王これを覆わしむ。文摯すなわち死せり。それ治世に忠なるは易く、濁世に忠なるは難し。文摯は、王の疾を活して身の死を獲るを知らざるにあらざるなり。太子の為に難を行ないて以てその義を成せるなり。『呂氏春秋』、「至忠篇」)

という一種の精神療法——〈怒〉を起こして病気を経過させる※4、いわば、ムンテラ療法※5——の如く、又、「圜道篇」に見える、

※1 〈太子と期して……〉診察の約束をして何度も行かなかった。
※2 〈牀〉ベッド。
※3 〈急〉一所懸命。
※4 いわゆる"経過"の概念については、野口晴哉前掲『治療の書』、又『風邪の効用』(1962年、東京、全生社) 等を参看。極めて貴重な考え方であると思われる。
※5 いわゆる"ムンテラ"については、文字通り、間中喜雄『むんてら』(1963年、東京、創元社) を参看。

第三章　秦代哲学思想概論，続 ——『呂氏春秋』に見る諸家思想——

人之竅九，一有所居，則八虛，八虛甚久，則身斃，（人の竅は九，一つさえ居(とどこお)るところあれば，則ち（のこりの）八も虛し。八つのもの虛しきこと甚だ久しければ，則ち身も斃(たお)るなり。『呂氏春秋』，「圜道篇」）

というホリスティックな，統合的な身体観※の如く，人の身体の各部，そして身体と精神，延(ひ)いては，人と宇宙全体も，存在論的次元において，これみな〈気〉を一種の存在媒介とする，現実に全くひとつの存在なのであった。この人間観，更には世界観こそが，この〈気〉の概念がもたらす最重要の哲学的要訣であったと考えられるが，この点はさておき，先の「古楽篇」の記述も，決して説話や寓話(アレゴリー)の類ではなく，むしろ，それこそが事実だったのであると思う。そうであればこそ，この"気の液体病理学説"も，現実的な裏付けを持つ理論でありえたのである。そして更に，この考え方は，つぎの如く，その実践面においても，一種の呼吸法として実行されている。かくして，身－心，延(ひ)いては，人と宇宙の統合が計られ，その脈絡の中で，人の〈寿(ながきいのち)〉が捉えられているということ，これこそが，この"気の液体病理学説"の一大特質なのであった。

すなわち「先己篇」に，

※ 人間の身体各部は，決して箇々に独立した"部分"ではない。増していわんや，機械論的な意味での"部品"でもない。人間の身体各部，延いては，その心と身体は，相互に深く関連しあって，全体として，ひとつの"人間"を形成している。中国古代医学思想の理論の脈絡においてこれを説明すれば，これらすべてが，ひとしく〈気〉によって構成されているからである，と言えるであろう。よしんば，その理論を採らないにせよ，このことは，多くの人々が，日常的生活の中での実際の体験を通じて，経験的に理解している事実であろう。今ひとつだけ例を挙げてみる。いわゆる"歯痛"が起こった場合に，いわゆる"ムシ歯"は，必ずしも本人が"痛い"と感じている歯ではなく，別の歯である場合も多く，その実際の"ムシ歯"を治療すれば，本人が"痛い"と感じている歯も痛くなくなる。反対に，本人が"痛い"と感じている歯を，いくら治療（？）しようとしても，全く効果はない（むしろ有害？）なのである。こういった臨床例は，非常に数多く報告されているが，今だにその原因は不明であるばかりか，このことに気づかない——あえて無視する——歯科医師も多いという。歯の一本一本すらも，それぞれ独自に生えているわけでは，決してない。彼らはこのことを理解していないのである。なお，この点については，橋本行生『病気を治す着眼点』（1988年，東京，柏樹社，81頁〜）を参看。

— 265 —

第三編　中国古代の哲学思想Ⅲ　——先秦〜秦代——

　　　　凡事之本，必先治身，嗇其大宝，用其新，棄其陳，腠理遂通，精
　　　　気日新，邪気尽去，及其天年，此之謂真人，（凡そ事の本は，必ず
　　　　先ず身を治む。その大宝を嗇み，その新を用い，その陳※1を棄
　　　　つれば，腠理※2ついに通じ，精気は日に新たに，邪気は尽く去り，
　　　　その天年に及る。これこれを真人と謂う。『呂氏春秋』，「先己篇」）

と言われるのは，その典型的な一例であろう。ここで，〈その新を用い，その陳を棄つ〉と言われるのは，飲食・排泄・呼吸等すべての点における新陳代謝の謂いではあろうが，〈精気日に新たに，邪気尽く去る〉とあるのを見れば，その基本が，なんらかの呼吸法にあるだろうことは，むしろ容易に首肯されるところであろう。いわゆる体性系の神経系統と自律系のそれとをつなぐ，謂わば"かけ橋"の役目を担うのが，この"呼吸"であることは，既に生理学的に——その哲学的意義は，さておき——明らかなことである。つまり，この"呼吸"こそが，人の〈形〉と〈神〉とをつなぐ，"ミッシング＝リンク"なのである。このことを，古代の人々は，つとに実感していたのである。

　この点については，既にいささか先達の指摘もありはするが※3，その医学思想における哲学的意義については，いまだ十分に解明されていないように思われる。その〈気〉の鬱達を解消し流通させる方法として，前節においてもいささか触れた通り，針鍼の使用も考えられる。この方法も，たしかに身体の〈気〉の流通をうながすものである。そこで，この方法（＝針鍼）と呼吸法との関連をも含めて，この"呼吸"そのものについての哲学的分析も，更なる課題として残しておきたい。（とりあえずは，本書92頁〜を参看。）

　ちなみに，「論人篇」には，

※1　〈陳〉＝旧。
※2　〈腠理〉肌のきめ。
※3　この点については，丸山敏秋『気——論語からニューサイエンスまで——』（1986年，東京，東京美術，第一章—三），湯浅泰雄『身体』（1977年，東京，創文社，第三章—二），等を参看。

第三章　秦代哲学思想概論，続 ――『呂氏春秋』に見る諸家思想――

適耳目，節嗜欲，釈智謀，去巧故，而游意乎無窮之次，事心乎自然之塗，若此，則無以害其天矣，無以害其天，則知精，知精，則知神，知神，之謂得一，凡彼万形，得一後成；故知一，則応物変化，闊大淵深，不可測也，徳行昭美，比於日月，不可息也，豪士時之，遠方来賓，不可塞也，意気宣通無所束縛，不可収也，故知，知一，則復帰於樸，嗜欲易足，取養節薄，不可得也，離世自楽，中情潔白，不可量也，威不能懼，厳不能恐，不可服也，（耳目を適し，嗜欲を節し，智謀を釈（す）て，巧故を去りて，意を無窮の次（やどり）に游ばせ，心を自然の塗（みち）に事（おさ）むるなり。かくの若くば，則ち以てその天を害するなし。以てその天を害する無くんば，則ち精を知る。精を知れば，則ち神を知る。神を知る，これを一を得ると謂うなり。凡そかの万形は，一を得て後に成る。故に一を知れば，則ち物に応じて変化すること，闊大深淵（かつだいしんえん）にして，測（はか）るべからざるなり。徳行を昭美にして，日月に比し，息（や）むべからざるなり。豪士時に之（いた）り，遠方より来賓して，塞（とど）むべからざるなり。意気宣通して束縛する所なく，収（まも）るべからざるなり。故に知，一を知れば，則ち樸に復帰し，嗜欲足り易（やす）く，養を取るに薄きに節し，得（う）べからざるなり。世を離れて自（みずか）ら楽しみ，中情潔白にして，量（はか）るべからざるなり。威も懼（あた）れしむる能わず，厳も恐れしむる能わず，服すべからざるなり。『呂氏春秋』，「論人篇」）

とある。先ず、〈耳目を適し，嗜欲を節し〉と述べるのは、いわゆる〈適欲〉の記述であること、全く問題なかろうが、その直後に〈知謀を釈（す）て，巧故を去る〉と、論理的思惟のいとなみを排除することが説かれ、それを媒介に〈意を無窮の次（やどり）に遊ばせ，心を自然の塗（みち）に事（おさ）む〉と、存在論的な脈絡で日常的思惟の次元を越え出でて、一種無限の"ひろがり"に参入することが説かれ、遂には〈樸に復帰す〉とまで言われるのは、如何であろうか。

これを，いわゆる"道家言の混入"として片づけることは，あまりに軽率である。むしろ，医学思想における，〈適欲〉を代表とする養生法の実践にあたって，道家（道教）の修行法が，その一翼を担っていた，と考える方が自然ではなかろうか。身－心・人－宇宙の統合を実際に〈気〉の存在論的脈絡で——すなわち，具体的な呼吸法として——実践していたのが，ほかならぬ彼らであったと考えられるのである[※1]。但，その際に彼らの"行"の目指すところは，飽くまでも，謂わば，非日常の〈道〉の世界の体現であり，その"行"が，いかなる形で日常的生活の次元での養生法（ようせい）として実践されえたか，ということは大きな問題であるし，又，その際の哲学的な背景は如何であったか，といった点も大きな問題であると思われる[※2]。これら諸点についても，更なる研究課題として，あらためて究明してみたい。

　ところで，以上のような"気の液体病理学説"の，論理的な次元で，その根幹をなす理論構造は，これも又，既に再三に亘（わた）って触れた通り，荀子流の定命論的理論であったと考えられる。この点について，更にいささか論及してみたい。

9．運命論との関係

　先に引いた〈適欲〉の主張を，"気の液体病理学説"の脈絡で記述する「重己篇」の〈凡そ生の長きや，これに順（したが）えばなり，……〉という一文の直前には，その理論的背景の表現として，

　　　　　夫弗知慎者，是死生存亡，可不可，未始有別也，未始有別者，其所
　　　　　謂是未嘗是，其所謂非未嘗非，是其所謂非，非其所謂是，此之謂大
　　　　　惑，若此人者，天之所禍也，以此治身，必死必殃，以此治国，必残

[※1] この点については，湯浅の前注（266頁）前掲書（第四章—四）更に『気・修行・身体』（1986年，東京，平河出版社，第二章），「道教のエートスと瞑想体験」（『東洋文化の深層』，1982年，東京，名著刊行会，所収）等を参看。

[※2] いずれにせよ，そのような哲学的実践あってこその医学思想であり，単なる不老不死の健康法ではないのである。

第三章　秦代哲学思想概論，続　——『呂氏春秋』に見る諸家思想——

必亡,夫死殃残亡,非自至也,惑召之也,寿長至常亦然,故有道者,不察所召,而察其召之者,則其至不可禁矣,此論不可不熟,……世之人主貴人,無賢不肖,莫不欲長生久視,而日逆其生,欲之何益,凡生之長也,順之也,使生不順者欲也,故聖人必先適欲,（それ慎むことを知らざる者は，これ死生存亡・可不可，未だ始めより別あらざるなり。未だ始めより別あらざる者は，そのいわゆる是も未だ嘗て是とならず，そのいわゆる非も未だ嘗て非とならず。そのいわゆる非を是なりとし，そのいわゆる是を非なりとす。これこれを大惑と謂う。かくの若き人は，天の禍する所なり。これを以て身を治むれば，必ず死し必ず殃※1し，これを以て国を治むれば，必ず残※2し必ず亡す。それ死殃残亡は，おのずから至るに非ざるなり。惑のこれを召くなり。寿長の至るも常にまた然り。故に道ある者は，召く所を察せずして，そのこれを召く者を察す。則ちその至るや禁ずべからず，この論は熟せざるべからず。……世の人主貴人，賢不肖となく，長生久視を欲せざるものなし。而も日にその生に逆らう。これを欲すとも何ぞ益せん。凡そ生の長ずるは，これを順にすればなり。生をして順ならざらしむる者は欲なり。故に聖人は必ず先ず欲を適にす。『呂氏春秋』，「重己篇」）

という記述が見られる。すなわち，かの"気の液体病理学説"の理論構造は，この一文にも見える通り，因果律の決定論的展開としての定命論的理論であり，それは，かの荀子が〈礼〉の一語を以て極めて整合的に集大成したところの，彼の謂わば"理論哲学"の体系であったと考えられる。それは，この『呂氏春秋』一書において看取される運命論の全体が，やはり荀子の定命論を基調としていることから考えてみても，十分に首肯できることであろう。既に再三に亙

※1　〈殃〉わざわい。
※2　〈残〉そこなう。

第三編　中国古代の哲学思想 Ⅲ　——先秦～秦代——

って指摘してきたことではあるが，この「重己篇」の記述が，極めて典型的なものであると思われたので，あえて贅言(ぜいげん)を加えた。

10.　まとめ——更なる展開——

　以上，『呂氏春秋』一書において見られる中国古代医学思想の原初形態を，さまざまな，あらたなる問題をも考えあわせながら管見してきた。それは，むしろ断片的な記述のよせ集めであり，いまだ整合的な体系をなしているとは言い難いが，哲学的な脈絡において言えば，そこには既に，中国古代医学思想——延(ひ)いては，後代，体系的にまとめられる，中国の医学思想そのもの——の本質をなす哲学的思惟が，極めて典型的に看取できるものであったと思われる。

　それが，人間存在を本質的に〈寿(いのちなが)〉きものとする人間観と，〈気〉を認識論的にも——すなわち，ひとつの概念としても——又，存在論的にも——すなわち，ひとつの実在としても——ある種の媒介として，身－心・人－宇宙という統一体のバランスを保って，日常的生活の次元で具体的に言えば，いわゆる〈適欲〉を実践して健やかに長寿を全うしようとする一種の予防医学を主張する"気の液体病理学説"の原初形態であった，と思うのである。

　その際，さまざまな，更なる問題点をも指摘しつつも，あえてそれ以上は追求せず，そのままとり残しておいた。中国古代医学思想の原初形態を，なるべく一般的な形式で概観しようとするのが今回の主旨であったからである。あえて"各論"に入らなかったのである。そこで，それらを含めて，中国古代医学思想の全体像を，哲学的な脈絡において，いささかなりとも明らかにしてゆこうとするのが，今後の課題であると考えられるのである。

第三章　秦代哲学思想概論，続 ——『呂氏春秋』に見る諸家思想——

第三節　『呂氏春秋』，「本味篇」に見える伊尹説話についての，神話学的・哲学的視点からの概観

1．はじめに

　引き続いて，本節においては，『呂氏春秋』の「本味篇」において看取される，殷の湯王に仕えた名宰相伊尹の出生にまつわる神話的記述について，いささかこれを分析してみたいと考える。神話は，その原初形態において存在論的な脈絡を有し，その神話を生み出した民族の最も原初的な心性の心象を象徴的に記述するものであり，従って，その記述を分析することによって，その民族の考え方，延いては哲学的思惟の原型——いわゆる"原始心性"——の一端が明らかになるものと思われるからである。

　なお，ここにいわゆる"神話学"とは，言葉の広い意味でのそれである。すなわち，古代ギリシャにその原型が現れ，ルネッサンスを経て，19世紀における比較言語学の発達に伴って発生した比較神話学の体系をその基調とし，更にその後，タイラー，ラング，ロバートソン＝スミス，フレイザー，フロベニウス，グレープナー，マリノウスキー，デュルケム，レヴィ＝ブリュールらの諸家を経て，現代神話学の旗頭であるイェンゼン，デュメジル，ケレーニィ，レヴィ＝ストロースらに至る大きな流れと，同時に，フロイトやユング，ノイマン，フランツらによる精神分析学的観点からの，神話解析の手法をも踏まえた上で，神話的象徴の哲学的本質を存在論的次元で明らかにしてゆこうとする試みに対する，本書における，私の呼称である。

　そこで更に，いわゆる"神話"とは，おおむね，前掲の諸家において一致している理解の範囲，すなわち，神話とは，一国・一民族全体の脈絡において——この点で，いわゆる"昔話"や"伝説""民話"等とは異なる——象徴されるところの，彼ら一国民・一民族全体の原始心性の記述である，と考えておきたい。

第三編　中国古代の哲学思想 III　──先秦〜秦代──

　かくして，中国古代の神話に反映される中国古代人の原始心性──哲学的思惟の原初形態の基盤──は，神話学にいわゆる父性原理と母性原理とが，渾然として一体をなしており，従って，その哲学的思惟も，単に理性的思惟の次元において矛盾律に従って悟性的判断を積み重ねてゆくことのみに終始するのではなく，母性原理の象徴たる〈道〉の世界へ連なる"行"の裏付けを保持しつつ，それを父性原理の支配する理性的思惟の次元──更には日常的な言葉の脈絡（！）──において体系的に記述するという，いわば"ヤヌス的構造"を有するものであったと考えられるのである。

　ところで，『呂氏春秋』，「本味篇」には，伊尹の出生にまつわる，いささか短いが，哲学的には，極めて重要な課題を含むと思われる神話的記述が見られる。以下に，この神話的記述の分析を行ない，この考え方を，いささか傍証してみたい。

2．伊尹出生の神話

　まずその伊尹の出生の神話的記述を，『呂氏春秋』，「本味篇」から引用してみる。

　　　……其母居伊水之上，孕，夢有神告之曰，臼出水而東走，毋顧，明日，視臼出水，告其鄰，東走十里，而顧其邑尽為水，身因化為空桑，（……その母，伊水の上に居りて孕る。夢に神ありこれに告げて曰く，臼の水を出だせば東に走りて顧みることなかれ，と。明日，臼の水を出だすを視る。その鄰に告げて，東に走ること十里，しこうしてその邑を顧みれば，尽く水と為り，身は因りて化して空桑となれり。『呂氏春秋』，「本味篇」）

要するに，

－ 272 －

第三章　秦代哲学思想概論，続 ――『呂氏春秋』に見る諸家思想――

　伊尹の母は，伊水という川の上(ほとり)に住む女性で，既に（伊尹を）身籠っていた。夢に神が現われて，「臼から水が出て来たら，東に逃げよ。振り返ってはならない」と告げられた。翌日，果たして，臼から水が吹き出した。彼女は，そこで近所にも声を掛けて，東へ向って駆け逃げること十里，一息ついて振り返って見ると，村は尽(ことごと)く水びたしとなっていた。そして彼女は，（禁を破って）その光景を見たために，中空の桑の木と化してしまった。

と，いうのである。
　そして，この一文の前に，

　　有侁氏女子採桑，得嬰児于空桑之中，献之其君，（有侁氏(ゆうせんし)の女子，桑を採(と)るに，嬰児を空桑の中に得て，これをその君に献ず。『呂氏春秋』，「本味篇」）

とある通り，空桑と化した伊尹の母から，すなわち，その"骸(むくろ)"の中から，桑摘みの女子(むすめ)が伊尹を取り出し，その君に献じたのである。
　以上が，伊尹の出生に関する神話的記述の概要である。ここにおいては，神話学的観点から見て，

一，伊尹の母は，既に（伊尹を）身籠っている。これは，〈身は因りて化して空桑となれり〉という結末を導く，重要な伏線であると考えられる。
二，夢の中の神託。夢は非日常の世界との日常的接点である。
三，水――生命の象徴。更に，〈臼の水を出(い)だす〉という"出生"の象徴。
四，〈東に走りて顧みることなかれ〉――"見るなの禁"。
五，水びたしの村――生命の根源たる"水"の大いなる力。三，と相俟(あいま)っ

て，伊尹の出生を象徴する。
　六，非日常（＝水びたしの村）を見たため——禁を破ったため——の，〈身は因りて化して空桑となれり〉という，日常的世界の破局。
　七，空桑——世界樹，生命樹。

といった諸点が，いわゆる"神話素"として指摘されよう。
　とはいえ，ここでは，それら諸点についての神話学的分析ではなく，それらの哲学的意義を，いささか究明してみたい。かくして，中国古代人の原始心性の一端を明らかにしてみたいと思うのである。

3．古代中国人の原始心性

　中国古代人の，意識－無意識の総体としての，いわゆる原始心性の躍動の記述としての，この伊尹の出生にまつわる神話的記述における，世界と人間の存在論的関係は，ひとえにこの伊尹の母の"禁破り"とその結果に集約されると思われる。
　すなわち，身籠った（伊尹の）母は，「見てはならない」という，非日常の世界（＝夢の世界）からの警告を——少なくとも，引用文で見る限り，全く意に介さず——水びたしになった，すなわち"非日常"の村の姿を見てしまったために空桑となり，結果的に"無事"に伊尹を出産した，という点にこそ，この神話的記述の"神話"としての一大特質——中国古代におけるそれとしても，極めて特異な徴憑——があり，これこそ中国古代の人々の原始心性の一端を，極めて特徴的に記述する存在論的一契機であると思われるのである。
　そこで，先ずこの「見るなの禁」について考えてみたい。なぜ「見るな」なのか。この前に限って，そして又，いくつかの，これに類する神話的記述[※]に限って言えば，第一に，この"水びたしの村"が，極めて巨大な心的躍動力の

※ 神話学にいわゆる"洪水"のモチーフである。

第三章　秦代哲学思想概論，続 ——『呂氏春秋』に見る諸家思想——

退行という非日常の世界のできごとの象徴であることを理解しなければならないであろう。そして，このように巨大な心的躍動力の退行は，それに全く突然に遭遇すれば，誰しも，その意識－無意識全体の有機的なはたらきとしての"精神"が破壊的な打撃を受け，白昼夢や妄想などを惹き起こすのみならず，極端な場合には，その"個"自体の存在停止——すなわち"死"——をもたらす，極めて大きく危険な存在論的"力"であると考えられる。たしかに，意識の深層領域は真実の世界ではあるが，しかし，日常的意識はむやみにそこへ入ってはならないのである。従って，そのように大きな"力"の動きからは，すみやかに身を退くのが，最も賢明な方策であると言えよう。

ではなぜこの伊尹の母が，このような恐ろしい体験をしなければならなかったのか。それは，彼女が伊尹という一箇の英雄の母だから，としか言いようがないであろう。つまり，彼女は，伊尹という人なみはずれた英雄を出産するために，否応なしに非日常を体験させられるのである。

彼女は，この神話的記述において，ただひたすら"伊尹の母"という意味内容で存在している。だから，それ故にこそ，石にはならずに空桑になるのである。すなわち，日常的な意識が，突然，非日常に遭遇すれば，その衝撃は果たしてその意識全体の破壊をもたらす。このことを，いくつかの類話[※1]では，その人物が"石になる"と記述し，あるいは又，別の類話[※2]では，その"禁"を守ろうとする努力——謂わば，生きるための努力——が見られるのである。

おそらく，実際のところ，彼女は水びたしの村を見て，その衝撃のあまり死んでしまったのであろう。死んだ妊婦から胎児だけは無事に取り出される，という一種異常な出産の記録は，ときに見聞きされる事実ではある。しかし，この場合，そのような歴史的事実の有無はさておき，神話学的な脈絡において，

[※1] たとえば『述異記』，巻上や『淮南子』，「俶真訓」高誘注に見える〈暦陽の町〉の洪水神話。
[※2] たとえば，『捜神記』，巻一三や『水経注』，巻二九等に引かれる〈由拳県〉の洪水神話。特に後者には〈走りて敢えて顧みず〉と付け加えられている。

そして又，哲学的な観点から，最も重要な問題は，いかに英雄の出生にまつわる異常な出産の神話的記述とはいえ，その"死"が，直截に"石"として象徴されることなく，生命樹たる空桑として象徴され，伊尹の出生が記述されるという，謂わば"神話の異常"であると思われる。そして，この点にこそ，既に再三言及している通り，中国古代人の原始心性を，極めて明瞭に象徴するものがあると思われるのである。

4．"ヤヌス構造"――心の混沌――

　本来，神話における"見るなの禁"の主題は，意識－無意識の区別が未だ不明確で，いわゆる太母原型の支配下にある幼児期の精神が，その禁を破ることによって自我確立の葛藤――神話的記述における，いわゆる"竜との闘い"――に突入する際の，いわば"加入儀礼"の象徴であると考えられる。すなわち，おのが意識の深層領域から溢れ出てくる巨大な力に打ち克って，みずからの"自我"を確立してゆく過程の記述が，いわゆる"神話"の一典型であると考えられるのである。

　それは，西欧における，ギリシャ・ローマ，ユダヤ・キリスト的な心性の，そして又，中国古代においては，いわゆる〈克己服礼〉(『論語』，「先進篇」) の儒家－儒教的な心性に代表されるところの，明確に確立された"自我"によって貫かれる父性原理の象徴であると考えられる。従って，そのような典型的な神話的記述は，西欧における，明確に確立された"自我"の意識の，その確立の過程を典型的に象徴する記述であり，これこそ「汝なすべし」の厳然たる命令系統によって貫かれる父性原理の世界観であると考えられるのである。たしかに，西欧においては実際にこれら父性原理の体系は，厳然として全世界を秩序づけ・支配しているといえよう。そこでは，グノーシスや聖母マリア崇拝・錬金術といった母性原理を基盤とする世界観は，全く世界の外側・裏側へ排除されてしまっている。

第三章 秦代哲学思想概論，続 ——『呂氏春秋』に見る諸家思想——

　それに対して，中国古代の人々にとっての"世界"は如何であろう。たしかに，儒家－儒教の父性原理に基づく世界観は，"世界"の外面において，社会の機軸として機能してはいた。しかし，それと全く同じ存在論的次元で，つまり，全く同じ"世界"の中で，いわゆる道家－道教の母性原理に基づく世界観が息づいていたのである。一方において，〈克己服礼〉（前出）の命令系統を奉じつつ，同時にまた，混沌たる〈道〉の世界に身を寄せる。言うまでもなく，一個人がみずからそれを完全に成し遂げることは至難のことではあろうが，だれもが多少とも，そのような，謂わば"心のヤヌス構造"を持っている。これこそが，中国古代人の原始心性の一大特質であったと考えられるのである。

　そして，このような原始心性の一端を，極めて明確に，そして典型的に象徴しているのが，この伊尹出生の神話的記述であったと考えられるのである。すなわち，禁を犯した伊尹の母は，たしかに死にはするが，それでもなお，その個体――からだ――は，生命樹としての空桑と化して伊尹を出産する。このしたたかなまでに柔軟な"こころ"の躍動は，私のいわゆる"ヤヌス構造"を十分に象徴する一典型であると思われる。一方で，禁を犯した罰は受けつつも，他方，みずからなすべき重大な役目も的確に完遂する。禁を破れば父性原理に従って罰を受けるが，その実，その罰をもおおらかに包み込む母性原理にささえられて，みずからの役目は確実に達成する。この"こころの混沌"こそ，"ヤヌス構造"と称するにふさわしい，中国古代人の原始心性の一大特質であった，と思うのである。

5．あらたなる展開

　以上のように，中国古代人の原始心性は，私のいわゆる"ヤヌス構造"であり，伊尹出生の神話的記述は，その一典型を現代に伝えるものであったと考えられる。このような原始心性は，更にしたたかに，

第三編　中国古代の哲学思想 Ⅲ　——先秦～秦代——

　孫鍾(そんしょう)は，貧しくも実直な農夫であった。あるとき，司命の神[※1]の化身に（それとは知らず）親切をほどこしたために，子孫繁栄の幸運を賜(たま)わり，別れ際(ぎわ)に，百歩ゆくまで振り返ってはならぬと言いつけられる。が，孫鍾は六十歩いったところで後を見てしまう。白い鶴が飛び去ってゆくところであった。それが先程の司命の神である。とはいえ，孫鍾には何らの罰も加えられない。そして，その子孫は，代々天子になった。（『幽明録』）

と記述される。〈天子になる〉という父性原理の儒家－儒教的命令系統の世界に身を置きつつ，そう約した以上は，飛び去る姿を見る程度はさしたる問題ではない，と言わんばかりの"こころ"の柔軟性，すなわち，母性原理の躍動，これこそが，中国古代人の原始心性であった，と思うのである。

　それに対して，我々日本人のそれは，あまりにも繊細にして弱々しい。今，ひとつだけ例話を挙げて，むすびに代えたい。

　ある若い男が，人里はなれた山中で美しい娘に出会う。娘は，思いがけないことに，男にプロポーズし，男はそれを承諾する。ある日，妻となったその娘（？）は，男に留守を頼んで外出する。その際，「つぎの座敷をのぞいてはいけない」との禁を残してゆく。が，男は結局そこをのぞいてしまう。男がそこに何を見たかは，この際，問題ではない。帰ってきた妻は，男の禁破りを恨んでさめざめと泣き，鶯となって，いずこともなく飛び去ってゆく。あとにはただ"虚無"の中に男が立っている[※2]。

[※1]　〈司命の神〉人間の寿命を司る神。
[※2]　いわゆる「うぐいすの里」である。ここでは，関敬吾編『日本昔話大成』196Ａに収録されている18のヴァリエーションから，その大意を要約した。

【参考文献】

まず，中国古代の哲学思想全般にわたる参考文献を挙げる。
○森三樹三郎著『中国思想史 上』（第三文明社 レグルス文庫）
　なお，同書の下冊は，漢代以降の思想史を掲載する。
○宇野精一 他 編集『講座 東洋思想』第二巻～第四巻（東京大学出版会）
　なお，各巻の内容は，次の通り。第二巻（儒家思想）・第三巻（道家と道教）・第四巻（墨家・法家，他）。
○本田済著『東洋思想研究』（創文社）
○森三樹三郎著『上古より漢代に至る性命観の展開——人性論と運命観の歴史——』（創文社）
○大浜晧著『中国古代思想論』（勁草書房）
○穴沢辰雄著『中国古代思想論考』（汲古書院）
○栗田直躬著『中国上代思想の研究』（岩波書店）
○池田末利著『中国古代宗教史研究——制度と思想——』（東海大学出版会）
○渡辺卓著『古代中国思想の研究』（創文社）
　以下，各章ごとに，それぞれの参考文献を列挙する。

第一編　中国古代の哲学思想　Ⅰ　——春秋・戦国時代——
第一章　孔子の思想とその淵源
○『論語』（岩波文庫，講談社文庫，その他，各種文庫あり）
孔子の言葉，弟子たちとの問答など，原典をよく熟読玩味すべきである。
○木村英一著『孔子と論語』（創文社）
○貝塚茂樹著『孔子』（岩波新書）
○金谷治著『孔子』（講談社）
○加地伸行著『孔子』（集英社）
このほか，『論語』，孔子についての解説書・概説書の類は，数多く出版されている。あまり多くならない程度に，二～三冊，読んでみては如何であろうか。

参考文献

第二章　孟子の性命論——その人性論と運命論——
　○『孟子』(岩波文庫，朝日新聞社文庫，また，明治書院「新釈漢文大系」，集英社「全釈漢文大系」などにも訳注あり)
　○金谷治著『孟子』(岩波新書)
　○貝塚茂樹著『孟子』(講談社)
　○島森哲男・浅野裕一共著『孟子・墨子』(角川書店)
　○加賀栄治著『孟子——人と思想』(清水書院)
　○鈴木修治著『孟子』(集英社)

第三章　墨子における〈天〉と〈命〉——〈上帝〉の復活と宿命論——
　○『墨子』(明治書院「新釈漢文大系」，集英社「全釈漢文大系」に訳注あり)
　○本田済著『墨子』(講談社)
　○内野熊一郎著『墨子』(日本評論社)
　○渡辺卓著『古代中国思想の研究——〈孔子伝形成〉と儒墨集団の思想と行動——』(創文社)
　○島森哲男・浅野裕一共著『孟子・墨子』(角川書店)

第二編　中国古代の哲学思想　Ⅱ　——戦国時代末期——
第一章　荀子における〈礼〉と〈命〉——荀子の定命論的礼理論について——
　○『荀子』(岩波文庫，明治書院「新釈漢文大系」，集英社「全釈漢文大系」に訳注あり)
　○重沢俊郎著『周漢思想研究』(弘文堂)
　○石黒俊逸著『荀子』(日本評論社)
　○栗田直躬『中国上代思想の研究』(岩波書店)
　○藤井専英著『荀子思想論考』(書籍文物流通会)
　○板野長八著『中国古代における人間観の展開』(岩波書店)
　○内山俊彦『荀子——古代思想家の肖像——』(評論社)
　○片倉望・西川靖二共著『荀子・韓非子』(角川書店)

第二章　『易経』の成立——"占い"の哲学的深化とその思想史的意義——
　○『易経』（岩波文庫，朝日新聞社文庫，また，明治書院「新釈漢文大系」，集英社「全釈漢文大系」などにも訳注あり）
　○本田済著『易学——成立と展開——』（平楽寺書店）
　○高田淳著『易のはなし』（岩波新書）
　○金谷治『易の話』（講談社現代新書）
　○M・ローウェ，C・ブラッカー共編　島田裕巳　他　訳『占いと神託』（海鳴社）
　○三浦国雄著『易経』（角川書店）

第三章　老子と荘子——市中の隠者と山中の隠者——
第一節　老子——市中の隠者——
　○『老子』（朝日新聞社文庫，中公文庫，講談社文庫，他にも訳注は多数あり）
　○大浜晧著『老子の哲学』（勁草書房）
　○木村英一著『老子の新研究』（創文社）

第二節　荘子——山中の隠者——
　○『荘子』（岩波文庫，朝日新聞社文庫，中公文庫，他にも訳注は多数あり）
　○大浜晧『荘子の哲学』（勁草書房）
　○福永光司著『荘子』（中公新書）

以下，荘子・老子双方に関する文献を列挙する。
　○津田左右吉著『道家の思想と其の展開』（岩波書店）
　○森三樹三郎著『老子・荘子』（講談社）
　○同氏著『無の思想——老荘思想の系譜』（講談社現代新書）
　○アンリ＝マスペロ著　川勝義雄訳『道教』（平凡社　東洋文庫）
　○野村茂夫著『老子・荘子』（角川書店）
　○尾崎正治・平木康平・大形徹共著『抱朴子・列仙伝』（角川書店）

参考文献

○井筒俊彦著『意識と本質——精神的東洋を索めて——』（岩波書店）
○福井康順・山崎宏・木村英一・酒井忠夫共編『道教』一～三（平河出版社）
なお，各巻の内容は，つぎの通り。第一巻『道教とは何か』，第二巻『道教の展開』，第三巻『道教の伝播』。
○湯浅泰雄著『東洋文化の深層』（名著刊行会）
○窪徳忠著『中国宗教における　受容・変容・行容』（山川出版社）
○黒田亮著『勘の研究』（講談社学術文庫）
○金谷治著『老荘的世界——淮南子の思想——』（平楽寺書店）
○中村元著『東洋人の思惟方法』一～四（春秋社）
上は，特にその第二巻において，中国仏教の思惟方法が論ぜられている。必ずしも老荘哲学・道家思想に直接のかかわりはないが，大いに参考になる。
○アンリ＝マスペロ著　持田季未子訳『道教の養性術』（せりか書房）
○小柳司気太著『老荘の思想と道教』（森北書店）
○安居香山・中村璋八　共著『緯書の基礎的研究』（国書刊行会）

第三編　中国古代の哲学思想　Ⅲ　——先秦～秦代——
第一章　〈勢〉の理論——韓非子の政治理論の哲学的本質——
○『韓非子』（明治書院「新釈漢文大系」，集英社「全釈漢文大系」に訳注あり）
上の他に，本田済訳注『韓非子』（筑摩書房）がある。我が国江戸時代の太田方の手になる『韓非子翼毳（よくぜい）』を底本とするすぐれた訳注である。
○長与義郎著『韓非子』（日本評論社）
○貝塚茂樹著『韓非』（講談社）
○木村英一著『法家思想の研究』（弘文堂書房）
○田中耕太朗著『法家の法実証主義』（福村書店）
○板野長八著『中国古代における人間観の展開』（岩波書店）
○片倉望・西川靖二共著『荀子・韓非子』（角川書店）

第二章　秦代哲学思想概観――『呂氏春秋』における運命論の諸相，その基礎的理論の概観――
○楠山春樹訳『呂氏春秋』上・中・下（明治書院「新編漢文選」）
○内野熊一郎・中村璋八共著『呂氏春秋』（明徳出版）
○町田三郎著『呂氏春秋』（講談社）
上の二冊は，比較的あたらしく，よくできた訳注ではあるが，残念ながら抄訳，すなわち『呂氏春秋』全体の訳注ではない。可能な限り参考にすべきであろう。

第三章　秦代哲学思想概観，続――『呂氏春秋』に見る諸家思想――
○楠山春樹訳『呂氏春秋』上・中・下（明治書院「新編漢文選」）

以上，各章の内容に沿って，それぞれ参考文献を挙げた。更に全体にわたる参考文献を，いささか補足する。
○武内義雄著『中国思想史』（岩波書店）
○貝塚茂樹著『諸子百家』（岩波新書）
○赤塚忠・金谷治・福永光司・山井湧　共編『中国文化叢書』第二冊および第三冊（大修館）
それぞれの内容は，第二冊『思想概論』・第三冊『思想史』。

参考文献

西　暦	中　国	人　名	書　名
	伝説時代	伏羲・神農・女媧・黄帝・顓頊・帝嚳・堯・舜	
	夏	禹〜桀	
前1600ころ	殷	湯〜紂	
前1122ころ	周（西　周）	文王—武王 周公 太公望	
前770ころ	（東　周）（春　秋）	管　仲 孔丘（前479）	○詩経　○書経 ○易経　○春秋 ○論語
前403	（戦　国）	墨　翟（？） 老　聃（？） 商　鞅（前338） 荘　周（？） 孟　軻（前289） 屈　原（前283？） 荀　況（前235） 韓　非（前233）	○墨子 ○老子 ○楚辞 ○荘子 ○孟子 ○荀子 ○韓非子 ○春秋左氏伝
前221	秦	呂不韋（前235？） 始皇帝（前211）	○呂氏春秋

― 284 ―

著者略歴

舘野　正美（たての　まさみ）

1954年東京生まれ。
日本大学大学院文学研究科博士後期課程満期退学。
日本大学文理学部教授。医学博士。

主要著書

『吉益東洞『古書医書』の研究―その書誌と医学思想―』（2004年1月、汲古書院）・『老荘の思想を読む』（2007年4月、大修館書店）等。

主要論文

「老子・〈道〉・市中の隠者――道家思想の身心論的コンテキスト――」（1996年6月、『思想』864号）・「〈医は意なり〉攷――医学思想的な観点から――」（1999年1月、『中国研究集刊』23号）等。

中国古代思想窺見

平成20年7月1日発行

編　者	舘　野　正　美
発行所	石　坂　叡　志
印　刷	モ　リ　モ　ト　印　刷
発行所	汲　古　書　院

〒102-0072　東京都千代田飯田橋2-5-4
電話03(3265)9764　FAX03(3222)1845

ISBN978-4-7629-2842-0　C3010
Masami TATENO©2008
KYUKO-SHOIN, Co., Ltd. Tokyo.